公路建设项目
文件编制和归档百问

李松涛

人民交通出版社股份有限公司
北　京

内 容 提 要

本书以公路建设项目文件编制和归档过程中遇到的各种问题为切入点，系统回答了组织管理、工程划分、文件编制、文件归档和档案安全等方面可能遇到的问题，内容翔实，针对性强，对提高公路建设项目档案质量具有很强的指导作用。

本书可供相关专业高级工程师及以上工程技术人员参阅，也可作为规范项目档案管理工作的参考文件使用。

图书在版编目(CIP)数据

公路建设项目文件编制和归档百问／李松涛主编. — 北京：人民交通出版社股份有限公司，2023.6
ISBN 978-7-114-18808-4

Ⅰ.①公… Ⅱ.①李… Ⅲ.①道路工程—基本建设项目—文件—编制—问题解答②道路工程—基本建设项目—文件—归档—问题解答 Ⅳ.①U415.12-44

中国国家版本馆 CIP 数据核字(2023)第 091894 号

书　　名：公路建设项目文件编制和归档百问
著　作　者：李松涛
责任编辑：王海南
责任校对：赵媛媛
责任印制：张　凯
出版发行：人民交通出版社股份有限公司
地　　址：(100011)北京市朝阳区安定门外外馆斜街 3 号
网　　址：http://www.ccpcl.com.cn
销售电话：(010)59757973
总　经　销：人民交通出版社股份有限公司发行部
经　　销：各地新华书店
印　　刷：北京市密东印刷有限公司
开　　本：720×960　1/16
印　　张：21
字　　数：390 千
版　　次：2023 年 6 月　第 1 版
印　　次：2023 年 6 月　第 1 次印刷
书　　号：ISBN 978-7-114-18808-4
定　　价：96.00 元

(有印刷、装订质量问题的图书,由本公司负责调换)

前 言
Preface

公路建设项目文件是指自项目立项至竣工验收全过程产生的，反映项目质量、进度、费用和安全管理等基本情况，对建成后工程管理、维护、改建和扩建具有保存、查考利用价值的各种形式和载体的历史记录。它不仅是项目建设过程的历史记录，也是项目审计、评估、运行、改扩建等工作不可缺少的重要依据和凭证。项目各参建单位应本着对历史负责、为现实服务、替未来着想的态度，注重项目文件编制质量，增强做好归档工作的责任感和使命感，实施全过程、全环节控制的项目管理机制，确保项目档案的完整、准确、系统、规范和安全。

为了做好公路建设项目文件编制和归档工作，我们依据现行标准及相关规范性文件，结合实践经验，编撰了本书。

本书适用于各等级公路新建、改扩建工程和养护工程。本书侧重于具体的实务操作，以问答的形式对文件编制和归档过程中容易出现的问题和工作要点进行提示和答疑。

由于编者水平有限，疏漏和不妥之处在所难免，诚望读者提出批评意见，联系邮箱 sxltkjgs@163.com。

李松涛
2022 年 12 月

作者简介

AUTHOR INTRODUCTION

李松涛，男，1976出生，山西汾阳人。中国科学院研究生院工程硕士，高级工程师、馆员，一级建造师、造价工程师、监理工程师，山西省地方标准《公路建设项目文件归档规范》(DB14/T 648—2012)和《煤化工建设项目文件归档规范》(DB14/T 2469—2022)主编，中国工程建设标准化协会团体标准《公路工程质量检验评定数据报表编制导则》(T/CECS G：F80-01—2022)主编。

目 录
Contents

第一章 组织管理

1. 公路建设项目文件主要包括哪些内容？ ……………………… 002
2. 公路建设项目文件归档工作由谁负责？ ……………………… 002
3. 建设单位应如何开展项目档案的组织工作？ ………………… 002
4. 建设单位的归档职责有哪些？ ………………………………… 002
5. 勘察设计单位的归档职责有哪些？ …………………………… 003
6. 监理单位的归档职责有哪些？ ………………………………… 003
7. 检测单位的归档职责有哪些？ ………………………………… 004
8. 施工单位的归档职责有哪些？ ………………………………… 004
9. 如何建立项目档案管理机构？ ………………………………… 005
10. 如何建立项目档案管理工作网络？ …………………………… 005
11. 档案工作领导小组的主要职责是什么？ ……………………… 006
12. 建设单位档案管理机构的主要职责是什么？ ………………… 007
13. 建设单位工程管理部门的档案职责是什么？ ………………… 007
14. 对项目档案管理人员有哪些要求？ …………………………… 008
15. 建设单位应如何进行项目档案管理登记？ …………………… 008
16. 合同中的档案专用条款应包括哪些内容？ …………………… 008
17. 项目档案管理标准化包括哪些内容？ ………………………… 009
18. 项目档案工作的"三纳入"指什么？ ………………………… 009
19. 项目档案工作的"四同步"指什么？ ………………………… 009
20. 项目档案工作的"五参与"指什么？ ………………………… 009
21. 如何理解统一管理、统一制度、统一标准？ ………………… 009
22. 如何开展项目档案制度规范建设工作？ ……………………… 010
23. 涉密的图纸资料有哪些？ ……………………………………… 010
24. 如何加强图纸资料的管理工作？ ……………………………… 011
25. 如何理解预立卷？ ……………………………………………… 011

26. 如何办理项目文件的交接手续? …………………………………… 012
27. 项目档案验收应符合哪些条件? …………………………………… 013
28. 项目档案验收的组织工作如何开展? ……………………………… 013
29. 项目档案验收会议的主要议程包括哪些内容? …………………… 014
30. 项目档案如何移交? ………………………………………………… 014

第二章 工程划分

31. 工程划分的基本要求有哪些? ……………………………………… 018
32. 工程划分应如何审批? ……………………………………………… 019
33. 工程划分包括哪些层级? …………………………………………… 019
34. 工程划分时如何对工程分类编号? ………………………………… 019
35. 路基、路面单位工程如何划分? …………………………………… 020
36. 路基工程如何划分分部工程? ……………………………………… 020
37. 路基土石方工程如何划分分项工程? ……………………………… 020
38. 排水工程如何划分分项工程? ……………………………………… 021
39. 防护支挡工程如何划分分项工程? ………………………………… 021
40. 大型挡土墙如何划分分项工程? …………………………………… 021
41. 组合式挡土墙如何划分分项工程? ………………………………… 022
42. 小桥、天桥、渡槽如何划分分项工程? …………………………… 022
43. 盖板涵(通道)如何划分分项工程? ……………………………… 022
44. 拱涵(通道)如何划分分项工程? ………………………………… 022
45. 箱涵(通道)如何划分分项工程? ………………………………… 023
46. 圆管涵如何划分分项工程? ………………………………………… 023
47. 倒虹吸如何划分分项工程? ………………………………………… 023
48. 波形钢管涵如何划分分项工程? …………………………………… 023
49. 顶进施工涵洞如何划分分项工程? ………………………………… 023
50. 路面工程如何划分分部和分项工程? ……………………………… 023
51. 桥梁单位工程如何划分? …………………………………………… 024
52. 桥梁工程如何划分分部工程? ……………………………………… 024
53. 桥梁基础及下部构造如何划分分项工程? ………………………… 024
54. 桥梁上部构造预制和安装如何划分分项工程? …………………… 025
55. 桥梁上部构造现场浇筑如何划分分项工程? ……………………… 025
56. 桥面系、附属工程及桥梁总体如何划分分项工程? ……………… 025

57. 桥梁防护工程如何划分分项工程? ……………………………… 025
58. 桥梁引道工程如何划分分项工程? ……………………………… 026
59. 特大斜拉桥、特大悬索桥如何进行工程划分? ………………… 026
60. 隧道单位工程如何划分? ………………………………………… 027
61. 隧道工程如何划分分部工程? …………………………………… 027
62. 隧道总体及装饰装修如何划分分项工程? ……………………… 027
63. 隧道洞口工程如何划分分项工程? ……………………………… 028
64. 隧道洞身开挖如何划分分项工程? ……………………………… 028
65. 隧道洞身衬砌如何划分分项工程? ……………………………… 028
66. 隧道防排水如何划分分项工程? ………………………………… 028
67. 隧道路面如何划分分项工程? …………………………………… 028
68. 隧道辅助通道如何划分分项工程? ……………………………… 028
69. 互通立交工程如何进行工程划分? ……………………………… 028
70. 绿化工程如何进行工程划分? …………………………………… 029
71. 声屏障工程如何进行工程划分? ………………………………… 029
72. 交通安全设施如何划分单位、分部工程? ……………………… 029
73. 标志、标线、突起路标、轮廓标如何划分分项工程? ………… 030
74. 护栏如何划分分项工程? ………………………………………… 030
75. 防眩设施、隔离栅、防落物网如何划分分项工程? …………… 030
76. 里程碑和百米桩如何划分分项工程? …………………………… 030
77. 避险车道如何划分分项工程? …………………………………… 030
78. 交通机电工程如何进行工程划分? ……………………………… 030
79. 采空区处治如何进行工程划分? ………………………………… 033
80. 附属设施如何划分单位工程和分部工程? ……………………… 033
81. 附属设施地基与基础如何划分分项工程? ……………………… 034
82. 附属设施主体结构如何划分分项工程? ………………………… 034
83. 附属设施建筑装饰装修如何划分分项工程? …………………… 035
84. 附属设施屋面如何划分分项工程? ……………………………… 036
85. 附属设施建筑给水排水及供暖如何划分分项工程? …………… 036
86. 附属设施通风与空调如何划分分项工程? ……………………… 037
87. 附属设施建筑电气如何划分分项工程? ………………………… 039
88. 附属设施智能建筑如何划分分项工程? ………………………… 040
89. 附属设施建筑节能如何划分分项工程? ………………………… 041
90. 附属设施电梯如何划分分项工程? ……………………………… 041

91. 线外工程如何进行工程划分？ ……………………………………… 041
92. 养护工程可划分为哪几类？ ……………………………………… 041
93. 路基、排水及支挡养护工程如何划分养护单元？ ……………… 042
94. 路面养护工程如何划分养护单元？ ……………………………… 042
95. 桥梁、涵洞养护工程如何划分养护单元？ ……………………… 043
96. 隧道养护工程如何划分养护单元？ ……………………………… 043
97. 交通安全设施养护工程如何划分养护单元？ …………………… 043
98. 绿化养护工程如何划分养护单元？ ……………………………… 044
99. 交通机电养护工程如何划分养护单元？ ………………………… 044
100. 附属设施养护工程如何进行工程划分？ ………………………… 044

第三章 文件编制

101. 公路建设项目文件的编制应遵循哪些基本要求？ ……………… 046
102. 项目建设中常用的公文有哪些？ ………………………………… 046
103. 项目建设过程中如何选择通用法定公文的文种？ ……………… 047
104. 通用法定公文使用常见错误有哪些？ …………………………… 048
105. 通用法定公文版式有哪些要点应注意？ ………………………… 049
106. 通用事务公文和专用公文版式有哪些要点应注意？ …………… 050
107. 公文中使用标点符号有哪些要点应注意？ ……………………… 051
108. 文件中存在易褪色的书写材料该怎么处理？ …………………… 052
109. 数据记录过程中出现笔误应如何处理？ ………………………… 053
110. 文件中的签字应符合哪些要求？ ………………………………… 053
111. 文件中的意见或结论应如何规范填写？ ………………………… 055
112. 项目文件加盖公章有哪些要求？ ………………………………… 056
113. 表格中的空白项如何处理？ ……………………………………… 057
114. 文件页边距一般怎么设置？ ……………………………………… 057
115. 施工组织设计应如何编审？ ……………………………………… 057
116. 模板和支架施工图设计如何编审？ ……………………………… 058
117. 危大工程专项施工方案如何编审？ ……………………………… 059
118. 路基工程哪些施工项目需编制专项施工方案？ ………………… 059
119. 桥涵工程哪些施工项目需编制专项施工方案？ ………………… 060
120. 隧道工程哪些施工项目需编制专项施工方案？ ………………… 060
121. 交通安全设施哪些施工项目需编制专项施工方案？ …………… 061

122. 特殊作业人员应如何向监理机构报备? …… 061
123. 监理机构应核查哪些设备设施的安全许可验收手续? …… 061
124. 应急预案如何编审? …… 062
125. 应急预案评估报告如何编制? …… 063
126. 监理计划如何编审? …… 063
127. 监理细则如何编审? …… 064
128. 设计技术交底工作应如何开展? …… 064
129. 监理工程师交底工作应如何开展? …… 064
130. 施工技术交底工作应如何开展? …… 065
131. 施工单位安全技术交底工作应如何开展? …… 066
132. 首件工程的认证工作应该如何开展? …… 067
133. 首件工程需收集哪些文件? …… 067
134. 首件和分部(分项)的开工申请报告应包括哪些内容? …… 068
135. 土石方路基试验段总结如何编写? …… 069
136. 结构物首件工程施工总结如何编写? …… 069
137. 路面结构层试验段总结如何编写? …… 069
138. 分部(分项)工程如何进行开工申请? …… 072
139. 监理机构如何审查开工申请报告? …… 074
140. 施工日志如何编制? …… 074
141. 施工安全日志如何编制? …… 074
142. 监理日志如何编制? …… 075
143. 安全监理日志如何编制? …… 076
144. 安全监理台账如何编制? …… 076
145. 旁站记录如何填写? …… 076
146. 旁站项目包括哪些内容? …… 077
147. 巡视记录如何填写? …… 077
148. 监理指令单如何编制? …… 078
149. 监理指令执行报告单如何编制? …… 079
150. 监理月报如何编制? …… 079
151. 质量事故报告如何编制? …… 080
152. 试验资料有哪几类? …… 080
153. 工地试验室应存档哪些文件材料? …… 081
154. 工地试验室应建立哪些管理制度? …… 081
155. 试验检测设备仪器自动打印的小票如何处理? …… 081

156. 如何理解质量证明文件原件？ …………………………………… 081
157. 标准试验报验时应提交哪些文件？ …………………………… 081
158. 钢筋料源报验时应提交哪些文件？ …………………………… 082
159. 水泥料源报验时应提交哪些文件？ …………………………… 082
160. 沥青料源报验时应提交哪些文件？ …………………………… 082
161. 原材料报验时应提交哪些文件？ ……………………………… 082
162. 交安设施产品和原材料进场报验应提交哪些文件？ ………… 082
163. 机电工程所需产品或设备进场时应提交哪些文件？ ………… 083
164. 机电工程外购软件进场时应收集哪些文件？ ………………… 084
165. 机电工程中自行开发的应用软件应收集哪些文件？ ………… 084
166. 质量检验评定数据报表包括哪些内容？ ……………………… 084
167. 分项工程质量保证资料一般包括哪些内容？ ………………… 084
168. 质量保证资料的整理应遵循什么原则？ ……………………… 085
169. 工序自检资料一般包括哪些内容？ …………………………… 085
170. 工序抽检资料一般包括哪些内容？ …………………………… 085
171. 分项工程抽检项目一般包括哪些内容？ ……………………… 085
172. 路基土石方工程如何进行工序报验？ ………………………… 086
173. 排水工程如何进行工序报验？ ………………………………… 086
174. 小型预制构件如何进行工序报验？ …………………………… 086
175. 钢筋混凝土构件如何进行工序报验？ ………………………… 086
176. 防护支挡工程如何进行工序报验？ …………………………… 087
177. 涵洞（通道）如何进行工序报验？ …………………………… 087
178. 路面工程如何进行工序报验？ ………………………………… 088
179. 桥梁基础及下部构造如何进行工序报验？ …………………… 088
180. 装配式梁板（拱）如何进行工序报验？ ……………………… 088
181. 桥梁上部构造现场浇筑如何进行工序报验？ ………………… 089
182. 桥面系、附属工程及桥梁总体如何进行工序报验？ ………… 089
183. 桥梁防护工程如何进行工序报验？ …………………………… 089
184. 隧道总体及装饰装修如何进行工序报验？ …………………… 089
185. 隧道洞口工程如何进行工序报验？ …………………………… 089
186. 隧道洞身开挖、衬砌和防排水如何进行工序报验？ ………… 090
187. 隧道路面如何进行工序报验？ ………………………………… 090
188. 绿化工程如何进行工序报验？ ………………………………… 090
189. 声屏障工程如何进行工序报验？ ……………………………… 090

190. 交通安全设施如何进行工序报验？	091
191. 采空区处治如何进行工序报验？	091
192. 机电工程如何进行工序报验？	091
193. 路基养护单元如何进行工序报验？	091
194. 排水设施养护单元如何进行工序报验？	092
195. 支挡、防护及其他砌筑养护单元如何进行工序报验？	092
196. 路面养护单元如何进行工序报验？	092
197. 桥梁单元如何进行工序报验？	093
198. 涵洞养护单元如何进行工序报验？	093
199. 隧道养护单元如何进行工序报验？	093
200. 交通安全设施养护单元如何进行工序报验？	094
201. 绿化养护单元如何进行工序报验？	094
202. 附属设施如何划分检验批？	094
203. 外购工程构配件或设备如何进行工序报验？	095
204. 各实测项目的检查频率应按什么标准执行？	095
205. 检验申请批复单如何填报？	095
206. 质检资料中的日期应该怎么填写？	097
207. 施工记录应如何填写？	098
208. 混凝土施工记录中的坍落度应如何填写？	103
209. 混凝土施工记录中的配合比如何填写？	103
210. 混凝土养护时长有何要求？	103
211. 水泥混凝土抗压强度试块的取样频率如何规定？	104
212. 什么情况下应预留同条件养护试件？	105
213. 何为高温、低温天气？	105
214. 强夯的施工记录中时间间隔应满足哪些要求？	105
215. 强夯置换施工记录应记录哪些内容？	105
216. 强(重)夯夯锤落距如何确定？	105
217. 路基路面试验段松铺系数如何确定？	106
218. 后张法张拉和压浆的时限要求是多少？	106
219. 预应力筋张拉施工记录中初应力应如何取值？	106
220. 孔道压浆施工记录应包括哪些内容？	106
221. 灌注桩后压浆施工记录应包括哪些内容？	106
222. 常见检测指标的数据精度有哪些要求？	106
223. 三米直尺测试平整度有哪些要求？	107

224. 土方路基(软质石料土石路堤)应检查哪些项目? ……………………… 107
225. 石方路基(中硬和硬质石料土石路堤)应检查哪些项目? ………… 108
226. 路基路面几何尺寸检测报告应包括哪些内容? ……………………… 108
227. 路基填筑时的层数怎么填写? ………………………………………… 108
228. 路基填筑时的中线偏位如何填写? …………………………………… 109
229. 挖方路基如何进行现场质量检验? …………………………………… 109
230. 土工合成材料连接宽度一般应为多少? ……………………………… 109
231. 基桩成孔如何进行质量检测? ………………………………………… 109
232. 桩位偏差如何确定? …………………………………………………… 110
233. 灌注桩采用人工挖孔、水下灌注混凝土方式施工时，
     如何进行质量检验? ………………………………………………… 110
234. 盖梁弯起钢筋位置怎么确定规定值? ………………………………… 111
235. 如何理解钢筋网的安装位置? ………………………………………… 111
236. 梁板预制中横隔梁及预埋件位置怎么填写? ………………………… 111
237. 模板制作与安装时的竖直度如何填写? ……………………………… 111
238. 模板制作与安装各实测项目的允许偏差如何填写? ………………… 111
239. 钢结构涂装的时限要求是多少? ……………………………………… 112
240. 高强螺栓扭矩的数值应如何填写? …………………………………… 113
241. 钢支撑支护检验报告表中净保护层厚度怎么填写? ………………… 113
242. 隧道洞身爆破作业的时限要求是多少? ……………………………… 113
243. 隧道开挖时循环进尺应遵循什么规定? ……………………………… 113
244. 防水板固定点间距的规定值为多少? ………………………………… 114
245. 检查项目数据较多时如何处理? ……………………………………… 114
246. 检验表中数据应填写实测值还是偏差值? …………………………… 114
247. 检验评定表中规定值或允许偏差应如何填写? ……………………… 114
248. 强夯如何检验? ………………………………………………………… 114
249. 强夯置换如何检验评定? ……………………………………………… 115
250. 主动防护系统如何检验评定? ………………………………………… 116
251. 被动防护系统如何检验评定? ………………………………………… 117
252. 生态护坡如何检验评定? ……………………………………………… 120
253. 拱形骨架护坡如何检验评定? ………………………………………… 120
254. 系梁如何检验评定? …………………………………………………… 122
255. 桥墩劲性骨架如何检验评定? ………………………………………… 122
256. 桥台耳背墙、挡土板应如何检验评定? ……………………………… 123

257. 上部构造预制和安装中的现浇构件应如何检验评定? ……… 123
258. 隧道锚杆拔力如何检验评定? ……… 124
259. 隧道工程电缆沟如何检验评定? ……… 124
260. 隧道开挖时的临时支撑是否评定? ……… 124
261. 路面联结层如何检验评定? ……… 124
262. 沥青混凝土面层分层施工时如何检验评定? ……… 124
263. 采空区处治如何检验评定? ……… 125
264. 钢结构焊接工艺评定文件包括哪些内容? ……… 128
265. 钢结构焊接工艺评定报告包括哪些内容? ……… 128
266. 钢结构焊接工程相关人员的资格应如何报审? ……… 129
267. 土方路基(软质石料土石路堤)压实度如何判定合格? ……… 129
268. 台背、下挡墙墙背回填压实度应如何判定合格? ……… 130
269. 底基层、基层压实度应如何判定合格? ……… 130
270. 沥青面层压实度应如何判定合格? ……… 130
271. 弯沉应如何判定合格? ……… 131
272. 路面结构层厚度应如何判定合格? ……… 131
273. 水泥混凝土弯拉强度应如何判定合格? ……… 131
274. 水泥混凝土抗压强度应如何判定合格? ……… 132
275. 喷射混凝土抗压强度应如何判定合格? ……… 132
276. 底基层、基层分层施工时厚度怎么评定? ……… 133
277. 分项工程质量评定表如何编制? ……… 133
278. 分项工程质量评定表中平均值、代表值如何填写? ……… 134
279. 工程质量评定时应注意哪些事项? ……… 135
280. 共检项目监理应如何抽检和评定? ……… 135
281. 评定时监理数据少该怎么处理? ……… 136
282. 分项工程(中间)交工证书如何填写? ……… 136
283. 编制竣工图应遵循哪些要求? ……… 137
284. 编制竣工图有哪些步骤? ……… 138
285. 竣工图一般由哪些内容构成? ……… 139
286. 竣工图编制说明如何编制? ……… 139
287. 竣工说明如何编制? ……… 139
288. 竣工图中的总体竣工说明部分包括哪些内容? ……… 140
289. 竣工图中的路线部分包括哪些内容? ……… 140
290. 路基工程竣工图包括哪些内容? ……… 141

291. 桥梁、涵洞工程竣工图包括哪些内容？ …………………………………… 141
292. 隧道工程竣工图包括哪些内容？ ……………………………………… 142
293. 路线交叉竣工图包括哪些内容？ ……………………………………… 142
294. 路面工程竣工图包括哪些内容？ ……………………………………… 142
295. 交通安全设施竣工图包括哪些内容？ ………………………………… 143
296. 绿化工程竣工图包括哪些内容？ ……………………………………… 143
297. 声屏障工程竣工图包括哪些内容？ …………………………………… 143
298. 交通机电工程竣工图包括哪些内容？ ………………………………… 144
299. 采空区处治竣工图包括哪些内容？ …………………………………… 144
300. 附属设施竣工图包括哪些内容？ ……………………………………… 144
301. 竣工图中的变更内容如何修改？ ……………………………………… 145
302. 监理工程师如何审核竣工图？ ………………………………………… 145
303. 对声像文件有哪些基本要求？ ………………………………………… 145
304. 路基工程照片文件的采集内容主要有哪些？ ………………………… 146
305. 路基工程录像文件的采集内容主要有哪些？ ………………………… 147
306. 路面工程照片文件的采集内容主要有哪些？ ………………………… 147
307. 路面工程录像文件的采集内容主要有哪些？ ………………………… 147
308. 桥梁工程照片文件的采集内容主要有哪些？ ………………………… 148
309. 桥梁工程录像文件的采集内容主要有哪些？ ………………………… 148
310. 隧道工程照片文件的采集内容主要有哪些？ ………………………… 149
311. 隧道工程录像文件的采集内容主要有哪些？ ………………………… 149
312. 绿化工程照片文件的采集内容主要有哪些？ ………………………… 149
313. 绿化工程录像文件的采集内容主要有哪些？ ………………………… 150
314. 声屏障工程照片文件的采集内容主要有哪些？ ……………………… 150
315. 声屏障工程录像文件的采集内容主要有哪些？ ……………………… 150
316. 交通安全设施照片文件的采集内容主要有哪些？ …………………… 150
317. 交通安全设施录像文件的采集内容主要有哪些？ …………………… 151
318. 交通机电工程照片文件的采集内容主要有哪些？ …………………… 151
319. 交通机电工程录像文件的采集内容主要有哪些？ …………………… 151
320. 采空区处治照片文件的采集内容主要有哪些？ ……………………… 152
321. 采空区处治录像文件的采集内容主要有哪些？ ……………………… 152
322. 附属设施照片文件的采集内容主要有哪些？ ………………………… 152
323. 附属设施录像文件的采集内容主要有哪些？ ………………………… 152
324. 录音文件的采集内容主要有哪些？ …………………………………… 153

325. 照片说明如何编写? ………………………………………………… 153
326. 声像文件如何编号? ………………………………………………… 153
327. 勘察设计单位的档案工作总结如何编制? ………………………… 154
328. 设计单位符合性评价意见如何编制? ……………………………… 154
329. 监理单位如何编制案卷编制说明? ………………………………… 154
330. 监理单位如何编制项目档案自检报告? …………………………… 155
331. 如何编制项目档案质量审核报告? ………………………………… 155
332. 监理单位如何编制项目档案工作总结? …………………………… 155
333. 监理工作报告如何编制? …………………………………………… 156
334. 监理单位工程质量评定报告如何编制? …………………………… 156
335. 检测单位如何编制项目档案自检报告? …………………………… 157
336. 检测单位如何编制案卷编制说明? ………………………………… 157
337. 施工单位如何编制项目档案自检报告? …………………………… 157
338. 施工单位如何编制案卷编制说明? ………………………………… 158
339. 施工单位项目档案工作总结如何编制? …………………………… 158
340. 建设单位如何编制项目档案管理卷? ……………………………… 158
341. 建设单位如何编制项目档案整理情况说明? ……………………… 158
342. 建设单位如何编制项目档案自检报告? …………………………… 159
343. 项目档案验收申请材料包括哪些内容? …………………………… 160

第四章　文件归档

344. 项目档案如何分类? ………………………………………………… 162
345. 如何制定项目文件归档范围和保管期限表? ……………………… 162
346. 哪些项目文件不需归档? …………………………………………… 163
347. 档号如何编制? ……………………………………………………… 163
348. 项目档案整理应遵循哪些原则? …………………………………… 164
349. 归档文件的原件如何认定? ………………………………………… 164
350. 文件归档步骤有哪些? ……………………………………………… 165
351. 需归档文件如何收集? ……………………………………………… 165
352. 各类文件的归档时限有什么要求? ………………………………… 166
353. 项目文件归档套数有何规定? ……………………………………… 166
354. 声像文件应归档哪些内容? ………………………………………… 166
355. 沉降、位移、变形观测记录如何归档? …………………………… 167

356. 不合格项目(材料)的质检、试验资料如何归档？……………… 167
357. 施工放样报验单如何归档？………………………………………… 167
358. 线外工程所形成的文件如何归档？………………………………… 167
359. 组卷时对已经装订成册的文件材料如何处理？…………………… 168
360. 归档公文整理前应进行哪些准备工作？…………………………… 168
361. 建设单位质量管理文件一般包括哪些内容？……………………… 168
362. 建设单位安全管理文件一般包括哪些内容？……………………… 169
363. 施工单位安全管理文件一般包括哪些内容？……………………… 169
364. 监理单位安全管理文件一般包括哪些内容？……………………… 170
365. 建设单位项目档案管理文件一般包括哪些内容？………………… 170
366. 缺陷责任期文件一般包括哪些内容？……………………………… 171
367. 项目电子文件一般包括哪些内容？………………………………… 171
368. 项目电子文件归档时应采用何种格式？…………………………… 171
369. 项目电子文件归档有哪些要求？…………………………………… 172
370. 归档文件如何分卷？………………………………………………… 173
371. 立卷应遵循哪些原则？……………………………………………… 173
372. 组卷时案卷厚度应为多少？………………………………………… 174
373. 不符合归档要求的文件如何修整？………………………………… 174
374. 超大纸张如何折叠？………………………………………………… 174
375. 塑封文件如何归档？………………………………………………… 175
376. 钢材铭牌如何归档？………………………………………………… 175
377. 案卷构成要素有哪些？……………………………………………… 175
378. 案卷页号如何编写？………………………………………………… 175
379. 管理性文件如何组卷？……………………………………………… 176
380. 管理性文件形成的案卷如何拟写案卷题名？……………………… 176
381. 日志类文件如何组卷和拟写题名？………………………………… 176
382. 质量保证资料案卷的卷内文件如何排列？………………………… 176
383. 喷混强度报告和锚杆拔力的检测报告应如何排序？……………… 177
384. 竣工图组卷时文件应如何排序？…………………………………… 177
385. 如何编制卷内目录？………………………………………………… 177
386. 如何拟写卷内目录中的文件题名？………………………………… 178
387. 如何制作卷内目录？………………………………………………… 178
388. 工程资料的案卷如何拟写案卷题名？……………………………… 179
389. 如何制作封面？……………………………………………………… 179

390. 如何制作备考表？ …… 180
391. 案卷目录如何编制？ …… 181
392. 全引目录如何编制？ …… 182
393. 案卷脊背如何填写？ …… 182
394. 案卷如何装订？ …… 183
395. 数码照片如何归档？ …… 183
396. 对案卷如何进行系统化排列？ …… 184
397. 案卷如何进行审查？ …… 184
398. 如何编制移交目录？ …… 184
399. 项目档案的数字化应如何实施？ …… 185
400. 纸质档案数字化的基本环节有哪些？ …… 185
401. 纸质档案数字化工作方案应包括哪些内容？ …… 186
402. 纸质档案数字化应建立哪些管理制度？ …… 186
403. 档案数字化需归档哪些文件？ …… 186
404. 扫描色彩模式如何选择？ …… 186
405. 扫描分辨率应如何选择？ …… 187
406. 数字图像采用哪种格式保存？ …… 187
407. 数字图像如何命名？ …… 187
408. 图像质量应检查哪些内容？ …… 187
409. 光盘应如何标识？ …… 188
410. 项目档案验收检查的重点内容是什么？ …… 189
411. 项目档案验收意见包括哪些内容？ …… 189
412. 移交交通运输部档案馆的项目文件包括哪些内容？ …… 189

第五章 档案安全

413. 新的档案安全观包括哪些内容？ …… 192
414. 档案安全体系的建设如何开展？ …… 192
415. 如何理解"维护档案的完整与安全"？ …… 192
416. 档案保管工作的任务和基本原则是什么？ …… 192
417. 如何编制档案管理突发事件应急预案？ …… 193
418. 试述档案安全检查的内容和方式？ …… 193
419. 档案的"九防"指什么？ …… 194
420. 档案防火措施有哪些？ …… 194

421. 档案防盗措施有哪些? ……………………………………………… 194
422. 档案防紫外线措施有哪些? …………………………………………… 194
423. 档案防有害生物措施有哪些? ………………………………………… 195
424. 档案防水、防潮措施有哪些? ………………………………………… 195
425. 档案防高温措施有哪些? ……………………………………………… 196
426. 档案防尘、防污染措施有哪些? ……………………………………… 196
427. 档案库房建筑应满足哪些要求? ……………………………………… 196
428. 档案室一般应配备哪些办公设备和设施? …………………………… 197
429. 档案柜架如何排放? …………………………………………………… 197

附录A 档案管理登记表格式 ……………………………………………… 199
附录B 档案管理制度 ……………………………………………………… 202
附录C 预立卷目录 ………………………………………………………… 210
附录D 应急预案编制大纲 ………………………………………………… 231
附录E 日志格式 …………………………………………………………… 236
附录F 监理月报格式 ……………………………………………………… 239
附录G 质量检验评定数据报表编制示例 ………………………………… 258
附录H 土建工程监理抽检项目 …………………………………………… 270
附录J 焊接工艺评定文件格式 …………………………………………… 293
附录K 检测指标合格判定系数取值表 …………………………………… 300
附录L 监理单位工程质量评定报告格式 ………………………………… 301
附录M 档案分类、文件归档范围和保管期限一览表 …………………… 305
附录N 档案设施设备用品一览表 ………………………………………… 315
参考文献 …………………………………………………………………… 318

第一章
组织管理

1. 公路建设项目文件主要包括哪些内容？

答：公路建设项目文件主要包括立项审批文件、设计审批文件、工程准备文件、项目管理文件、施工文件、监理检测文件、科研新技术文件、交竣工验收文件、招投标及合同文件和资金管理文件。其中，工程准备文件包括征地拆迁、通信电力等管线改迁、行政许可、工程保险和原始地形地貌状况图等相关文件及原始地形、地貌、周边建筑物的照片；项目管理文件指建设单位形成的和收到的关于工程质量、安全生产、进度、费用、环境保护、合同、审计、索赔和信息管理等方面的文件。

2. 公路建设项目文件归档工作由谁负责？

答：公路建设项目竣工文件（施工文件和监理检测文件）立卷归档工作应按照"谁形成谁负责"的原则，由文件的形成单位或部门负责，不得委托他人；建设单位负责立项审批文件、设计审批文件、工程准备文件、项目管理文件、科研新技术文件、交竣工验收文件、招投标及合同文件和资金管理文件的收集归档工作。

3. 建设单位应如何开展项目档案的组织工作？

答：项目档案管理工作应贯穿于项目建设始终，建设单位应做好以下组织工作：

（1）建设单位应明确项目档案工作的分管领导，设立档案管理机构，配备满足工作需要的档案管理人员并保持其稳定性。

（2）建设单位工程管理相关部门应配备专人或指定人员负责项目文件管理工作，在项目建设期间不得随意更换。

（3）建设单位应建立项目档案管理工作网络，并建立沟通协调机制；同时要求各施工、监理、检测、设计等参建单位在项目建设期间不得随意更换各自档案管理机构的人员。

（4）建设单位应组织各参建单位广泛开展以档案管理为主题的宣传活动，以使广大工程技术人员和档案管理人员牢固树立档案意识，在日常工作中注重文件编制质量并及时收集存档。

4. 建设单位的归档职责有哪些？

答：建设单位在项目建设过程中应认真履行以下归档职责：

(1)负责做好需由本单位归档的文件的收集、整理和归档工作。

(2)承担各参建单位项目文件材料收集归档工作的组织、协调和监督、指导等管理职责。

(3)负责组织或委托有资质的单位编制项目总平面图和综合管线竣工图,并负责归档。

(4)应将项目文件材料立卷归档工作纳入工程建设管理程序、纳入招投标制,与工程建设同步收集、同步整理、同步归档,保证项目文件材料收集、立卷、归档的及时、准确、完整、系统和安全。

5.勘察设计单位的归档职责有哪些?

答: 勘察设计单位在项目建设过程中应认真履行以下归档职责:

(1)应明确专人负责文件归档工作,应建立文件管理制度,应配备满足工作需要、符合安全保管要求的设备设施。

(2)应按合同和规范要求提供勘察设计文件,并接受建设单位对勘察设计文件的形成、积累、归档进行的监督和检查。

(3)施工过程中,及时对需要勘察设计单位签认的文件签署意见,并自行留存归档一份。

(4)竣工图由设计单位负责编制时(如电力线路改迁工程形成的竣工图),设计单位应将竣工图提交监理单位进行审查,加盖竣工图审核章(图1.1)。

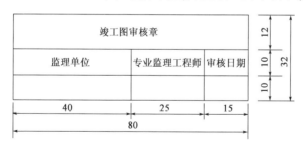

图1.1 竣工图审核章式样(尺寸单位:mm)

(5)工程交工验收前,应向建设单位提交勘察设计工作报告、设计符合性评价意见和档案工作总结。

6.监理单位的归档职责有哪些?

答: 监理单位在监理过程中应认真履行以下归档职责:

（1）监理单位所设现场监理机构，应根据建设规模设置独立的档案管理部门或明确档案工作的具体负责部门，应至少设专职档案员1名，并根据实际需要设若干兼职档案员。

（2）监理机构应建立符合建设单位要求的文件管理制度，报建设单位确认。

（3）监理机构负责监理文件的收集、整理和归档工作，负责编写案卷编制说明。

（4）监理机构应对所监理工程的施工文件的完整性、准确性、系统性、有效性和规范性进行审查，并向建设单位提交项目档案质量审核意见。

（5）监理机构应配备满足工作需要、符合安全保管要求的设备设施，采取措施确保项目归档文件的安全。

（6）监理机构应组织技术人员和档案管理人员将本单位形成的竣工文件和案卷进行自检，编写档案自检报告；自检合格后交建设单位并办理交接手续。

7. 检测单位的归档职责有哪些？

答：建设单位单独委托具备资质的检测单位进驻现场，开展施工过程中工程质量的试验检测业务时，现场检测机构应认真履行以下归档职责：

（1）在机构中设立档案管理部门或明确档案工作的具体负责部门，至少设专职档案员1名，并根据实际需要设若干兼职档案员。

（2）检测机构应建立符合建设单位要求的文件管理制度，报建设单位确认。

（3）检测机构应负责所承担工程检测文件的收集、整理和归档工作，组织编写案卷编制说明。

（4）检测机构应配备满足工作需要、符合安全保管要求的设备设施，采取措施确保项目归档文件的安全。

（5）检测机构应组织技术人员和档案管理人员将本机构形成的竣工文件和案卷进行自检，编写档案自检报告；自检合格后交建设单位或合同约定的其他参建单位，并办理交接手续。

8. 施工单位的归档职责有哪些？

答：施工单位在施工过程中应认真履行以下归档职责：

（1）施工单位所设项目经理部应建立档案管理机构，至少设专职档案员1名，并根据实际需要设若干兼职档案员。

（2）项目经理部应建立符合建设单位要求的文件管理制度，报建设单位确认。

(3)项目经理部应严格落实工程文件材料立卷归档工作责任制,在原始记录的形成、积累和编制竣工文件的过程中要本着认真负责、实事求是的态度,严禁弄虚作假的行为,确保归档文件的质量。

(4)项目经理部负责所承担工程施工文件的收集、整理和归档工作,组织编写案卷编制说明。

(5)实行总承包的项目,总承包单位负责总承包范围内项目文件的收集、整理和归档工作的组织协调,建立总承包范围内的项目档案工作组织,履行项目档案管理职责;各分包单位负责其分包部分文件的收集、整理,提交总承包单位审核,总承包单位应签署审查意见。

(6)项目经理部应配备满足工作需要、符合安全保管要求的设备设施,采取措施确保项目归档文件的安全。

(7)项目经理部应组织技术人员和档案管理人员将本单位形成的竣工文件和案卷进行自检,编写档案自检报告;自检合格后报监理机构审查,审查合格后交建设单位并办理交接手续。

9. 如何建立项目档案管理机构?

答:项目各参建单位均应建立专职机构或部门管理项目文件并负责建立项目档案,一般要求如下:

(1)建设单位应建立项目档案工作领导小组。组长一般由项目负责人担任,副组长由项目技术负责人担任,成员由档案主管、工程管理相关部门负责人、项目总监和项目经理组成。

(2)建设单位应建立具体组织和实施档案管理工作的机构,即档案室,配备满足项目档案工作需要的档案人员,并在项目建设期间保持档案人员的稳定。档案主管一般由办公室负责人兼任,应至少设1名专职档案员,各业务部门至少设1名兼职档案员。

(3)建设单位档案管理机构的设置,经会议研究决定后,应以正式文件的形式印发给其他参建单位。

(4)项目经理部、监理机构和检测机构应各自建立档案管理机构,明确责任人,报建设单位备案。

10. 如何建立项目档案管理工作网络?

答:建设单位应建立以档案管理机构为核心,工程管理相关部门和参建单位参与的项目档案管理工作网络,见表1.1。

项目档案管理工作网络　　　　　　　　　表1.1

项目档案工作领导小组	
组长	建设单位负责人
副组长	建设单位技术负责人
成员	建设单位档案主管、工程管理相关部门负责人、项目总监、项目经理
档案室组织结构	
主任	建设单位办公室负责人
副主任	建设单位档案主管
成员 专职档案员	××× ×××
成员 兼职档案员	××× ××× ××× ××× ×××
监理/检测机构档案工作组	
档案负责人	项目总监/试验室主任
档案主管	副总监或总监代表/试验室技术负责人
专职档案员	××× ×××
兼职档案员	××× ××× ××× ××× ×××
项目经理部档案工作组	
档案负责人	项目经理
档案主管	项目总工
专职档案员	××× ×××
兼职档案员	××× ××× ××× ××× ×××

11. 档案工作领导小组的主要职责是什么?

答: 建设单位应成立档案工作领导小组,并履行以下职责:

(1)贯彻执行国家有关项目档案工作的法律、法规和标准规范。

(2)根据项目建设管理实际情况,制定、完善项目文件管理和档案管理的制度、规范、程序,并组织协调工程管理相关部门和参建单位实施。

(3)拟定勘察设计、施工、监理、技术咨询、设备采购等合同中的档案专用条款,明确项目文件管理责任。

(4)负责项目档案管理工作的总体规划和组织协调工作。

(5)项目开工前制订项目档案工作方案,对参建单位进行项目文件管理和归档交底。

（6）建立项目文件管理和归档考核机制，对项目文件的形成、积累和归档情况等进行考核。

（7）对参建单位进行合同履约考核时，应对项目文件管理条款的履行情况做出评价，工程款支付审批时应审查项目文件的归档情况。

（8）将项目档案信息化纳入项目管理信息化建设，统筹规划，同步实施。

12. 建设单位档案管理机构的主要职责是什么？

答：建设单位应成立档案管理机构，负责项目档案管理工作，并履行以下职责：

（1）监督、指导本单位工程管理相关部门及参建单位项目文件的形成、收集、整理和归档工作，审查参建单位针对本项目制定的文件管理和归档制度、规范。

（2）采用"请进来"或"送出去"的方式，组织技术人员和档案管理人员参加档案业务培训。

（3）参加项目建设的重要会议、重大活动、阶段性检查验收、交竣工验收和专项验收。

（4）负责审查项目文件归档的齐全性、完整性和整理的规范性、系统性。

（5）负责项目档案的接收、整理、保管、鉴定、统计、利用和移交工作。

（6）向项目档案行政管理部门和主管部门报送项目档案管理登记表。

（7）组织实施项目档案信息化建设工作。

（8）做好项目档案验收的准备和整改工作。

13. 建设单位工程管理部门的档案职责是什么？

答：工程技术文件是项目档案的主要组成部分，工程管理部门在建设过程中应认真履行以下职责：

（1）对工程技术文件的规范性、完整性等提出具体要求，组织对勘察、设计、监理、施工、总承包、检测、设备制造等单位归档文件的完整性、准确性、有效性和规范性进行审查，对各单位的预立卷工作进行监督检查。

（2）对参建单位进行合同履约考核时，应对项目文件管理条款的履行情况作出评价，合同款支付审批时应审查项目文件的归档情况，并将项目文件是否按要求管理和归档作为合同款支付的前提条件。

（3）对本部门形成的项目文件进行收发、登记、积累和收集、整理、归档。归档时,与档案室办理交接手续(表1.2)。

档案交接登记表　　　　　　　　　　表1.2

移交时间:___年__月__日　　　　　　移交单位/部门:_____

序号	题　名	年度	文号或图号	页数	保管期限	备　注

移交人签名:_____　　　　　　　接收人签名:_____

(4)机构和人员变动时,应及时清点、交接项目文件,办理交接手续。

14. 对项目档案管理人员有哪些要求?

答:项目档案管理人员应具备档案专业知识和技能,掌握一定的项目管理和公路工程技术专业知识,经过国家或省级档案行政主管部门组织的档案管理知识培训,并取得培训合格证。

15. 建设单位应如何进行项目档案管理登记?

答:建设单位应按档案行政管理部门和主管部门相关规定,进行项目档案管理登记:

(1)由交通运输部审批初步设计的项目,建设单位于开工后6个月内、合同段交工验收后1个月内和项目档案通过专项验收后1个月内分别填报登记表,省级交通运输主管部门将有关登记表于每年10月31日前汇总上报交通运输部档案馆。登记表格式见附录A。

(2)省级重点项目、重大工程,建设单位应根据省级档案行政主管部门规定的格式,在开工后6个月内、项目档案预验收后1个月内和正式验收后1个月内分别填报登记表,报省级档案行政主管部门备案;其他项目应在相同时限范围内向项目批复部门的同级档案行政主管部门备案。

(3)登记工作应做到登记全面、填报准确、上报及时。

16. 合同中的档案专用条款应包括哪些内容?

答:建设单位与参建单位签订合同、协议时,应设立专门章节或条款,明确项目文件管理责任,包括项目文件形成的**质量要求**、**归档范围**、**归档时间**、**归档套数**、**整理标准**、**介质**、**格式**、**费用及违约责任**等内容;监理合同条款还应明确监理单位对所监理项目的文件和档案的检查、审查责任。采用行业格式合同时,应签订补充协议,或者将相关内容列入招标文件中。

17. 项目档案管理标准化包括哪些内容?

答:项目档案管理标准化主要包括组织建设体系化、管理职责具体化、工作制度层次化、业务工作规范化、设施设备实用化、检索编研格式化、工程数据信息化等内容。

18. 项目档案工作的"三纳入"指什么?

答:项目档案工作的"三纳入"指建设单位要把项目文件的形成、积累、整理、归档工作纳入公路建设程序,纳入各项工作计划,纳入有关部门和人员的职责范围,从而实现对文件形成、积累、整理、归档过程的监督管理。《建设项目档案管理规范》(DA/T 28—2018)的表述是,纳入项目建设计划、质量保证体系、项目管理程序、合同管理和岗位责任制。

19. 项目档案工作的"四同步"指什么?

答:项目档案工作的"四同步"指在布置、检查、总结、验收公路工程建设工作的同时,布置、检查、总结、验收文件归档工作。

20. 项目档案工作的"五参与"指什么?

答:项目档案工作的"五参与"指档案部门和档案工作人员应参与工程的立项、参与工程的招投标、参与工程的管理、参与工程的竣(交)工验收和参与工程的总结奖励。

21. 如何理解统一管理、统一制度、统一标准?

答:建设单位应对项目档案工作负总责,实行统一管理、统一制度和统一标准:

(1)建设单位应建立档案管理机构和工作网络,明确分管领导,配备专(兼)职档案管理人员,对项目文件的归档工作实施全过程、全环节的控制和管理。

(2)建设单位应建立档案管理制度,建立档案工作责任追究制度。

(3)建设单位应明确文件归档标准,即项目文件管理业务规范和档案管理业务规范,使各单位的归档工作有据可依。

22.如何开展项目档案制度规范建设工作?

答:项目开工前,建设单位应按照相关法律法规、规章制度、标准和规范性文件的规定,遵循职责明确、流程清晰、措施有效、要求具体的原则,建立覆盖项目各类文件、档案的管理制度和业务规范体系,具体要求如下:

(1)**档案管理制度**一般包括:档案管理人员备案制度、档案业务培训制度、档案管理责任制度、预立卷制度、文件归档制度、档案保管制度、档案鉴定销毁制度、档案统计制度、档案利用制度、档案保密制度、电子档案管理制度、档案管理系统操作制度等,具体见附录B。

(2)**项目文件管理业务规范**应包含但不限于下列内容:

①项目文件管理流程、文件格式、编号、归档要求等;

②竣工图的编制单位、编制要求、审查流程和责任等;

③照片和音视频文件摄录的责任主体、阶段、节点、部位、内容、技术参数、归档要求等。

(3)**档案管理业务规范**内容应包含但不限于下列内容:

①项目档案管理办法。

②档案分类方案。

③归档范围和档案保管期限表。

④整理编目细则。

(4)建设单位应适时对管理制度和业务规范进行修订完善,并印发给各参建单位。

23.涉密的图纸资料有哪些?

答:公路建设项目以下图纸资料为涉密文件:

(1)涉及国防交通基础设施建设的项目规划、预算和投资安排,以及相关工程勘察和设计图纸、资料、数据等,为**机密级国家秘密**,保密期限为长期,知悉范围为有关领导、相关部门和承办人员。

(2)**比例尺大于或等于1∶25万**的标有经纬度、**控制点或水准点**的公路地形图、港区地形图、沿海地形图、航道图为**秘密级国家秘密**,保密期限为长期,知悉范围为有关领导、相关部门和承办人员。

24. 如何加强图纸资料的管理工作？

答：图纸资料可能涉密，需在建设过程中加强以下管理工作：

(1) 建设单位是工程图纸资料管理的责任主体，应通过在招标文件或合同中设立保密条款、签订保密责任书等方式，要求承担工可、勘察、设计、施工、监理、档案外包和运营管理以及能够接触到图纸资料的单位，严格落实图纸资料管理制度，**不得在未经技术处理的情况下通过互联网进行图纸资料的交换、传递**。

(2) 参建各方应建立和完善图纸制作、移交、归档等制度，把重大工程图纸资料流转、保管的各个环节纳入监管；建立重大工程图纸资料清单库，了解掌握图纸的设计、使用、保管流程和范围，及时查找管理工作中存在的漏洞和薄弱环节，**严防发生失密失控、随意扩散**等现象。

(3) 坚持"涉密不上网、上网不涉密"的原则，重点加强**网上监测**，发现违反涉密工程或重大工程图纸资料管理规定的，应及时通报网信、公安等部门并删除相关文件。

(4) 加强涉密图纸日常监督，落实各项防范措施，严防随意存放导致泄密。

25. 如何理解预立卷？

答：各有关单位应按照收集归档责任分工，建立健全项目文件材料收集归档制度和**预立卷**制度，按照公路建设项目建设程序的不同阶段文件材料产生的自然过程，分别做好预立卷工作。

(1) 预立卷是指档案管理人员随时将项目建设过程形成的各种文件材料按照事先所编的预立卷目录，归入相应的卷盒，并有预见性地做好文件材料的暂存管理工作。预立卷是项目文件归档的基础性工作，各参建单位应明确专人负责。

(2) 预立卷步骤如下：

①各单位的档案管理人员应根据档案分类、工程划分和各类文件的组成内容，对项目实施期间可能产生的各种文件数量作出预判，按照每卷不超过200页的标准，根据文件内容，每卷拟写一条题名，建立预立卷目录。

②每条目录对应于一个卷盒，在卷盒侧面标示清楚临时档号，按序排列于档案柜架，并明确各种文件收集、整理的责任人。

③随着工程进展，各类文件相继形成，责任人应及时收集整理，将形成的文件对照预立卷目录放入相应的卷盒中。

④文件归卷之前,应注意检查页数、附件等是否齐全完整,文书处理程序是否完成(有无漏阅、漏签),有疑问时及时询问承办人,进行必要的补充完善,做到随时发现问题,随时解决。

⑤预立卷时一般按"结果在前、支撑性文件在后"的顺序排列文件,如批复文件后排列请示文件,转发的公文后排列被转发的公文,印发的文件后排列依据性文件。

(3)档案管理人员应具体负责本单位的预立卷工作,积极主动地联系承办人及时交接办理完毕的文件,并注意以下几点:

①对外发文应在文件发出时,同时将底稿和至少一份文本存档。

②对收文应跟踪文件的阅办情况并及时收回原文件归卷。

③需留存部门办理的文件,经办部门可留文件的复印件,原文件及时归卷。

④对会议文件、有关人员外出带回的文件等,及时进行登记和收集,避免归档文件不齐全。

⑤对提交监理工程师签认的各种文件,应建立台账并专人跟踪落实,签认后由档案员及时归卷。

⑥经过借阅归还的文件,应当即销账归卷。

⑦对于不需要立卷归档的文件材料,可以另备卷盒单独存放。

(4)归卷时每份文件均应拟写文件题名,标注文件形成日期,制作卷内目录。

(5)施工、监理、检测和建设单位可参考附录C分别建立预立卷目录。

26.如何办理项目文件的交接手续?

答:项目参建各方应与建设单位办理项目文件的交接手续:

(1)施工单位按归档范围收集齐全文件并系统整理后,首先组织自检,形成档案自检报告,连同案卷编制说明和案卷目录,向监理机构提交竣工文件审查的申请文件;监理机构收到申请后组织监理工程师审查案卷,出具审查意见;审查合格后,施工单位向建设单位提交办理竣工文件交接的申请,申请文件应包括竣工文件交接签证单(图1.2)、案卷编制说明(应包含根据监理工程师意见进行整改的情况说明)和案卷目录,报建设单位工程管理部门审查,审查合格后与建设单位档案管理机构办理交接手续,双方签署签证单、各执一份。

(2)监理机构、检测机构整理完成各自的竣工文件并自检合格后,形成档案自检报告,连同案卷目录和案卷编制说明,向建设单位提交竣工文件交接的申请文件,申请文件的内容应包括竣工文件交接签证单(图1.2)、案卷编制说明(应包含自检整改情况)和案卷目录,报建设单位工程管理部门审查,审查合格后与建设单位档案管理机构办理交接手续,双方签署签证单、各执一份。

(3)其他参建单位(如招标代理机构、勘察设计单位、技术咨询机构、验收检测单位等)及建设单位各部门向建设单位档案管理机构交接文件时,应填写档案交接登记表,双方办理交接手续。

```
项目名称:_____
工程名称:_____合同段:_____
竣工文件编制完成日期:_____年___月___日
案卷卷数:___卷,其中竣工图___卷___张
光盘:___张
竣工文件移交日期:_____年___月___日
案卷目录(纸质):___份
        (电子版):___份
其他:1.档案自检报告
     2.案卷编制说明
     3.案卷目录
移交单位(盖章)           接收单位(盖章)
经办人:_____          经办人:_____
负责人:_____          负责人:_____
日期:_____年___月___日   日期:_____年___月___日
```

图 1.2　竣工文件交接签证单

27.项目档案验收应符合哪些条件?

答:申请项目档案专项验收应符合以下条件:
(1)已按规定进行项目档案登记。
(2)已完成建设项目档案自检工作或已在交工验收阶段完成对建设项目档案审查工作。
(3)竣工文件已按交通运输部有关规定编制完成。
(4)竣工文件分类、组卷及编目工作已按规定完成。

28.项目档案验收的组织工作如何开展?

答:项目档案专项验收是建设项目竣工验收的重要组成部分,未经档案专项验收或验收不合格的项目,不得进行或通过项目的竣工验收。验收的组织工作由建设单位根据以下规定具体联系、承办:

（1）凡经交通运输部审批初步设计的建设项目档案专项验收工作，由交通运输部档案馆组织或委托省级交通运输主管部门和部属单位的档案部门组织。一般100km以下的高速公路建设项目档案委托省级交通运输主管部门组织。

（2）凡由国家发展和改革委员会审批或核准项目建议书、可行性研究报告和交通运输部审批初步设计的建设项目档案专项验收，验收组成员由交通运输部档案馆、项目所在地省级档案行政管理部门、项目主管单位、项目质量监督机构组成。

（3）凡由交通运输部负责审批项目建议书、可行性研究报告及初步设计的建设项目档案专项验收，验收组成员由交通运输部档案馆、项目主管单位、项目质量监督机构组成。

（4）省级政府投资主管部门组织竣工验收的项目，由省级档案行政管理部门组织项目档案的验收；省级以下各级政府投资主管部门组织竣工验收的项目，由同级档案行政管理部门组织项目档案的验收。

（5）项目档案专项验收组成员一般为不少于5人的单数，组长由验收组织单位人员担任，必要时可邀请有关专业人员加入验收组。

（6）验收组确定验收日程后，建设单位应通知各参建单位按时参加。

29. 项目档案验收会议的主要议程包括哪些内容？

答：项目档案验收应在项目竣工验收3个月之前完成，由验收组织单位召集会议，建设单位承办，验收组成员和各参建单位代表参会。会议主要议程包括：

（1）建设单位汇报项目建设概况、项目档案工作情况。
（2）施工单位汇报项目档案编制情况。
（3）监理单位汇报项目档案质量的审核情况。
（4）验收组检查项目档案及档案管理情况。
（5）验收组对项目档案质量进行综合评价。
（6）验收组形成并宣布项目档案验收意见。

30. 项目档案如何移交？

答：竣工验收或运营期满后，建设单位应按有关规定或合同约定向接收单位移交项目档案。

（1）项目档案移交时，应办理项目档案移交手续，包括档案移交的内容、数量、图纸张数等,并有完备的清册、签字等交接手续。电子档案的移交参照《电子档案移交与接收办法》的有关规定执行。

(2)停、缓建的项目,档案由建设单位负责保存;建设单位撤销的,项目档案应向项目主管部门或有关档案机构移交。

第二章

工程划分

31. 工程划分的基本要求有哪些？

答：工程划分是工程项目管理的一条主线，是工程建设、监理、施工等参建单位开展各项工作的基础条件，参建各方应高度重视，并满足以下基本要求：

（1）工程划分时应充分考虑建设过程中监控和管理的便利性，划分单元不宜过大，以免评定不合格时牵涉面太广，也不宜太小，否则会导致管理成本增加。

（2）工程划分时，应首先将设计图纸的里程桩号（包括断链）、结构物（结构层）、主要工程数量等列出清单，由单位工程、分部工程至分项工程或养护工程至养护单元逐级划分；划分过程中项目经理部技术负责人应与监理工程师和建设单位主管工程师充分沟通，统一意见。

（3）新建、改扩建工程的土建工程应依据现行《公路工程质量检验评定标准 第一册 土建工程》（JTG F80/1）（以下简称"土建标准"）进行工程划分，机电工程应依据《公路工程质量检验评定标准 第二册 机电工程》（JTG 2182）（以下简称"机电标准"）进行工程划分，管理中心、服务区、房屋建筑、收费站、养护工区等附属设施应依据现行《建筑工程施工质量验收统一标准》（GB 50300）（以下简称"建筑标准"）、相关地方标准和公路建设项目特点进行工程划分。

（4）养护工程应依据现行《公路养护工程质量检验评定标准 第一册 土建工程》（JTG 5220）（以下简称"养护标准"）并**参考土建标准、机电标准和建筑标准**进行工程划分。

（5）新建、改扩建工程划分内容包括列出合同段所有的单位工程、分部工程和分项工程并按统一的规则分类编号；养护工程划分内容包括列出合同段所有的养护工程和养护单元并按统一的规则分类编号。

（6）公路工程的划分对象是工程实体，不针对临时工程、工艺措施等进行划分，如强夯、模板、单侧壁导坑的临时钢架、施工便道等，不应列入工程划分表。

（7）按路线长度划分的分部工程，**高速公路、一级公路宜取低值，二级及二级以下公路可取高值**；大桥和隧道的长度不宜计入路线长度，例如K0+500处有1座300m的大桥，路基土石方分部工程按不超过1km路段划分时，起止桩号可以为K0+000～K1+300。

（8）钢筋混凝土构件和预应力混凝土构件除应包括构件制作、构件安装等分项工程（养护单元）外，均应包括钢筋加工及安装、预应力筋加工和张拉分项工程（养护单元），体内预应力构件还应包括管道压浆分项工程。

（9）《建筑工程施工质量验收统一标准》（GB 50300—2013）第4.0.7条规定，"施工前，应由施工单位制定分项工程和检验批的划分方案，并由监理单位审核"。因此,管理中心、服务区、房屋建筑、收费站、养护工区和室外工程等单位工程按建筑标准划分出单位工程和分部工程后,项目经理部应进一步制定分项工程和检验批划分方案报监理工程师审核。

(10)工程划分应将设计内容全覆盖,施工中若发生设计变更,应适时调整划分。

32.工程划分应如何审批？

答：《公路工程施工监理规范》(JTG G10—2016)(以下简称"监理规范")第4.2.2条规定,"监理机构应审核施工单位提交的单位、分部、分项工程划分,并报建设单位"。《公路工程标准施工招标文件(2018年版)·技术规范》102.05第1条规定,"承包人开工前,必须按《公路工程质量检验评定标准 第一册 土建工程》(JTG F80/1—2017)的规定,并结合工程特点进行分项、分部和单位工程划分,**经发包人和监理人批准后执行**"。因此,为了统一划分尺度和划分方法,工程划分应报监理机构审核并最终由建设单位批准;因变更需调整工程划分时,应按相同的流程进行报批。

33.工程划分包括哪些层级？

答：工程划分一般包括以下层级：

(1)新建、改扩建工程的划分层级为建设项目→合同段→单位工程→分部工程→分项工程,可根据实际情况增设子分部工程。

(2)养护工程的划分层级为建设项目→合同段→养护工程→养护单元。

(3)《公路建设监督管理办法》第二十三条规定,"未经监理工程师签认,施工单位不得将建筑材料、构件和设备在工程上使用或安装,不得进行下一道工序施工"。因此,监理工程师宜在监理计划或监理细则中明确工序划分的原则或方法,由施工单位根据合同范围内的施工项目具体制订工序划分方案,报监理工程师审核,以便施工单位履行监理程序。

34.工程划分时如何对工程分类编号？

答：单位工程、分部工程和分项工程的编号,或养护工程和养护单元的编号,可分别采用2位数字表示,序号从01开始。如存在子一级的工程,其编号加括号。例如:0102(03)04,表示第1个单位工程中的第2个分部工程的第3个子分部的第4个分项工程。

35. 路基、路面单位工程如何划分？

答：路基工程和路面工程一般以每 10km 路段或每合同段作为一个单位工程；合同段所辖路段较长时，一般按不超过 10km 划分单位工程；服务区、养护工区及其匝道、左区和右区的路基、路面工程分别划分为一个单位工程。

36. 路基工程如何划分分部工程？

答：路基工程一般包括路基土石方工程，排水工程，小桥、天桥、渡槽、涵洞、通道，防护支挡工程和大型挡土墙、组合挡土墙等分部工程，具体划分方法如下：

（1）路基土石方工程每 1~3km 为一个分部工程，分离式路基左、右线各为一个分部工程。

（2）排水工程、防护支挡工程按 1~3km 划分分部工程，划分段落一般与路基土石方工程的划分段落保持一致；分离式路基左、右线的排水工程、防护支挡工程分别为一个分部工程。

（3）小桥及符合小桥标准的通道、人行天桥、渡槽，每座为一个分部工程。

（4）涵洞、通道按 1~3km 划分分部工程，每道涵洞、通道可设为一个子分部工程。

（5）砌体、片石混凝土挡土墙，当平均墙高大于或等于 6m 且墙身面积大于或等于 1200m² 时为大型挡土墙，每处应作为一个分部工程。

（6）桩板式、锚杆、锚索、锚定板等组合式挡土墙，每处应作为一个分部工程。

37. 路基土石方工程如何划分分项工程？

答：路基土石方工程可按以下方法划分分项工程：

（1）路基土石方分部工程通常分为土方路基、石方路基、软土地基处置和土工合成材料处置层等分项工程。

（2）若某路段既有土方也有石方，则分别作为两个分项工程。

（3）软土地基处置应根据实际采用的处置方法分别划分出分项工程，如：灰土换填、砂垫层、砂砾垫层、袋装砂井、塑料排水板、粒料桩、加固土桩、水泥粉煤灰碎石桩、刚性桩等。强（重）夯、冲击碾压作为一种夯实工艺，本身不形成新的工程实体，因此不列为分项工程。

（4）土工合成材料处置层应按设计分别划分出加筋工程、隔离工程、过滤排水工程和防裂工程土工合成材料处置层等分项工程。

38. 排水工程如何划分分项工程？

答： 排水工程可按以下方法划分分项工程：

(1) 按结构类型划分分项工程，如：边沟、截水沟、排水沟、土沟、盲沟、急流槽、检查(雨水)井砌筑、排水泵站沉井、沉淀池、管节预制、混凝土排水管安装等。

(2) 全线排水工程所需小型预制构件可单独划分为一个分项工程，列入首段分部工程中。

(3) 构件中含有钢筋时，钢筋加工及安装应单独列为一个分项工程。

39. 防护支挡工程如何划分分项工程？

答： 防护支挡工程可按以下方法划分分项工程：

(1) 按结构类型划分分项工程，如：基础砌体、混凝土基础、浆砌挡土墙、干砌挡土墙、片石混凝土挡土墙、(下挡墙)墙背填土、锚杆、锚索、坡面结构、土钉支护、砌体坡面防护、石笼防护、浆砌砌体、干砌砌体、导流工程和混凝土小型构件预制等。

(2) 拱形骨架一般包括基础砌体、预制块、砌体坡面防护等分项工程。

(3) 边坡锚固防护可划分出锚杆、锚索、框格梁钢筋加工及安装、钢筋网、坡面结构等分项工程。

(4) 三维植被网护坡可划分出三维网安装和喷播绿化等分项工程。

(5) 主动防护系统可划分出锚杆、支撑绳安装、网片安装等分项工程，被动防护系统可划分出锚杆、钢柱基础、钢柱及基座安装、拉锚绳安装、支撑绳安装、网片安装等分项工程。

(6) 抗滑桩钢筋加工及安装和抗滑桩的每处或每一自然段落分别作为一个分项工程。

(7) 钢筋混凝土结构或构件均应包含钢筋加工及安装分项工程。

(8) 全线防护工程所需小型预制构件可单独划分为一个分项工程，列入首段分部工程中。

40. 大型挡土墙如何划分分项工程？

答： 大型挡土墙可按以下方法划分分项工程：

(1)根据其组成可划分为基础、墙身、(下挡墙)墙背填土等分项工程。

(2)同一段落中的砌体和混凝土应分别作为分项工程列出,如设有钢筋,钢筋加工及安装应单独划分为一个分项工程。

41. 组合式挡土墙如何划分分项工程?

答:组合式挡土墙可按以下方法划分分项工程:

(1)按其组成构件,每种构件作为一个分项工程。

(2)桩板式挡土墙可划分出抗滑桩钢筋加工及安装、抗滑桩、面板钢筋网、面板预制、面板安装等分项工程。

(3)锚杆、锚定板和加筋挡土墙可划分出筋带、拉杆、面板钢筋网、面板预制、面板安装、墙背填土等分项工程。

(4)分数级防护时,每级宜按一个分项工程划分。

42. 小桥、天桥、渡槽如何划分分项工程?

答:小桥及符合小桥标准的通道、人行天桥、渡槽可根据设计内容划分出以下分项工程:每类构件的钢筋加工及安装,基础砌体,混凝土扩大基础,钻孔灌注桩,挖孔桩,承台,系梁,现浇墩、台身,现浇墩台帽或盖梁,预制墩身,墩、台身安装,支座垫石,挡块,墩、台身砌体,侧墙砌体,台背填土,就地浇筑梁、板,就地浇筑拱圈,拱圈砌体,预制梁、板,正弯矩预应力筋加工和张拉,正弯矩预应力管道压浆,负弯矩预应力筋加工和张拉,负弯矩预应力管道压浆,梁、板安装,混凝土桥面板桥面防水层,混凝土桥面板桥面铺装,支座安装,伸缩装置安装,栏杆安装,混凝土护栏,桥头搭板,锥护坡,混凝土构件表面防护和桥梁总体等。

43. 盖板涵(通道)如何划分分项工程?

答:每道盖板涵(通道)可划分为以下分项工程:各结构部位钢筋加工及安装、基础、涵台、盖板制作、盖板安装、盖板现浇、填土、一字墙(或八字墙)、附属砌体和总体等,附属砌体包含洞身铺砌、洞口铺砌、截水墙等。设计包括基底处理、跌井、急流槽等内容时,应分别作为一个独立的分项工程(其他类型涵洞参照执行)。

44. 拱涵(通道)如何划分分项工程?

答:每道拱涵(通道)可划分为以下分项工程:各结构部位钢筋加工及安装、基础、涵台、拱座、拱涵浇筑或砌筑、填土、一字墙(或八字墙)、附属砌体和总体等。

45.箱涵(通道)如何划分分项工程?

答:每道箱涵(通道)可划分为以下分项工程:垫层、钢筋加工及安装、箱涵浇筑、填土、一字墙(或八字墙)、附属砌体和总体等。

46.圆管涵如何划分分项工程?

答:每道圆管涵可划分为以下分项工程:管节预制、混凝土涵管安装、填土、一字墙(或八字墙)和总体等。

47.倒虹吸如何划分分项工程?

答:参照圆管涵的划分,并增加竖井砌筑或浇筑分项工程;竖井为钢筋混凝土构件时,应划分出钢筋加工及安装和竖井两个分项工程。

48.波形钢管涵如何划分分项工程?

答:每道波形钢管涵可划分为以下分项工程:垫层、波形钢管涵安装、填土、一字墙(或八字墙)和总体等。

49.顶进施工涵洞如何划分分项工程?

答:每道顶进施工涵洞可划分为以下分项工程:箱涵钢筋加工及安装、箱涵浇筑、顶进施工的涵洞、一字墙(或八字墙)和总体等。

50.路面工程如何划分分部和分项工程?

答:路面工程可按以下方法划分分部和分项工程:
(1)按1~3km的路段划分分部工程。
(2)分幅施工且左、右幅结构层不一致时,左、右幅宜各为一个分部工程。
(3)分项工程可根据设计内容划分为:垫层、底基层、半刚性基层、柔性基层、透层、黏层、封层、水泥混凝土面层、沥青混凝土面层、沥青碎石面层、沥青贯入式面层、沥青表面处置面层、路缘石预制、路缘石铺设、土路肩、硬路肩、边沟和急流槽等。
(4)大中桥梁的沥青混凝土桥面铺装和隧道沥青混凝土路面按单幅或单洞

1~3km 划分分项工程。

51. 桥梁单位工程如何划分？

答：桥梁工程可按以下方法划分单位工程：
（1）特大桥、大桥、中桥和分离式立交桥以每座为一个单位工程。
（2）分幅桥梁，单幅作为一个单位工程。
（3）特大桥由两家以上施工单位中标时，每合同段、每幅桥梁划分为一个单位工程。
（4）服务区、养护工区、匝道等区域中达到中桥以上标准的桥梁，每座为一个单位工程。

52. 桥梁工程如何划分分部工程？

答：桥梁工程可按以下方法划分分部工程：
（1）1~3 个墩台的基础及下部构造划分为一个分部工程，可将两个桥台合并为一个分部工程，中桥及按单孔跨径确定的大桥、特大桥宜按全桥作为一个分部工程。
（2）1~3 跨的上部构造预制和安装划分为一个分部工程，分部工程名称应按设计注明 T 梁、箱梁或空心板等。
（3）上部构造现场浇筑按每联划分为一个分部工程，中桥及按单孔跨径确定的大桥、特大桥宜按全桥作为一个分部工程。
（4）全桥的桥面系、附属工程及桥梁总体划分为一个分部工程。
（5）多家施工单位共同完成同一座桥时，应由建设单位指定牵头单位进行桥梁总体的划分和评定。
（6）全桥的防护工程可作为一个分部工程。
（7）两侧引道工程可分别作为一个分部工程。

53. 桥梁基础及下部构造如何划分分项工程？

答：桥梁基础及下部构造可根据设计内容划分出以下分项工程：每类构件的钢筋加工及安装，钢筋网，墩身劲性骨架制作，墩身劲性骨架安装，预应力筋加工和张拉，预应力管道压浆，垫层混凝土，混凝土扩大基础，钻孔灌注桩，挖孔桩，沉入桩，灌注桩桩底压浆，地下连续墙，沉井，沉井、钢围堰的混凝土封底，承台，桩系梁，柱系梁，现浇墩、台身，现浇墩台帽或盖梁，预制墩身，墩、台身安装，支座垫石,挡块、墩、台身砌体、侧墙砌体、拱桥组合桥台、台背填土等。

54. 桥梁上部构造预制和安装如何划分分项工程?

答:桥梁上部构造预制和安装可按以下方法划分分项工程:

(1)对于钢筋混凝土梁桥,以箱梁为例,可根据设计内容划分出以下分项工程:钢筋加工及安装、箱梁预制、正弯矩预应力筋加工和张拉、正弯矩预应力管道压浆、负弯矩预应力筋加工和张拉、负弯矩预应力管道压浆、箱梁安装、现浇构件(包括现浇端横梁、现浇中横梁、现浇湿接缝、现浇铰缝等);T梁、空心板等预制梁板可参照执行。

(2)对于拱桥,可根据设计内容划分出以下分项工程:钢筋加工及安装、拱圈节段预制、主拱圈安装、桁架拱杆件预制、悬臂拼装的桁架拱、腹拱安装、转体施工拱、劲性骨架制作、劲性骨架安装、劲性骨架拱混凝土浇筑、钢管拱肋节段制作、钢管拱肋安装、钢管拱肋混凝土浇筑、吊杆的制作与安装、柔性系杆等。

(3)对于钢结构桥,可根据设计内容划分出以下分项工程:钢板梁制作、钢桁梁节制作、钢箱梁制作、斜拉桥钢箱加劲梁段制作、组合梁斜拉桥的工字梁制作、悬索桥钢箱加劲梁制作、钢梁安装、钢梁防护涂装等。

55. 桥梁上部构造现场浇筑如何划分分项工程?

答:桥梁上部构造现场浇筑可根据设计内容划分出以下分项工程:钢筋加工及安装、就地浇筑梁板、就地浇筑拱圈、悬臂浇筑、预应力筋的加工和张拉、预应力管道压浆、现浇端横隔梁、现浇中横隔梁、劲性骨架混凝土拱、钢管混凝土拱等。

56. 桥面系、附属工程及桥梁总体如何划分分项工程?

答:桥面系、附属工程及桥梁总体可根据设计内容划分出以下分项工程:每类构件的钢筋加工及安装、混凝土桥面板桥面防水层、混凝土桥面板桥面铺装、钢桥面板上防水黏结层、钢桥面板上沥青混凝土铺装、支座安装、伸缩装置安装、人行道铺设、栏杆安装、混凝土护栏、钢桥上钢护栏安装、桥头搭板、混凝土小型构件预制、砌体坡面护坡、混凝土构件表面防护、桥梁总体等,其中支座和伸缩装置宜按其类型分别划分出分项工程。

57. 桥梁防护工程如何划分分项工程?

答:桥梁防护工程可根据设计内容划分出以下分项工程:锥坡、护坡、护岸、挡土墙、导流工程、石笼防护等。

58. 桥梁引道工程如何划分分项工程？

答：桥梁引道工程可根据设计内容，并参照路基、路面工程的划分方法进行分项工程划分，如：土方路基、石方路基、土工合成材料处置层、砂砾换填、加固土桩、排水沟、急流槽、砌体坡面防护、底基层、基层、面层、路缘石、土路肩、硬路肩等。

59. 特大斜拉桥、特大悬索桥如何进行工程划分？

答：特大斜拉桥、特大悬索桥的单位工程包括：塔及辅助墩、过渡墩，锚碇，上部钢结构制作与防护，上部结构浇筑与安装，桥面系、附属工程及桥梁总体，引道工程。桥梁主体按表2.1进行分部工程和分项工程的划分；每条引道划分为一个单位工程，并参照路基、路面工程的划分方法进行分部工程和分项工程的划分。

特大斜拉桥、特大悬索桥工程划分 表2.1

单位工程	分部工程	分项工程
塔及辅助墩、过渡墩（每个）	塔基础	钢筋加工及安装、混凝土扩大基础、钻孔灌注桩、灌注桩桩底压浆、沉井、沉井、钢围堰的混凝土封底等
	塔承台	钢筋加工及安装、双壁钢围堰、沉井、钢围堰的混凝土封底、承台等大体积混凝土结构等
	索塔	钢筋加工及安装、预应力筋加工和张拉、预应力管道压浆、混凝土索塔、索塔钢锚箱节制作、索塔钢锚箱节安装、支座垫石和挡块等
	辅助墩	钢筋加工及安装、预应力筋加工和张拉、预应力管道压浆、钻孔灌注桩、灌注桩桩底压浆、承台等大体积混凝土结构、沉井、钢围堰的混凝土封底、现浇混凝土墩、台、预制墩、台身、墩、台身安装、支座垫石和挡块等
	过渡墩	
锚碇（每个）	锚碇基础	钢筋加工及安装、混凝土扩大基础、钻孔灌注桩、灌注桩桩底压浆、地下连续墙，沉井、沉井、钢围堰的混凝土封底等
	锚体	钢筋加工及安装、锚碇锚固系统制作、锚碇锚固系统安装、锚碇混凝土块体、预应力锚索的张拉与压浆、隧道锚的洞身开挖、隧道锚的混凝土锚塞体等
上部钢结构制作与防护	主缆	索股和锚头的制作与防护、主缆防护
	索鞍	索鞍制作、索鞍防护
	索夹	索夹制作、索夹防护
	吊索	吊索和锚头制作与防护
	加劲梁	钢梁制作、钢梁防护、自锚式悬索桥主缆索股的锚固系统制作等

续上表

单位工程	分部工程	分项工程
上部结构浇筑与安装	加劲梁浇筑	混凝土斜拉桥主墩上梁的浇筑、混凝土斜拉桥梁的悬臂施工、组合梁斜拉桥的混凝土板等
	安装	索鞍安装、主缆架设、索夹和吊索安装、悬索桥钢加劲梁安装、自锚式悬索桥主缆索股的锚固系统安装、自锚式悬索桥吊索张拉和体系转换、钢斜拉桥钢箱梁的拼装、组合梁斜拉桥工字梁的悬臂拼装、混凝土斜拉桥梁的悬臂施工等
桥面系、附属工程及桥梁总体	桥面系	钢筋加工及安装、混凝土桥面板桥面防水层或钢桥面板上防水黏结层、混凝土桥面板桥面铺装或钢桥面板上沥青混凝土铺装等
	附属工程及桥梁总体	支座安装、伸缩装置安装、人行道铺设、栏杆安装、混凝土护栏、钢桥上钢护栏安装、混凝土构件表面防护、桥头搭板、桥梁总体等

60. 隧道单位工程如何划分？

答：隧道工程可按以下方法划分单位工程：

(1) 每座隧道作为一个单位工程。

(2) 双洞隧道每单洞作为一个单位工程。

(3) 特长隧道、长隧道分别由两家以上施工单位中标时，每合同段、每洞划分为一个单位工程。

61. 隧道工程如何划分分部工程？

答：隧道工程可按以下方法划分分部工程：

(1) 每洞的总体及装饰装修作为一个分部工程。

(2) 进口和出口洞口工程分别划分为一个分部工程。

(3) 每200延米的洞身开挖、洞身衬砌、防排水、辅助通道分别划分为一个分部工程。

(4) 1~3km的路面划分为一个分部工程。

62. 隧道总体及装饰装修如何划分分项工程？

答：隧道总体及装饰装修可根据设计内容划分出以下分项工程：总体、洞门料石镶面、洞门饰面板安装、洞身饰面砖粘贴、洞身防火涂料喷涂、电缆沟钢筋加工及安装、电缆沟、电缆沟盖板钢筋网、电缆沟盖板预制、电缆沟盖板安装等。

63.隧道洞口工程如何划分分项工程？

答：隧道洞口工程可根据设计内容划分出以下分项工程：锚杆、锚索、坡面结构、钢筋网、洞门和翼墙的浇（砌）筑、截水沟、洞口排水沟、明洞浇筑、明洞防水层、明洞回填、砌体等。

64.隧道洞身开挖如何划分分项工程？

答：隧道洞身开挖按不超过200延米划分为一个分项工程，紧急停车带宜单独作为一个分项工程。

65.隧道洞身衬砌如何划分分项工程？

答：隧道洞身衬砌可根据设计内容划分出以下分项工程：喷射混凝土、锚杆支护、钢筋网支护、钢架支护、仰拱、仰拱回填、衬砌钢筋、混凝土衬砌、超前小导管、超前锚杆、管棚；紧急停车带的洞身衬砌宜单独作为分项工程列出。

66.隧道防排水如何划分分项工程？

答：隧道防排水可根据设计内容划分出以下分项工程：防水层、止水带、中央排水沟、纵横环向排水管等。

67.隧道路面如何划分分项工程？

答：隧道路面可根据设计内容划分出以下分项工程：找平层、基层、面层。

68.隧道辅助通道如何划分分项工程？

答：隧道辅助通道可根据设计内容划分出以下分项工程：洞身开挖、喷射混凝土、锚杆、钢筋网、钢架、仰拱、仰拱回填、衬砌钢筋、混凝土衬砌、超前小导管、超前锚杆、管棚、防水层、止水带、排水沟、排水管、找平层、面层。

69.互通立交工程如何进行工程划分？

答：互通立交工程可根据设计内容按以下方法进行工程划分：

（1）互通区内的特大桥、大桥、中桥和分离式立交桥以及隧道，以每座单幅为一个单位工程。

（2）互通区内的小桥及符合小桥标准的通道、渡槽，每座作为一个分部工程，按就近原则列入路基单位工程中。

（3）每条匝道路基、路面工程分别为一个分部工程，按就近原则列入路基、路面单位工程中。

（4）分项工程参照路基、路面、桥梁、隧道工程的划分逐一列出。

70. 绿化工程如何进行工程划分？

答：绿化工程可根据设计内容按以下方法进行工程划分：

（1）每合同绿化工程作为一个单位工程。

（2）每2km路段的分隔带绿地、边坡绿地、护坡道绿地、碎落台绿地、平台绿地分别划分为一个分部工程。

（3）每处互通立交区与环岛绿地、管理养护设施区绿地、服务设施区绿地、取弃土场绿地分别划分为一个分部工程。

（4）每个分部工程可划分为绿地整理，树木栽植，草坪、草本地被及花卉种植，喷播绿化等分项工程。

71. 声屏障工程如何进行工程划分？

答：声屏障工程可根据设计内容按以下方法进行工程划分：

（1）每合同段声屏障工程作为一个单位工程。

（2）每处或每自然段落划分为一个分部工程。

（3）每个分部工程可划分为砌块体声屏障、金属结构声屏障、复合结构声屏障、钢筋加工及安装等分项工程。

72. 交通安全设施如何划分单位、分部工程？

答：交通安全设施可按以下方法进行单位、分部工程的划分：

（1）每20km或每合同段交通安全设施作为一个单位工程。

（2）标志、标线、突起路标、轮廓标、护栏、防眩设施、隔离栅、防落网，此三类分部工程分别按5～10km的路段长度划分分部工程。

（3）里程碑和百米桩按5km路段划分分部工程。

（4）每处避险车道为一个分部工程。

73. 标志、标线、突起路标、轮廓标如何划分分项工程？

答：标志、标线、突起路标、轮廓标可根据设计内容按以下方法进行分项工程划分：

（1）每类标志划分为一个分项工程，如：单柱式标志、双柱式标志、单悬臂标志、双悬臂标志、门架式标志等。

（2）每类标线划分为一个分项工程，如：溶剂型涂料标线、热熔型涂料标线、水性涂料标线、双组分涂料标线、预成形标线带等。

（3）突起路标和轮廓标分别划分为一个分项工程。

74. 护栏如何划分分项工程？

答：护栏可根据设计内容划分为波形梁护栏、缆索护栏、混凝土护栏、钢筋加工及安装、中央分隔带开口护栏等分项工程。

75. 防眩设施、隔离栅、防落物网如何划分分项工程？

答：防眩设施、隔离栅、防落物网分部工程可根据设计内容划分为防眩板、防眩网、隔离栅、防落物网等分项工程。

76. 里程碑和百米桩如何划分分项工程？

答：全线的里程碑和百米桩可划分为两个分项工程。

77. 避险车道如何划分分项工程？

答：避险车道可根据设计内容划分为土方路基、石方路基、避险车道、护栏等分项工程。

78. 交通机电工程如何进行工程划分？

答：交通机电工程可按以下方法进行工程划分：

（1）每合同段机电工程作为一个单位工程。

（2）一般可划分为监控设施、通信设施、收费设施、供配电设施、照明设施和隧道机电设施等分部工程，其中，收费设施宜按每个收费站设分部工程，隧道机电设施以每洞为一个分部工程。

(3)分项工程划分见表2.2。

机电工程分项工程划分表　　　　表2.2

单位工程	分部工程	分项工程	抽样单位
机电工程	监控设施	车辆检测器	控制机箱
		气象检测器	控制机箱
		闭路电视监视系统	外场设备以摄像机为抽样单位,室内设备以中心(分中心)为抽样单位
		可变标志	外场设备
		道路视频交通事件检测系统	中心处理器板卡
		交通情况调查设施	控制机箱
		监控(分)中心设备及软件	监控(分)中心
		大屏幕显示系统	一个完整屏幕
		监控系统计算机网络	网络性能以中心为抽样单位,网线性能以条为抽样单位
	通信设施	通信管道工程	以1000m抽样单位,人(手)孔按个抽样
		通信光缆、电缆线路工程	中继(交工验收质量检查全部中继,各中继检查总光缆芯数的10%,不少于3个测点)
		同步数字体系(SDH)光纤传输系统	通信站、中心的ADM(分插复用设备)、OLT(光线路终端)、ONU(光网络单元)
		IP网络系统	通信中心、站
		波分复用(WDM)光纤传输系统	通信中心、站
		固定电话交换系统	通信中心
		通信电源系统	通信中心、站
	收费设施	入口混合车道设备及软件	收费车道
		出口混合车道设备及软件	收费车道
		ETC专用车道设备及软件	收费车道
		ETC门架系统	ETC门架
		收费站设备及软件	收费站(交工验收质量检查50%,不少于3个测点)
		收费分中心设备及软件	收费分中心(全部检查)
		联网收费管理中心(收费中心)设备及软件	收费中心

续上表

单位工程	分部工程	分项工程	抽样单位
机电工程	收费设施	IC 卡发卡编码系统	收费中心(全部检查)
		内部有线对讲及紧急报警系统	收费站
		超限检测系统	车道
		闭路电视监视系统	外场设备以摄像机为抽样单位,室内设备以站为抽样单位
		收费站区光缆、电缆线路	中继(交工验收质量检查全部中继,各中继检查总光缆芯数的10%,不少于3个测点)
		收费系统计算机网络	网络性能以中心(站)为抽样单位,网线性能以条为抽样单位
	供配电设施	中压配电设备	配电站
		中压设备电力电缆	配电箱
		中心(站)内低压配电设备	配电站
		低压设备电力电缆	π 接柜
		风/光供电系统	控制机箱
		电动汽车充电系统	充电桩
		电力监控系统	监控中心
	照明设施	路段照明设施	灯具以灯杆为抽样单位,亮度指标以两灯杆间距为单位测点
		收费广场照明设施	收费广场
		服务区照明设施	服务区
		收费天棚照明设施	收费车道
	隧道机电设施	车辆检测器	控制机箱
		闭路电视监视系统	控制机箱
		紧急电话与有线广播系统	外场分机
		环境检测设备	控制机箱
		手动火灾报警系统	报警按钮
		自动火灾报警系统	报警主机
		电光标志	灯箱
		发光诱导设施	控制机箱

续上表

单位工程	分部工程	分项工程	抽样单位
机电工程	隧道机电设施	可变标志	外场设备
		隧道视频交通事件检测系统	隧道管理站处理器板卡
		射流风机	一组风机
		轴流风机	送风机、排风机
		照明设施	入口、过渡、出口亮度每测一个测量区域,中间亮度以每个100m为抽样单位,控制机箱按个抽样
		消防设施	外场设备
		本地控制器	外场设备
		隧道管理站设备及软件	管理站
		隧道管理站计算机网络	网络性能以管理站为抽样单位,网线性能以条为抽样单位
		中压配电设备	配电站
		中压设备电力电缆	配电箱
		低压配电设备	配电站
		低压设备电力电缆	π接柜
		风/光供电系统	控制机箱
		电力监控系统	监控中心

79. 采空区处治如何进行工程划分?

答:采空区处治每合同段作为一个单位工程,然后按照路基、桥梁、隧道等不同的处治范围,每一个处治区域分别作为一个分部工程,每个分部工程可根据设计内容划分为帷幕孔、注浆孔、砌体、回填等分项工程。

80. 附属设施如何划分单位工程和分部工程?

答:管理中心、服务区、房屋建筑、收费站、养护工区等附属设施应根据建筑标准和地方标准的规定进行工程划分:

(1)具备独立施工条件并能形成独立使用功能的建筑物或构筑物为一个单位工程,一般包括地基与基础、主体结构、建筑装饰装修、屋面、建筑给水排水与供暖、通风与空调、建筑电气、智能建筑、建筑节能、电梯等分部工程。由于附属设施建筑规模相对较小，可不设子单位、子分部工程。

（2）服务区、养护工区等的整个区域室外工程作为一个单位工程。室外工程的分部、分项工程划分见表2.3。

室外工程划分表　　　　　表2.3

分部工程	分项工程
人行道	人行道铺砌
车棚、围墙、大门、亭台、水景、连廊、花坛、建筑小品、景观桥	基础、结构、装饰
场坪绿化	土壤处理、常规栽植、养护、园路与广场铺装

注：路基土石方、排水、防护、路面等工程一般由土建单位施工，因而未列入上表。

81. 附属设施地基与基础如何划分分项工程？

答：附属设施地基与基础可根据设计内容划分出分项工程，分项类型如下所列：

（1）地基：素土、灰土地基，砂和砂石地基，土工合成材料地基，粉煤灰地基，强夯地基，注浆地基，预压地基，砂石桩复合地基，高压旋喷注浆地基，水泥土搅拌桩地基，土和灰土挤密桩复合地基，水泥粉煤灰碎石桩复合地基，夯实水泥土桩复合地基。

（2）基础：无筋扩展基础、钢筋混凝土扩展基础、筏形与箱形基础、钢结构基础、钢管混凝土结构基础、型钢混凝土结构基础、钢筋混凝土预制桩基础、泥浆护壁成孔灌注桩基础、干作业成孔桩基础、长螺旋钻孔压灌桩基础、沉管灌注桩基础、钢桩基础、锚杆静压桩基础、岩石锚杆基础、沉井与沉箱基础。

（3）基坑支护：灌注桩排桩围护墙、板桩围护墙、咬合桩围护墙、型钢水泥土搅拌墙、土钉墙、地下连续墙、水泥土重力式挡墙、内支撑、锚杆、与主体结构相结合的基坑支护。

（4）地下水控制：降水与排水、回灌。

（5）土方：土方开挖、土方回填、场地平整。

（6）边坡：喷锚支护、挡土墙、边坡开挖。

（7）地下防水：主体结构防水、细部构造防水、特殊施工法结构防水、排水、注浆。

82. 附属设施主体结构如何划分分项工程？

答：附属设施主体结构可根据设计内容划分出分项工程，分项类型如下所列：

(1) 混凝土结构：模板、钢筋、混凝土、预应力、现浇结构、装配式结构。

(2) 砌体结构：砖砌体、混凝土小型空心砌块砌体、石砌体、配筋砌体、填充墙砌体。

(3) 钢结构：钢结构焊接、紧固件连接、钢零部件加工、钢构件组装及预拼装、单层钢结构安装、多层及高层钢结构安装、钢管结构安装、预应力钢索和膜结构、压型金属板、防腐涂料涂装、防火涂料涂装。

(4) 钢管混凝土结构：构件现场拼装、构件安装、钢管焊接、构件连接、钢管内钢筋骨架、混凝土。

(5) 型钢混凝土结构：型钢焊接、紧固件连接、型钢与钢筋连接、型钢构件组装及预拼装、型钢安装、模板、混凝土。

(6) 铝合金结构：铝合金焊接、紧固件连接、铝合金零部件加工、铝合金构件组装、铝合金构件预拼装、铝合金框架结构安装、铝合金空间网格结构安装、铝合金面板、铝合金幕墙结构安装、防腐处理。

(7) 木结构：方木与原木结构、胶合木结构、轻型木结构、木结构的防护。

83. 附属设施建筑装饰装修如何划分分项工程？

答：附属设施建筑装饰装修可根据设计内容划分出分项工程，分项类型如下所列：

(1) 建筑地面：基层铺设整体面层铺设，板块面层铺设，木、竹面层铺设。

(2) 抹灰：一般抹灰、保温层薄抹灰、装饰抹灰、清水砌体勾缝。

(3) 外墙防水：外墙砂浆防水、涂膜防水、透气膜防水。

(4) 门窗：木门窗安装、金属门窗安装、塑料门窗安装、特种门安装、门窗玻璃安装。

(5) 吊顶：整体面层吊顶、板块面层吊顶、格栅吊顶。

(6) 轻质隔墙：板材隔墙、骨架隔墙、活动隔墙、玻璃隔墙。

(7) 饰面板：石板安装、陶瓷板安装、木板安装、金属板安装、塑料板安装。

(8) 饰面砖：外墙饰面砖粘贴、内墙饰面砖粘贴。

(9) 幕墙：玻璃幕墙安装、金属幕墙安装、石材幕墙安装、陶板幕墙安装。

(10) 涂饰：水性涂料涂饰、溶剂型涂料涂饰、美术涂饰。

(11) 裱糊与软包：裱糊、软包。

(12) 细部：橱柜制作与安装、窗帘盒和窗台板制作与安装、门窗套制作与安装、护栏和扶手制作与安装、花饰制作与安装。

84. 附属设施屋面如何划分分项工程？

答：附属设施屋面可根据设计内容划分出分项工程，分项类型如下所列：

（1）基层与保护：找坡层和找平层、隔汽层、隔离层、保护层。

（2）保温与隔热：板状材料保温层、纤维材料保温层、喷涂硬泡聚氨酯保温层、现浇泡沫混凝土保温层、种植隔热层、架空隔热层、蓄水隔热层。

（3）防水与密封：卷材防水层、涂膜防水层、复合防水层、接缝密封防水。

（4）瓦面与板面：烧结瓦和混凝土瓦铺装、沥青瓦铺装、金属板铺装、玻璃采光顶铺装。

（5）细部构造：檐口、檐沟和天沟、女儿墙和山墙、水落口、变形缝、伸出屋面管道、屋面出入口、反梁过水孔、设施基座、屋脊、屋顶窗。

85. 附属设施建筑给水排水及供暖如何划分分项工程？

答：附属设施建筑给水排水及供暖可根据设计内容划分出分项工程，分项类型如下所列：

（1）室内给水系统：给水管道及配件安装、给水设备安装、室内消火栓系统安装、消防喷淋系统安装、防腐、绝热、管道冲洗、消毒、试验与调试。

（2）室内排水系统：排水管道及配件安装、雨水管道及配件安装、防腐、试验与调试。

（3）室内热水系统：管道及配件安装、辅助设备安装、防腐、绝热、试验与调试。

（4）卫生器具：卫生器具安装、卫生器具给水配件安装、卫生器具排水管道安装、试验与调试。

（5）室内供暖系统：管道及配件安装、辅助设备安装、散热器安装、低温热水地板辐射供暖系统安装、电加热供暖系统安装、燃气红外辐射供暖系统安装、热风供暖系统安装、热计量及调控装置安装、试验与调试、防腐、绝热。

（6）室外给水管网：给水管道安装、室外消火栓系统安装、试验与调试。

（7）室外排水管网：排水管道安装、排水管沟与井池、试验与调试。

（8）室外供热管网：管道及配件安装、系统水压试验、土建结构、防腐、绝热、试验与调试。

（9）建筑饮用水供应系统：管道及配件安装、水处理设备及控制设施安装、防腐、绝热、试验与调试。

（10）建筑中水系统及雨水利用系统：建筑中水系统、雨水利用系统管道及配件安装，水处理设备及控制设施安装，防腐，绝热，试验与调试。

（11）游泳池及公共浴池水系统：管道及配件系统安装、水处理设备及控制设施安装、防腐、绝热、试验与调试。

（12）水景喷泉系统：管道系统及配件安装防腐、绝热、试验与调试。

（13）热源及辅助设备：锅炉安装、辅助设备及管道安装、安全附件安装、换热站安装、防腐、绝热、试验与调试。

（14）监测与控制仪表：检测仪器及仪表安装、试验与调试。

86. 附属设施通风与空调如何划分分项工程？

答：附属设施通风与空调可根据设计内容划分出分项工程，分项类型如下所列：

（1）送风系统：风管与配件制作，部件制作，风管系统安装，风机与空气处理设备安装，风管与设备防腐，旋流风口、岗位送风口、织物（布）风管安装，系统调试。

（2）排风系统：风管与配件制作，部件制作，风管系统安装，风机与空气处理设备安装，风管与设备防腐，吸风罩及其他空气处理设备安装，厨房、卫生间排风系统安装，系统调试。

（3）防排烟系统：风管与配件制作，部件制作，风管系统安装，风机与空气处理设备安装，风管与设备防腐，排烟风阀（口）、常闭正压风口、防火风管安装，系统调试。

（4）除尘系统：风管与配件制作、部件制作、风管系统安装、风机与空气处理设备安装、风管与设备防腐、除尘器与排污设备安装、吸尘罩安装、高温风管绝热、系统调试。

（5）舒适性空调系统：风管与配件制作，部件制作，风管系统安装，风机与空气处理设备安装，风管与设备防腐，组合式空调机组安装，消声器、静电除尘器、换热器、紫外线灭菌器等设备安装，风机盘管、变风量与定风量送风装置、射流喷口等末端设备安装，风管与设备绝热，系统调试。

（6）恒温恒湿空调系统：风管与配件制作，部件制作，风管系统安装，风机与空气处理设备安装，风管与设备防腐，组合式空调机组安装，电加热器、加湿器等设备安装，精密空调机组安装，风管与设备绝热，系统调试。

（7）净化空调系统：风管与配件制作，部件制作，风管系统安装，风机与空气处理设备安装，风管与设备防腐，净化空调机组安装，消声器、静电除尘器、换热器、紫外线灭菌器等设备安装,中、高效过滤器及风机过滤器单元等末端设备清洗与安装,洁净度测试,风管与设备绝热,系统调试。

(8)地下人防通风系统:风管与配件制作、部件制作、风管系统安装,风机与空气处理设备安装,风管与设备防腐,过滤吸收器、防爆波活门、防爆超压排气活门等专用设备安装,系统调试。

(9)真空吸尘系统:风管与配件制作、部件制作、风管系统安装、风机与空气处理设备安装、风管与设备防腐、管道安装、快速接口安装、风机与滤尘设备安装、系统压力试验及调试。

(10)冷凝水系统:管道系统及部件安装,水泵及附属设备安装,管道冲洗,管道、设备防腐,板式热交换器,辐射板及辐射供热、供冷地埋管,热泵机组设备安装,管道、设备绝热,系统压力试验及调试。

(11)空调(冷、热)水系统:管道系统及部件安装,水泵及附属设备安装,管道冲洗,管道、设备防腐,冷却塔与水处理设备安装,防冻伴热设备安装,管道、设备绝热,系统压力试验及调试。

(12)冷却水系统:管道系统及部件安装,水泵及附属设备安装,管道冲洗,管道、设备防腐,系统灌水渗漏及排放试验,管道、设备绝热。

(13)土壤源热泵换热系统:管道系统及部件安装,水泵及附属设备安装,管道冲洗,管道、设备防腐,埋地换热系统与管网安装,管道、设备绝热,系统压力试验及调试。

(14)水源热泵换热系统:管道系统及部件安装,水泵及附属设备安装,管道冲洗,管道、设备防腐,地表水源换热管及管网安装,除垢设备安装,管道、设备绝热,系统压力试验及调试。

(15)蓄能系统:管道系统及部件安装,水泵及附属设备安装,管道冲洗,管道、设备防腐,蓄水罐与蓄冰槽、罐安装,管道、设备绝热,系统压力试验及调试。

(16)压缩式制冷(热)设备系统:制冷机组及附属设备安装,管道、设备防腐,制冷剂管道及部件安装,制冷剂灌注,管道、设备绝热,系统压力试验及调试。

(17)吸收式制冷设备系统:制冷机组及附属设备安装,管道、设备防腐,系统真空试验,溴化锂溶液加灌,蒸汽管道系统安装,燃气或燃油设备安装,管道、设备绝热,试验及调试。

(18)多联机(热泵)空调系统:室外机组安装、室内机组安装、制冷剂管路连接及控制开关安装、风管安装、冷凝水管道安装、制冷剂灌注、系统压力试验及调试。

(19)太阳能供暖空调系统:太阳能集热器安装,其他辅助能源、换热设备安装、蓄能水箱、管道及配件安装，防腐，绝热，低温热水地板辐射采暖系统安装，系统压力试验及调试。

（20）设备自控系统：温度、压力与流量传感器安装，执行机构安装调试，防排烟系统功能测试，自动控制及系统智能控制软件调试。

87.附属设施建筑电气如何划分分项工程？

答：附属设施建筑电气可根据设计内容划分出分项工程，分项类型如下所列：

（1）室外电气：变压器、箱式变电所安装，成套配电柜、控制柜（屏、台）和动力、照明配电箱（盘）及控制柜安装，梯架、支架、托盘和槽盒安装，导管敷设，电缆敷设，管内穿线和槽盒内敷线，电缆头制作、导线连接和线路绝缘测试，普通灯具安装，专用灯具安装，建筑照明通电试运行，接地装置安装。

（2）变配电室：变压器、箱式变电所安装，成套配电柜、控制柜（屏、台）和动力、照明配电箱（盘）安装，母线槽安装，梯架、支架、托盘和槽盒安装，电缆敷设，电缆头制作、导线连接和线路绝缘测试，接地装置安装，接地干线敷设。

（3）供电干线：电气设备试验和试运行，母线槽安装，梯架、支架、托盘和槽盒安装，导管敷设，电缆敷设，管内穿线和槽盒内敷线，电缆头制作、导线连接和线路绝缘测试，接地干线敷设。

（4）电气动力：成套配电柜、控制柜（屏、台）和动力配电箱（盘）安装，电动机、电加热器及电动执行机构检查接线，电气设备试验和试运行，梯架、支架、托盘和槽盒安装，导管敷设，电缆敷设，管内穿线和槽盒内敷线，电缆头制作、导线连接和线路绝缘测试。

（5）电气照明：成套配电柜、控制柜（屏、台）和照明配电箱（盘）安装，梯架、支架、托盘和槽盒安装，导管敷设，管内穿线和槽盒内敷线，塑料护套线直敷布线，钢索配线，电缆头制作、导线连接和线路绝缘测试，普通灯具安装，专用灯具安装，开关、插座、风扇安装，建筑照明通电试运行。

（6）备用和不间断电源：成套配电柜、控制柜（屏、台）和动力、照明配电箱（盘）安装，柴油发电机组安装，不间断电源装置及应急电源装置安装，母线槽安装，导管敷设，电缆敷设，管内穿线和槽盒内敷线，电缆头制作、导线连接和线路绝缘测试，接地装置安装。

（7）防雷及接地：接地装置安装、防雷引下线及接闪器安装、建筑物等电位连接、浪涌保护器安装。

88. 附属设施智能建筑如何划分分项工程?

答: 附属设施智能建筑可根据设计内容划分出分项工程,分项类型如下所列:

(1) 智能化集成系统:设备安装、软件安装、接口及系统调试、试运行。

(2) 信息接入系统:安装场地检查。

(3) 用户电话交换系统:线缆敷设、设备安装、软件安装、接口及系统调试、试运行。

(4) 信息网络系统:计算机网络设备安装、计算机网络软件安装、网络安全设备安装、网络安全软件安装、系统调试、试运行。

(5) 综合布线系统:梯架、托盘、槽盒和导管安装,线缆敷设,机柜、机架、配线架安装,信息插座安装,链路或信道测试,软件安装,系统调试,试运行。

(6) 移动通信室内信号覆盖系统:安装场地检查。

(7) 卫星通信系统:安装场地检查。

(8) 有线电视及卫星电视接收系统:梯架、托盘、槽盒和导管安装,线缆敷设,设备安装,软件安装,系统调试,试运行。

(9) 公共广播系统:梯架、托盘、槽盒和导管安装,线缆敷设,设备安装,软件安装,系统调试,试运行。

(10) 会议系统:梯架、托盘、槽盒和导管安装,线缆敷设,设备安装,软件安装,系统调试,试运行。

(11) 信息导引及发布系统:梯架、托盘、槽盒和导管安装,线缆敷设,显示设备安装,机房设备安装,软件安装,系统调试,试运行。

(12) 时钟系统:梯架、托盘、槽盒和导管安装,线缆敷设,设备安装,软件安装,系统调试,试运行。

(13) 信息化应用系统:梯架、托盘、槽盒和导管安装,线缆敷设,设备安装,软件安装,系统调试,试运行。

(14) 建筑设备监控系统:梯架、托盘、槽盒和导管安装,线缆敷设,传感器安装,执行器安装,控制器、箱安装,中央管理工作站和操作分站设备安装,软件安装,系统调试,试运行。

(15) 火灾自动报警系统:梯架、托盘、槽盒和导管安装,线缆敷设,探测器类设备安装,控制器类设备安装,其他设备安装,软件安装,系统调试,试运行。

(16) 安全技术防范系统:梯架、托盘、槽盒和导管安装,线缆敷设,设备安装,软件安装,系统调试,试运行。

(17) 应急响应系统:设备安装、软件安装、系统调试、试运行。

(18)机房：供配电系统、防雷与接地系统、空气调节系统、给水排水系统、综合布线系统、监控与安全防范系统、消防系统、室内装饰装修、电磁屏蔽、系统调试、试运行。

(19)防雷与接地：接地装置、接地线、等电位连接、屏蔽设施、电涌保护器、线缆敷设、系统调试、试运行。

89. 附属设施建筑节能如何划分分项工程？

答：附属设施建筑节能可根据设计内容划分出分项工程，分项类型如下所列：
(1)围护系统节能：墙体节能、幕墙节能、门窗节能、屋面节能、地面节能。
(2)供暖空调设备及管网节能：供暖节能、通风与空调设备节能、空调与供暖系统冷热源节能、空调与供暖系统管网节能。
(3)电气动力节能：配电节能、照明节能。
(4)监控系统节能：监测系统节能、控制系统节能。
(5)可再生能源：地源热泵系统节能、太阳能光热系统节能、太阳能光伏节能。

90. 附属设施电梯如何划分分项工程？

答：附属设施电梯可根据设计内容划分出分项工程，分项类型如下所列：
(1)电力驱动的曳引式或强制式电梯：设备进场验收、土建交接检验、驱动主机、导轨、门系统、轿厢、对重、安全部件、悬挂装置、随行电缆、补偿装置、电气装置、整机安装验收。
(2)液压电梯：设备进场验收、土建交接检验、液压系统、导轨、门系统、轿厢、对重、安全部件、悬挂装置、随行电缆、电气装置、整机安装验收。
(3)自动扶梯、自动人行道：设备进场验收、土建交接检验、整机安装验收。

91. 线外工程如何进行工程划分？

答：线外工程视其建设规模进行划分。如果是顺接涵洞、通道等小型构造物的乡村道路改路、天桥连接线等，作为构造物的分项工程处理；如果是与地方公路或国道主干线相连接的四级以上公路的连接线，应单独作为一个单位工程；连接线有桥隧工程的可分别作为一个单位工程。

92. 养护工程可划分为哪几类？

答：养护工程可划分为以下几类：路基、排水及支挡养护工程，路面养护工程、桥梁、涵洞养护工程、隧道养护工程、交通安全设施养护工程、绿化养护工程、交通机电养护工程、附属设施养护工程等。除隧道按单洞、桥梁按单幅、附属设施按每建筑物划分养护工程外，其他按合同段划分养护工程。养护工程中的构造物如为新建，宜按土建标准划分单位工程、分部工程和分项工程。

93. 路基、排水及支挡养护工程如何划分养护单元？

答：路基、排水及支挡养护工程可根据设计内容划分出以下养护单元：

（1）路基养护工程：长度不超过1km的每一处填方土边坡修复、土方路基修复、填石路基修复、路基注浆、土工合成材料处治层分别作为一个养护单元。每一处的长度较短时，可将3~5处相同维修、加固的工艺或方法合并作为一个养护单元。

（2）排水设施养护工程，每一处排水设施应按下列养护工艺或方法，分别作为一个养护单元，包括：管道铺设，检查（雨水）井整修、增设，土沟整修、增设，砌筑排水沟整修、增设，急流槽及跌水整修、增设，盲沟整修、增设，泄水孔整修、增设。

（3）支挡、防护及其他砌筑养护工程，每一处支挡、防护和砌筑工程均应按下列养护工艺或方法，分别作为一个养护单元，包括：砌体挡土墙修复，护面墙修复，预应力锚杆、锚索加固，锥、护坡修复，边坡锚喷防护，边坡框架梁加注浆锚杆防护，主动防护系统的支撑绳安装、网片安装，被动防护系统钢柱基础、钢柱及基座安装、拉锚绳安装、支撑绳安装，坡面植物防护，三维网安装。

94. 路面养护工程如何划分养护单元？

答：路面养护工程可根据设计内容划分出以下养护单元：

（1）每10000~35000m²的下列路面养护作业，分别作为一个养护单元：加铺或铣刨重铺沥青混凝土面层，微表处和稀浆封层，碎石封层，就地热再生，含砂雾封层，沥青路面局部挖补，加铺水泥混凝土面层，水泥混凝土路面换板，水泥混凝土路面板底注浆，水泥混凝土路面刻槽，水泥混凝土路面碎石化，沥青碎石基层翻修，厂拌冷再生、就地冷再生、全深式冷再生，稳定土基层翻修，稳定粒料基层翻修，级配碎石基层翻修。

（2）每5000~10000延米的沥青路面开槽灌缝，作为一个养护单元。

（3）每1000延米的路肩修复、路边石修复，分别作为一个养护单元。

（4）高等级公路上行线和下行线分别作为一个养护单元。

95. 桥梁、涵洞养护工程如何划分养护单元？

答： 桥梁、涵洞养护工程可根据设计内容划分出以下养护单元：

（1）桥梁养护工程，每座桥梁构件、部件均应按下列维修、加固的工艺或方法，分别作为一个养护单元，包括：桥面铺装维修，伸缩装置更换，排水设施维修，混凝土栏杆及护栏维修，梁体顶升，支座更换，混凝土表面缺陷修补，混凝土裂缝修补，混凝土构件表面防护，植筋，钢筋混凝土增大截面，设置体外预应力，粘贴钢板，粘贴碳纤维复合材料，钢结构涂装防护，高强螺栓更换，钢管混凝土拱脱空注浆，钢管混凝土拱外包混凝土，更换吊杆、吊索和拱桥系杆，斜拉桥换索及调索，斜拉索、吊杆防护套修补，混凝土盖梁、台帽维修，墩身外包钢，钢花管注浆锚杆加固桥台、墩、台增补静压桩，桩身修补。

（2）涵洞养护工程，每一座涵洞应按下列维修、加固的工艺或方法，分别作为一个养护单元，包括：涵洞接长，台身增大截面加固，基础注浆加固，混凝土涵管增大截面加固，拱涵主拱圈增大截面加固，一字墙和八字墙局部更换砌块。

96. 隧道养护工程如何划分养护单元？

答： 隧道每洞养护工程可根据设计内容划分出以下养护单元：

（1）每10m纵向施工长度的衬砌背面压（注）浆，喷射混凝土加固，套（嵌）拱，增设仰拱。

（2）每200m累计长度渗、漏水处治。

（3）每6m混凝土衬砌更换。

（4）每50m施工长度的排水设施维修，冻害处治。

（5）每100m累计施工长度的人行道（检修道）维修，分别作为一个养护单元。

97. 交通安全设施养护工程如何划分养护单元？

答： 交通安全设施养护工程可根据设计内容划分出以下养护单元：

（1）每5~10km累计施工长度的下列养护作业，分别作为一个养护单元：交通标志更换、增设，路面标线划设，里程碑、百米桩和界碑更换、增设，波形梁钢护栏更换、增设，混凝土护栏整修、增设，缆索护栏更换、增设，混凝土隔离墩更换、增设，隔离栏更换、增设，突起路标更换、增设，轮廓标更换、增设，防眩设施更换、增设，隔离栅和防落网更换、增设。

（2）每处声屏障的下列养护作业划分为一个养护单元：基础，地梁，钢筋加工及安装,金属框架声屏障更换、增设。

98. 绿化养护工程如何划分养护单元?

答:绿化养护工程可根据设计内容划分出以下养护单元:每1~3km累计施工长度或每区域的下列养护作业,分别作为一个养护单元,包括:栽植土补缺、更换,植物材料更新、补缺,乔木、灌木栽植,草坪、草本地被栽植。

99. 交通机电养护工程如何划分养护单元?

答:交通机电养护工程可根据设计内容划分出以下养护单元:每类监控设施、通信设施、收费设施、供配电设施、照明设施、隧道机电设施的维修、更换或增设分别作为一个养护单元。

100. 附属设施养护工程如何进行工程划分?

答:每个建筑物,每个养护工区、服务区或收费站的室外工程,可分别划分为一个养护工程;养护单元的划分参照前文所述附属设施分项工程的划分方法,结合设计内容进行。

第三章

文件编制

101. 公路建设项目文件的编制应遵循哪些基本要求？

答：公路建设项目各参建单位在编制项目文件时应遵循以下基本要求：

(1) 项目前期文件、管理性文件应符合国家有关法律法规、相关行业的规定，工程技术文件应符合国家、行业有关技术规范和标准的规定。

(2) 重要活动及事件、原始地形地貌、建设过程中的工程形象进度、隐蔽工程、关键节点工序、重要部位、地质及施工缺陷处理、工程质量和安全事故、重要芯样等应形成声像文件。

(3) 项目文件的编制应与工程建设保持同步，准确记录工程建设过程中形成的数据。

(4) 项目文件的编制应格式统一、形式合规，数据真实，结论准确，内容完整、信息齐全，书写工整、修改规范，清晰整洁，签章完备，确保其"原始记录性"。

(5) 勘察及测量基础资料、施工记录须为现场原始记录，如需清稿，须将原始记录与清稿后的记录文件一并归档保存。

(6) 文件载体应满足耐久性要求，纸张采用 $70g/m^2$ 以上的国际标准 A4 胶版印刷纸或复印纸制作，纸张白度宜为 70% 以上，韧性好，不洇水，纸张性能应符合现行《信息与文献档案纸 耐久性和耐用性要求》(GB/T 24422) 的规定。光盘应使用档案级光盘，技术要求满足现行《档案级可录类光盘 CD-R、DVD-R、DVD+R 技术要求和应用规范》(DA/T 38) 的规定。

(7) 项目文件宜采用信息化方式编制。信息化系统宜具备可信时间戳接入功能、定位功能和生物识别功能，工序报验宜通过手持终端设备进行报验。

102. 项目建设中常用的公文有哪些？

答：文书分为私人文书和公务文书，公务文书即公文。项目建设中常用的公文主要有三类：通用法定公文、通用事务公文和专用公文。

(1) 通用法定公文共 15 种，项目建设过程中常用的有决定、通告、意见、通知、通报、报告、请示、批复、函、纪要等 10 种，其格式应符合现行《党政机关公文格式》(GB/T 9704) 的规定。

(2) 通用事务公文是法定公文之外的通用于各单位处理日常事务的一般性公务文书，如：计划、总结、调查报告、简报、协议、规章制度类（主要有 11 种：规则、通则、准则、细则、守则、规程、规范、须知、章程、办法、制度）、记录类（会议记录、电话记录、来访记录、大事记、日志）、讲话稿类（报告、致辞）、书信类（聘请书、倡议书、喜报、介绍信、证明信、公开信、慰问信、表扬信、感谢信、祝贺信、邀请书)、启事等。

(3)专用公文主要特点有：一是用于一定的专业领域或组织系统；二是大多具有特定的格式；三是制发程序和语言运用方面有独特之处。项目建设中形成的技术文件类(施组、方案、预案、质保资料等)、科研报告类、招标投标类、审计类等公文即属于此类。

103.项目建设过程中如何选择通用法定公文的文种？

答：项目建设过程中参建各方应根据事由选择合适的文种：

(1)**决定**。适用于对重要事项作出决策和部署，奖惩有关单位和人员，变更或者撤销下级机关不适当的决定事项。项目上常用的有指挥性决定和知照性决定。**指挥性决定**，适用于对重大问题、事项、行动作出决定，布置有关工作，其突出特点是方针政策性强，要求下级单位坚决贯彻执行；**知照性决定**，适用于表彰先进，处理事件与人员，机构设置与人事的重要变动，重要会议的召开或其他有关事项的决定，重在宣告、知照，只要求相关单位及人员知道此事即可。

(2)**通告**。适用于在一定范围内公布应当遵守或者周知的事项。项目上一般使用告知性通告，如施工单位架桥、修路要求有关人员或车辆改道通行的通告等。

(3)**意见**。适用于对重要问题提出见解和处理办法。项目上一般使用工作性意见，如布置重大任务、重要行动或重大工作所提出的意见，如《××公司关于深入开展创建"品质工程"的意见》。这类意见的布置更具体，安排更明确，便于相关单位遵照执行。

(4)**通知**。适用于发布、传达要求有关单位周知或者执行的事项及批转和转发公文。**批转类通知**，体现的是领导与被领导关系，即上级机关批转下级机关的公文；**转发类通知**，体现的是非隶属关系，即转发上级机关、同级机关和不相隶属机关的公文；**发布规章类通知**，用于告知受文单位，某一规章制度已经批准，现予以发布，这类规章性文件，其作者一般为发文机关自身或发文机关的上级机关；**贯彻类通知**，用于对上级领导机关发来的文件需要结合本地区、本部门实际情况提出具体执行意见时使用；**事项类通知**，用于需要下级机关、有关范围或有关人员执行和了解某些事项时使用的文件；**任免类通知**，主要用于上级机关向下级机关告知对有关人员任免决定和需要下级机关知道上级机关的人事任免情况。

(5)**通报**。适用于表彰先进、批评错误、传达重要精神和告知重要情况。**表**

彰通报,表彰群体或个人的先进模范事迹,或施工现场的典型经验,起到充分调动积极性、开创新局面的作用;**批评通报**,通报重大的事故或批评严重错误,用反面典型和重大事故警诫教育有关部门和人员,以此防患于未然;**情况通报**,传达重要精神或情况,能使有关单位或人员及时了解上级精神、掌握情况,便于把握工作方向,调整工作部署,改进工作措施。

(6)**报告**。适用于向上级机关汇报工作、反映情况,回复上级机关的询问。**工作报告**,是下级机关完成了一个阶段的工作或者某一项工作之后将工作的进展情况、工作成绩、经验体会以及存在的不足、改进办法等向上级机关汇报的报告;**呈送报告**,是向上级机关报送文件或物件时随文或随物呈送的报告;**建议报告**,是下级机关对某项工作、某一问题提出意见或者建议的报告。

(7)**请示**。适用于向上级机关请求指示、批准。**求示性请示**,如因工作中遇到不易解决的难题、无章可循的新问题,或由于意见分歧无法统一行动时,向上级部门递送的要求给予解决办法的请示;**求助性请示**,如要求增补经费、增加设备、划拨款项的请示;**求准性请示**,如请求对某方案或细则的批准的请示。

(8)**批复**。适用于答复下级机关请示事项。**专指性批复**,这种批复仅仅下发到作出请示的机关,因为它所批复的内容不带有普遍性,这种批复的使用频率较高;**普发性批复**,这种批复不仅下发到作出请示的机关,而且下发到其他下级机关,因为这种批复的内容带有普遍性,这种批复的后面要附上"请示"的原文。

(9)**函**。适用于不相隶属机关之间商洽工作、询问和答复问题、请求批准和答复审批事项。**商洽函**,是不相隶属机关之间商量工作时所用的函;**询问函**,是不相隶属机关之间,或上级机关对下级机关,对有关事宜不清楚、有疑问时发出询问的函;**请准函**,是不相隶属机关向有关主管部门请求批准某一事项时所用的函,请准函与请示的选用要根据本单位与受文单位的行文关系来确定,向有直接隶属关系的上级机关请求指示、批准用请示,向没有隶属关系的有关主管部门请求批准则用函;**答复函**,是机关收到商洽函、询问函、请准函时给予对方答复时使用的函。

(10)**纪要**。适用于记载会议主要情况和议定事项,如监理第一次工地会议纪要、工地例会纪要、工程变更会议纪要等。

104.通用法定公文使用常见错误有哪些?

答:参建各方应规范使用公文,避免以下错误:

(1)**缺少文种**。规范的公文标题应当包含发文机关、事由、文种三个要素。

项目上有时只注重了事由而把公文标题写成了新闻标题,如"本季度我项目经理部超额完成计划的15%",这样的标题,作为简报中的一则消息是可以的,但如果作为公文就不妥当,因为收文单位很难迅速判断出行文目的,是请示问题还是提出建议、报告工作。

(2)**使用非法定文种**。实践中,一些单位不是使用规定的15个法定文种,而是用总结、要点、方案、计划、安排、纲要、规划、建议、答复、汇报等作为文种,如"关于2023年工作要点",这样的标题在起草过程中或非正式行文时可以使用,而作为公文印发,就要规范起来,应改为"×××关于印发《2023年工作要点》的通知"。

(3)**文种重叠使用**。如"×××关于做好×××工作的请示报告",这种公文呈送到上级机关,经办人员就不清楚,是作为一般的阅件处理还是需要答复。同样的错误还有"意见报告""申请报告"等。又如转发类公文,因为转发环节较多,会出现"通知的通知的通知",其实可以省略中间环节,使用"通知的通知"即可。文种重叠也有例外情况,即"通知"可以和其他文种混合使用,如"×××印发《关于加强安全隐患排查工作的意见》的通知"。

(4)**其他错用文种的情况**。除"请示"与"报告"错用之外,"请示""报告"与"函"也容易用错,主要表现是该用"函"的时候使用了"请示""报告"。出现这种情况的原因,一方面是起草者不清楚文种的使用标准;另一方面是收文单位不清楚文种的使用标准而提出额外的要求。日常行文中,确实存在申请或报告事项因为使用了函而被收文单位退回的现象,原因是收文单位强调其专项审批的职权范围,要求对方单位必须写"请示"。其实,"函"本身就具有请示和报告的功能,而且两个平级机构或没有隶属关系的单位之间,本就不存在"请示"的行为。

105.通用法定公文版式有哪些要点应注意?

答:参建各方使用通用法定公文行文时应执行现行《党政机关公文格式》(GB/T 9704)的相关规定,应注意以下要点:
(1)如无特殊说明,公文格式各要素一般用3号仿宋体字。
(2)文件标题一般用2号小标宋体字;正文用3号仿宋体字。
(3)表示结构层次的"一、""(一)""1.""(1)",第一层用3号黑体字,第二层用3号楷体字,第三、第四层用3号仿宋体字。
(4)"附件"二字及附件顺序号用3号黑体字。
(5)纪要标注出席人员名单,一般用3号黑体字。

(6)抄送机关、印发机关和印发日期用 4 号仿宋体字。

(7)页码用 4 号半角宋体阿拉伯数字。

(8)一般每页面排 22 行,每行排 28 个字。

(9)公章与正文尽可能同处一页。

(10)文书页数在 2 页或 2 页以上的,需标注页码。

(11)同一文书正文尽量保持字体、字号一致。

(12)表格及填写式文书尽量一页排完。

106.通用事务公文和专用公文版式有哪些要点应注意?

答: 参建各方编制计划、总结、规章制度、报告、施组、细则、质保资料等公文时,版式方面应注意以下几点:

(1)封面内容应包括公文名称、编制单位名称和编制日期等信息。公文名称一般采用小初黑体字,单位名称、日期一般采用小二号黑体字。

(2)扉页内容应包括公文名称,编制、审核等相关责任人的签认,编制单位名称和编制日期等信息。公文名称一般采用二号黑体字,编制、审核和编制单位名称、日期一般采用三号宋体字。

(3)目录采用小二号黑体字,目次中的章、附件的编号和标题采用小四号黑体字,节的编号和标题采用小四号宋体字。

(4)正文中的书眉采用小五号黑体字,章、节、附件的编号和标题采用三号黑体字,其余采用小四号宋体字。章、节、条、款、项的编号可采用图 3.1 所示方法。

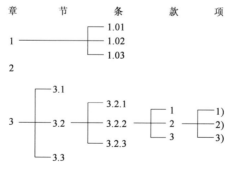

图 3.1 章、节、条、款、项的编号

(5)质保资料中各类数据报表表格名称宜采用 3 号黑体字,其他宜采用 5 号或小 5 号宋体字。

107.公文中使用标点符号有哪些要点应注意？

答：拟写公文时应注意正确使用标点符号,以下要点应注意：

(1)标有引号或书名号的并列成分之间通常不用顿号,若有其他成分插在并列的引号之间或并列的书名号之间,宜用顿号。下面是两个使用错误的示例：

例1：各施工单位要积极贯彻落实《中华人民共和国安全生产法》、《中华人民共和国特种设备安全法》及相关要求。

例2：安全保卫部门要加强路域范围"警务室"、"保卫岗"、"安全网"建设,落实各项护路制度。

修改建议：例1和例2句中顿号应删除。

(2)标示时间、地域的起止一般用一字线"—"(占一个字符位置),标示数值范围起止一般用浪纹线"～"。

例3：制定并实施××项目标准化建设三年行动计划(2020-2022年)。

修改建议：句中2020-2022年应为2020—2022年。

例4：要加快工程进度,确保T梁预制在3—4个月内完成。

修改建议：句中3—4个月应为3～4个月。

(3)用分号隔开的几个并列分句不能由逗号统领或总结。

例5：各职能部门在阶段性检查中要各司其职、互相配合,工程部负责……;质检部负责……;安全部负责……。

修改建议：句中"互相配合"后的逗号","应使用分号";"。

(4)分项列举的各项或多项已包含句号时,各项的末尾不能再用分号。

例6：一是安全生产管理要加强。××××××;二是环保措施要到位。××××××。

修改建议：句中的分号";"应使用句号"。"。

(5)同一形式的括号应尽量避免套用,必须套用括号时,应采用不同的括号形式配合使用。

例7：围绕项目半年建设工作开展回头看,认真总结上半年工作,科学谋划下半年工作。(责任单位:各部门(前线指挥部))。

修改建议：此例使用双括号不对,应改为[责任单位:各部门(前线指挥部)]。

(6)带括号的汉字数字或阿拉伯数字表示次序语时不加点号,不带括号的阿拉伯数字、拉丁字母做次序语,后面用下角点(圆心点)。

例8:1、督促主办单位按时办结。

修改建议:句中1后面的顿号"、"应改成下角点"."。

例9:(1)、督促协办单位按时办结。

修改建议:句中(1)后面的顿号"、"应删除。

(7)图或表的短语式说明文字,中间可用逗号,但末尾不用句号。即使有时说明文字较长,前面的语句已出现句号,最后结尾处仍不用句号。

例10:(图表略)注:以上各项数据统计截止时间为2012年12月31日。

修改建议:删除句尾的句号"。"。

(8)标示公文发文字号中的发文年份时,应使用六角括号。

例11:根据××发[2022]3号文件精神,……

修改建议:句中的[2022]应改为〔2022〕。

(9)书名号内标示停顿时用空格。

例12:根据《××省物价局、××省财政厅关于×××的批复》……

修改建议:标题应为"××省物价局　××省财政厅"。

(10)括号内行文末尾需要时可用问号、叹号和省略号。除此之外,句内括号行文末尾通常不用标点符号。

例13:为加强对全线隧道安全隐患治理工作的领导,决定成立××公司隧道安全隐患治理工作领导小组(领导小组组长由总经理×××兼任,副组长由副总经理×××兼任。),负责该项工作的协调处理。

修改建议:应删除括号内句号"。"。

(11)附件名称后不用任何标点符号。

例14:附件:1.××交通组织方案;

修改建议:应删除分号";"。

(12)二级标题在换行时不使用句号,如使用句号则不需要换行。

例15:(一)整合监管职能和机构。

为减少监管环节,保证上下协调联动……

修改建议:应删除标题中句号"。"。

108.文件中存在易褪色的书写材料该怎么处理?

答:文件编制时不得采用易褪色的书写材料,如红墨水、纯蓝墨水、圆珠笔、铅笔、复写纸、热敏纸等,如已既成事实,则应将其及时进行复制,并将复制件附于原件之后存档。

109. 数据记录过程中出现笔误应如何处理？

答：数据记录过程中出现笔误时，应在笔误的数据上用原使用的笔墨画一横线，再在笔误处的上行间、下行间或旁边填上正确信息，使原数据仍可辨认，并由经办人签认。

110. 文件中的签字应符合哪些要求？

答：项目文件应由实际承担相应工作且符合合同要求的人员签署。

（1）项目经理、技术负责人、质检负责人、试验负责人和监理工程师等人员的签名应与投标文件或建设单位批复的变更后的人员姓名一致，并由本人签字；因情况紧急由他人代签的，随后应由本人补签确认。

（2）总体施工组织设计、专项施工方案和监理计划应由公司技术负责人审查、签认。

（3）"检测""记录""施工员"等一般由技术员、试验员或监理员签字，"复核""审核"等一般由满足合同要求的工程师签字。

（4）试验检测报告的签字实行三级签字制度，即试验员（试验）、试验工程师（审核）和被母体授权的试验负责人（签发）。工地试验室取得"工地试验室专用章"之前形成的试验检测报告，"签发"由母体试验室技术负责人签字。

（5）检验申请批复单中施工单位"递交"和"收到"时的签字，由符合合同文件要求的质检工程师签字；监理"收件"和"评论"由监理员或专监签认；"本项目可以继续进行"由专监以上人员签认，且与"评论"的签字人员不能为同一人。

（6）抽检表中"抽检"由现场监理员或专业监理工程师签认，"审核"由监理工程师签认。

（7）施工单位质量评定资料中的"检验负责人"由质检负责人签认，"检测"由质检人员签认，"记录"由施工员或技术员签认，"复核"由项目总工签认。监理单位的质量评定资料，"检验负责人"由专业监理工程师签认，"记录"由现场监理人员签认，"复核"由监理工程师签认。建设项目质量评定表"检验负责人"由建设单位技术负责人签认，"记录"由分管质检的负责人签认，"复核"由建设单位法人代表签认。

(8)总监应签认监理细则、施组、总体开工报告、总体进度计划、支付证书、开工令、变更令、交工验收证书、缺陷责任终止证书等。

(9)根据《关于印发〈注册建造师施工管理签章文件(试行)〉的通知》(建市监函〔2008〕49号)的规定,注册建造师施工管理签章文件目录见表3.1。

注册建造师施工管理签章文件 表3.1

文件类别	文件名称
施工组织管理	总体工程开工申请单、施工组织设计审批单、专项施工技术方案报审表
	工程施工进度计划报批单、动员预付款支付申请表
	建筑材料报审表、进场设备报验表
	工程分包申请审批单、分包意向申请
	首件工程开工报告、首件工程总结报告、分部(分项)工程开工报告
	设计变更报审表、变更费用申请单、材料价格调整申请表、索赔申请表
	月计量报审表、月支付报审表、总体计量支付报审表、付款申请
	复工申请、延长工期申请表
	业主、监理、社会往来文件
	工程交工验收申请表、交工报告、交工工程数量表、交工验收证书
	交通机电设施工程验收报告
	未完工程一览表、工程缺陷一览表
施工进度管理	总体、阶段、月度施工工程进度计划表
	工程进度统计表、工程形象进度统计表、月工程进度报告
合同管理	合同协议书,廉政合同,安全生产合同,材料采购合同,机械设备租赁合同,保险合同,分包、转让或指定分包合同,争端与仲裁合同
	工程变更合同、工程延期合同、工程费用索赔及价款调整合同、清单核算
	变更单价测算表、月变更支付月报、月增补清单支付月报、工程变更令、工程变更一览表

续上表

文件类别	文件名称
质量管理	分项工程、分部工程、单位工程、合同段质量检验评定表
	设计交底记录、变更设计申请单
	工程质量事故报告单
	施工总结报告、竣工资料编制、竣工资料移交表
安全环保文明施工	项目安全生产管理制度、安全施工报批单
	企业职工伤亡事故月(年)报表
	现场文明施工报批单
成本费用管理	项目财务报表
	用款计划单

注：1. 公路工程根据项目不同类型以及大小，对项目的管理程序会略有差异，所需签章的表格由监理工程师视项目管理需要取舍。
  2. 对于表中未涵盖的内容，应按相关行政主管部门要求、业主及监理工程师对项目管理的规定，补充表格，并签章生效。

111. 文件中的意见或结论应如何规范填写？

答：项目文件中"意见"或"结论"的签字用语应严谨规范、描述准确、评价客观，可参考以下所列内容填写：

（1）分部（分项）工程开工申请批复单中"监理意见"可填写"人员、机械设备和材料满足施工需求，施工方案合理可行，同意开工"。监理工程师意见可填写"具备开工条件，同意该分项工程于×年×月×日开工"。

（2）放样报验单监理员签署意见可填写"经复核，实测坐标（高程）满足设计（规范）要求"，测量监理工程师可填写"同意按此放样成果组织施工"。

（3）检验表中的"结论"可填写"合格"或"不合格"。

（4）检查记录表中的"检测意见"可填写"表中数字属实"或"检测合格"。

（5）分项工程（中间）交工证书"监理抽检情况及评述意见和结论"应填写分项名称+抽检项目+质量评述+是否同意交工，如"K××+××~K××+××土方路基压实度、弯沉和宽度抽检合格，工程质量符合设计及规范要求，同意交工"，或"0号台桩基混凝土强度、桩位、孔深、孔径、沉淀厚度抽检合格，工程质量符合设计及规范要求，同意交工"。

(6)施工单位分部工程、单位工程质量评定表和养护工程质量评定表中的"评定意见"可填写"××工程所使用原材料、半成品、成品及施工控制要点符合基本要求,无外观质量缺陷且评定资料符合要求,该××工程评定为合格";合同段质量评定表"评定意见"可填写"××合同段所属各单位工程(养护工程)均合格,该合同段质量评定为合格"。

(7)监理单位质量评定表和养护单元质量评定表中的评定意见可填写"同意该××工程(养护单元)质量评定为合格"。

(8)建设单位负责填报的建设项目质量评定表,可签署意见"××至××公路K××~K××各合同段工程质量均合格,该建设项目工程质量评定为合格"。

112. 项目文件加盖公章有哪些要求?

答:部分项目文件需加盖公章,具体要求如下:

(1)项目文件中明确标注"盖章"的应加盖项目经理部或监理机构的公章,一般加盖于项目经理或监理工程师签字日期之上。

(2)工地试验室所形成的试验检测报告应在右上角加盖"工地试验室专用章",试验记录不需要盖章;工地试验室取得"工地试验室专用章"之前形成的试验检测报告,应加盖母体试验室资质章。

(3)由几个单位同时对该份文件负责的,应由各单位共同加盖公章,如以下文件:

①总体施工组织设计申请批复单。
②总体和分部(分项)开工申请批复单。
③专项施工方案审批单。
④现场临时用电方案审批单。
⑤中间交工证书。
⑥变更申请批复单(变更令)。
⑦支付证书。
⑧房建工程开竣工报告。
⑨建设单位规定的其他情况。

(4)"分项工程(中间)交工证书"宜在左上角"施工单位"栏盖项目经理部公章,在右下角监理工程师"批准日期"处盖监理机构公章。

(5)施工单位的单位工程和合同段质量评定表宜在日期上盖项目经理部公章。

(6)监理单位的单位工程和合同段质量评定表宜在日期上盖监理机构

公章。

(7)建设项目质量评定表宜在日期上加盖建设单位公章。

(8)监理计划、实施性总体施工组织设计、专项施工方案的封面或内部审批单上,以及公路工程交工验收证书,应加盖法人资格的单位公章。

(9)竣工图应逐张加盖竣工图章。

(10)所有盖章均应使用不易褪色的原子油印章或红色速干印泥;凡盖有公章的文件,同时还应有相关负责人的签字,盖章的位置一般在签字日期上,应加盖清晰。

(11)盖章时章的边缘应距离页面装订边25mm以上。

113. 表格中的空白项如何处理？

答:表格中的空白项,如果是漏填,归档前应补充完整;如果是实际不涉及的内容,则在相应栏目的填空处居中划一字线"—"。

114. 文件页边距一般怎么设置？

答:文件编制过程中应注意设置足够的页边距,装订边的页边距不应少于25mm,其他页边距一般不少于20mm。

115. 施工组织设计应如何编审？

答:施工组织设计由项目经理部技术负责人组织编制,经公司技术负责人和总监审批后报建设单位工程管理部门备案,宜包括并不限于下列内容:

(1)编制依据:承建项目的合同、批准的设计文件、国家和行业的现行标准及法律法规等。

(2)编制原则:满足指导性施工组织设计的要求,技术经济方案比选最优;积极应用新技术、新工艺、新材料、新设备;因地制宜,就地取材;根据工程特点、工期要求,合理安排施工工序流程及衔接;加强机械化施工能力,加快工程进度,确保工程质量;符合国家关于工程质量、安全生产、职业健康、土地管理及环境保护的法律法规规定。

(3)工程概况:工程简介,工程特点、重点和难点。

(4)重点、难点工程的施工方案设计:施工方法及工艺、关键工序的作业实施细则,沉降观测、监控量测、超前地质预报、施工通风以及供水、供电设计等。

(5)施工总平面布置:生产生活区及设施、施工便道、混凝土拌和站、构件及钢筋加工场、弃渣场地、供电、供水、供风、通信等临时工程。

(6)工期安排:总进度、施工形象进度、施工网络图等。

(7)施工单位组织机构及资源配置:组织机构、机械设备配置、工区划分及管理、劳动力配置、材料供应、资金使用计划等。

(8)质量、安全、进度、成本及环保、水土保持目标和保证措施,保护环境、节能减排和文明施工的实施方案。

(9)安全管理和安全保证体系的组织机构,包括项目经理、专职安全管理人员、特种作业人员配备的数量及安全管理人员培训持证上岗情况。

(10)施工安全生产责任制、安全管理规章制度、安全操作规程。

(11)安全防护用具的配备和安全技术措施费用的使用计划。

(12)施工现场临时用电方案、安全技术措施和电气防火措施。

(13)针对重点部位和重点环节制定的工程项目危险源监控措施和应急预案。

(14)发生自然灾害、紧急情况时的应急预案。

(15)施工人员安全教育计划、安全交底安排。

(16)创优规划、科技研发规划。

(17)附图、附表。

116. 模板和支架施工图设计如何编审?

答:现行《公路桥涵施工技术规范》(JTG/T 3650)规定,"模板和支架均应进行施工图设计,且经批准后方可用于施工。"

(1)施工图设计应包括下列内容:

①工程概况和工程结构简图。

②结构设计的依据和设计计算书。

③总装图和细部构造图。

④制作、安装的质量及精度要求。

⑤安装、拆除时的安全技术措施及注意事项。

⑥材料的性能质量要求及材料数量表。

⑦设计说明书和使用说明书。

(2)施工图设计应经监理工程师批准后方可用于施工。

(3)对承重的模板、支架,要严格执行审批程序;对简单工程中的非承重模板,如能根据经验确定材料规格和构造,可以不做结构计算,但仍要绘制施工图并由监理审签。

117. 危大工程专项施工方案如何编审？

答：危险性较大的分部分项工程应编制专项施工方案。

（1）编写提纲如下：

①工程概况：危险性较大的分部分项工程概况、施工平面布置、施工要求和技术保证条件。

②编制依据：相关法律、法规、规范性文件、标准、规范及图纸（国标图集）、施工组织设计等。

③施工计划：包括施工进度计划、材料与设备计划。

④施工工艺技术：技术参数、工艺流程、施工方法、检查验收等。

⑤施工安全保证措施：组织保障、技术措施、应急预案、监测监控等。

⑥施工管理及作业人员配备和分工：施工管理人员、专职安全生产管理人员、特种作业人员和其他作业人员等。

⑦验收要求：验收标准、验收程序及人员、验收内容。

⑧应急处置措施：抢险、安保、后勤、医救、善后、应急救援工作流程、联系方式等，应急事件（重大隐患和事故）及其应急措施，救援医院信息（名称、电话、救援线路），应急物资准备。

⑨计算书及相关图纸。

（2）专项方案应当由项目经理部技术负责人组织本单位施工技术、安全、质量等部门的专业技术人员编制，由施工单位技术负责人审签。实行施工总承包的，专项方案应当由总承包单位技术负责人及相关专业承包单位技术负责人签字。

（3）不需专家论证的专项方案，经施工单位审核合格后报监理单位，由项目总监理工程师审核签字后组织实施。

（4）超过一定规模的危险性较大的分部分项工程专项方案应当由施工单位组织召开专家论证会，专家组应当提交论证报告，对论证的内容提出明确的意见，并在论证报告上签字。施工单位应当根据论证报告修改完善专项方案，并经施工单位技术负责人、项目总监理工程师签认后，方可组织实施。

118. 路基工程哪些施工项目需编制专项施工方案？

答：现行《公路路基施工技术规范》（JTG/T 3610）规定以下项目应编制专项施工方案：

(1)排水隧洞。

(2)特殊路基,如崩塌与岩堆地段路基、泥石流地区路基、黄土地区路基、采空区路基等。

(3)滑坡整治。

(4)人工挖孔抗滑桩。

(5)人工挖孔渗水井。

119. 桥涵工程哪些施工项目需编制专项施工方案?

答:现行《公路桥涵施工技术规范》(JTG/T 3650)和《公路钢结构桥梁制造和安装施工规范》(JTG/T 3651)规定以下项目应编制专项施工方案:

(1)大体积混凝土。

(2)灌注桩、沉桩、沉井、地下连续墙、基坑、围堰。

(3)高墩(高度≥40m)。

(4)预制安装墩台身和盖梁。

(5)简支梁、板的安装。

(6)移动模架逐孔现浇。

(7)大节段钢箱梁安装、钢锚箱安装、钢索塔安装、拉索安装、加劲梁安装、悬臂拼装,钢结构桥梁涂装,钢结构构件的存放、转运、装卸和运输,钢塔、钢墩、钢盖梁、悬索桥钢加劲梁和大节段钢梁的提升安装,钢梁顶推或拖拉,转体施工。

(8)梁式桥拓宽改建拼接。

(9)钢混组合结构。

(10)拱桥、斜拉桥、悬索桥。

(11)海上桥梁、海上施工船舶。

(12)钢桥面铺装。

(13)涵洞、通道顶进施工。

(14)边通车边施工的路段。

(15)起重吊装。

(16)爆破。

120. 隧道工程哪些施工项目需编制专项施工方案?

答:现行《公路隧道施工技术规范》(JTG/T 3660)规定以下项目应编制专项施工方案:

(1)拱部坍塌形成的超挖处理。
(2)小净距隧道。
(3)连拱隧道。
(4)有轨运输、绞车提升。
(5)不良地质和特殊性岩土地段隧道。
(6)当隧道上方、下方出现多层采空区,或隧道穿越采空区内含有有毒有害气体,或采空区内存在大量地下水时。
(7)瓦斯隧道。

121. 交通安全设施哪些施工项目需编制专项施工方案?

答:现行《公路交通安全设施施工技术规范》(JTG/T 3671)规定以下项目应编制专项施工方案:
(1)设置于跨越已通车的公路、铁路和航道上方的桥梁的防落物网安装。
(2)运营期间增设避险车道。

122. 特殊作业人员应如何向监理机构报备?

答:特殊作业人员应包括下列人员:电工、焊接与热切割作业人员,架子工,起重信号司索工,起重机械司机,起重机械安装拆卸工,高处作业吊篮安装拆卸工,锅炉司炉,压力容器操作人员,电梯司机,场(厂)内专用机动车司机,制冷与空调作业人员,从事爆破工作的爆破员、安全员、保管员,瓦斯监测员,工程船舶船员,潜水员,国家有关部门认定的其他作业人员。开工前项目经理部应将上述作业人员的资质文件提交监理工程师审查,不具备上岗资格的人员不得在现场展开作业。

123. 监理机构应核查哪些设备设施的安全许可验收手续?

答:监理机构应对以下设备包括其所用的材料、附属的安全附件、安全保护装置和与安全保护装置相关设施的安全许可验收手续进行核查:
(1)锅炉:容积大于或等于30L的承压蒸汽锅炉;出口水压大于或等于0.1MPa(表压),且额定功率大于或等于0.1MW的承压热水锅炉;有机热载体锅炉。
(2)压力容器:最高工作压力大于或等于0.1MPa(表压),且压力与容积的乘积大于或等于2.5MPa·L的气体、液化气体和最高工作温度大于或等于标准沸点的液体的固定式容器和移动式容器;盛装公称工作压力大于或等于0.2MPa(表压),且压力与容积的乘积大于或等于1.0MPa·L的气体、液化气体和标准沸点小于或等于60℃液体的气瓶;氧舱等。

(3)压力管道:最高工作压力大于或等于0.1MPa(表压)的气体、液化气体、蒸汽介质或可燃、易爆、有毒、有腐蚀性、最高工作温度大于或等于标准沸点的液体介质,且公称直径大于25mm的管道。

(4)电梯:载人(货)电梯、自动扶梯、自动人行道等。

(5)起重机械:额定起重量大于或等于0.5t的升降机;额定起重量大于或等于1t,且提升高度大于或等于2m的起重机和承重形式固定的电动葫芦等。

(6)场(厂)内专用机动车辆:仅在施工场地使用的叉车、搬运车、牵引车、推顶车等专用机动车辆。

124. 应急预案如何编审?

答:《公路水运工程安全生产监督管理办法》(交通运输部令2017年第25号)第二十五条规定:"建设、施工等单位应当针对工程项目特点和风险评估情况分别制定项目综合应急预案、合同段施工专项应急预案和现场处置方案"。

(1)应急预案编制应当遵循以人为本、依法依规、符合实际、注重实效的原则,以应急处置为核心,明确应急职责、规范应急程序、细化保障措施。

(2)编制应急预案前,编制单位应当进行事故风险评估和应急资源调查。

(3)综合应急预案应当规定应急组织机构及其职责、应急预案体系、事故风险描述、预警及信息报告、应急响应、保障措施、应急预案管理等内容,编写大纲见附录D.1。

(4)对于某一种或者多种类型的事故风险,项目经理部应编制专项应急预案,规定应急指挥机构与职责、处置程序和措施等内容,编写大纲见附录D.2。

(5)对于危险性较大的场所、装置或者设施,项目经理部应当编制现场处置方案,规定应急工作职责、应急处置措施和注意事项等内容,编写大纲见附录D.3。

(6)由项目经理部技术负责人组织编制,报施工单位技术负责人审签、总监审批。批复后经项目经理签署公布,并及时发放到本单位有关部门、岗位和相关应急救援队伍。

(7)应急预案编制格式和要求:

①应急预案封面主要包括应急预案编号、应急预案版本号、项目经理部名称、应急预案名称、编制单位名称、颁布日期等内容。

②批准页。

③目次：应列出批准页、章的编号和标题、附件（内容见附录 D.4）。

125. 应急预案评估报告如何编制？

答：《关于开展公路桥梁和隧道工程施工安全风险评估试行工作的通知》（交质监发〔2011〕217 号）中要求："重大风险源的监控与防治措施、应急预案经施工企业技术负责人和项目总监理工程师审批后，由建设单位组织论证或复评估"。因此，建设单位应成立以公司技术负责人为组长、相关部门人员参加的应急预案评估组，明确工作职责和任务分工，制定工作方案；评估组成员人数一般为单数；可邀请行业专家参加评估工作。评估组可采用资料分析、现场审核、推演论证、人员访谈的方式，对应急预案进行评估。评估报告内容如下：

（1）总则，包括评估对象、评估目的、评估依据等。

（2）应急预案评估内容，包括应急预案管理要求、组织机构与职责、主要事故风险、应急资源、应急预案衔接、实施反馈。

（3）应急预案适用性分析，指出存在的不符合项。

（4）改进意见及建议。

（5）评估结论。

126. 监理计划如何编审？

答：监理计划应由总监主持编制，经监理单位审核后报建设单位批准；当工程监理实施情况发生重大变化时，监理计划应及时修订。监理计划应具有很强的指导性、针对性和可行性，便于操作和实施，注重"五控两管一协调"之间的有机联系，既全面又突出重点。合同无约定时，一般在监理合同签订之日起一个月内、召开第一次工地会议召开之前完成编制并向建设单位备案。监理计划应包括下列主要内容：

（1）工程概况。

（2）监理工作的依据、范围、内容和目标。

（3）监理机构的组织形式，监理人员岗位职责，监理人员和设备配备及进退场计划。

（4）监理工作制度、监理程序及工作用表。

（5）工程质量、安全、环保、费用和进度等监理工作方案，应明确巡视、旁站、抽检和验收等具体计划要求。

（6）合同事项管理和信息管理工作方案。

（7）监理设施等。

127.监理细则如何编审？

答：对技术复杂、专业性较强的分部分项工程，应编制专项监理细则，并报总监审批。监理过程中，监理细则应根据工程实际变化情况进行补充、修改。监理细则应包括下列主要内容：

（1）工程内容和特点。

（2）监理工作流程。

（3）监理工作要点。

（4）监理工作方法和措施。

（5）针对影响主体结构安全和主要使用功能、完工后无法检测其质量或返工会造成较大损失的部位及其施工过程的巡视、旁站和抽检等计划。

128.设计技术交底工作应如何开展？

答：设计技术交底会一般由建设单位主持，设计、监理和施工单位参加。首先由设计单位说明工程的设计依据、意图和功能要求，并对特殊结构、新技术和新材料提出设计要求，进行技术交底；然后施工单位根据研究图纸记录以及对设计意图的理解，提出对设计文件的疑问、建议和变更；最后在统一认识的基础上，对所探讨的问题逐一做好记录，由设计单位编写会议纪要，监理机构参加人员与建设、设计、施工等单位负责人共同签认后，由建设单位正式行文印发各单位，作为与设计文件同时使用的技术文件和指导施工的依据，纪要由建设单位负责归档。当建设模式为设计施工总承包时，由总承包人主持进行内部设计技术交底，纪要由总承包单位归档。

129.监理工程师交底工作应如何开展？

答：根据监理规范的规定，总监应在合同段开工前主持召开由施工单位项目经理和技术、质量、安全负责人，工地试验室负责人，其他主要管理人员及主要监理人员等参加的监理交底会，介绍监理计划的相关内容。工程开工前，总监应就安全监理计划对全体监理人员进行交底；危险性较大的工程开工前，总监应就安全监理细则对专业监理工程师进行交底,专业监理工程师再对相关监理人员交底。交底人和接收人签字确认、形成交底记录,由监理机构负责归档,交底卡格式见表3.2。

监理交底卡格式　　　　　　　　　表3.2

××至××公路

监理交底卡

监理机构		编号	
工程名称		计划工期	—
交底内容			
(总)监理工程师		交底日期	
接收人	(可附签到表)		

130. 施工技术交底工作应如何开展?

答:项目经理部应按以下要求组织施工技术交底:

(1)施工准备阶段,项目总工应向项目各部门负责人及全体技术人员进行交底,内容包括:总体施组、设计要点和要求、施工技术标准、施工特点、施工工艺、工程的重难点、施工主要使用的材料标准和要求、主要施工设备的能力要求和配置、质量验收标准、质量安全环保的保证措施以及有关四新技术要求等。

(2)分部(分项)工程开工或首件开工前,项目技术部门负责人或各分部(分项)工程主管工程师向现场技术人员和班组长进行交底,内容包括施工方案、试验参数及配合比、放样成果和测量控制网、交叉作业的协作及注意事项、施工质量标准及检验方法、重大危险源的应急救援措施、成品保护方法及措施和其他施工注意事项等。

(3)具体作业前,现场技术员负责向班组全体作业人员进行技术交底,内容包括施工工序、作业标准、施工规范、质量要求及验收标准、施工工艺流程、操作要点,质量问题预防及注意事项,重大危险源、出现紧急情况下的应急救援措施、紧急逃生措施等。

(4)交底人和接收人签字确认、形成技术交底记录,由项目经理部负责归档。交底卡格式见表3.3。

工程技术交底卡格式　　　　　　　　　　　表 3.3

××至××公路

工程技术交底卡

施工单位		合同段		编号	
工程名称		计划施工日期	—		
技术(设计)要求					
质量标准					
水准点、导线点闭合情况及其他：					
交底人		项目负责人		交底日期	
接收人	(可附签到表)				

131. 施工单位安全技术交底工作应如何开展？

答：根据现行《公路工程施工安全技术规范》(JTG F90)的规定，施工前应逐级进行安全技术交底，主要包括安全技术要求、风险状况、应急处置措施等内容。

(1) 一级安全交底：由公司负责人向项目经理部主要负责人交底，交底一次。内容包括国家的安全生产方针、政策，安全生产法制、标准和法制概念，本单位制定的安全生产规章制度、安全纪律，本单位安全生产形势和历史上发生的重大事故、吸取的教训，发生事故后如何抢救伤员、如何排险、如何保护现场并及时报告等。

(2) 二级安全交底：由项目经理部安全负责人向各部门、各班组负责人和工程技术人员交底，可一次或多次交底。内容包括项目施工特点和现场主要危险源、重大危险源的分布，现场安全生产规章制度和操作规程，专项施工方案，高处作业、机械设备操作、电气安全和防火、防中毒、防尘、防爆等的基础知识，紧急情况下安全处置方法和安全疏散知识，防护用品使用方法等。

(3) 三级安全交底：由安全员或班组长向一线施工人员交底，可根据工程进展情况进行多次交底。内容包括岗位安全操作规程、班组安全制度、纪律教育，正确使用安全防护装置(设施)及个人劳动防护用品，本岗位易发生的安全隐患及其防范对策，本岗位的作业环境及使用的机械设备、工具的安全要求等。

(4) 交底人和接收人签字确认、形成安全技术交底记录，由项目经理部负责归档。交底卡格式见表 3.4。

安全技术交底卡格式　　　　　　　　表 3.4

××至××公路

安全技术交底卡

施工单位		合同段		编号	
工程名称		计划施工日期		—	
交底内容					
交底人		项目负责人		交底日期	
接收人	（可附签到表）				

132. 首件工程的认证工作应该如何开展？

答：《交通运输部关于打造公路水运品质工程的指导意见》（交安监发〔2016〕216号）提出了"全面推行首件工程制"，建设单位应在施工准备阶段制定"首件工程认证制度"，施工过程中参建各方应严格执行认证制度。

（1）施工准备阶段项目经理部应制定首件工程施工计划清单和实施细则，报监理工程师审批。

（2）项目经理部宜在首件实施前14d，向监理工程师提交首件开工申请，监理审核同意后进行首件施工。

（3）项目经理部应真实、准确地填写首件实施过程中形成的各项施工记录，并建立首件工程实施过程记录台账。

（4）首件完成并自检合格后，项目经理部编制首件认证申请报监理工程师，监理工程师应邀请业主代表一起对首件工程进行质量验收，验收合格后签署认证申请，并抄报建设单位一份。

（5）监理工程师对首件工程的认证，在检查和评价施工质量的同时，应对相关质量检验评定数据报表进行评审，并确定填写范本。

133. 首件工程需收集哪些文件？

答：首件工程是指为验证施工方案的可行性、获取控制参数所进行的试验路段或工程部位。在主要分项工程正式开工前，应依据技术规范的规定，先进行小范围的工艺试验，为制定大面积施工方案提供依据和必要的控制参数，以保证大面积施工的质量，然后依其试验结果全面指导施工。因此，工艺试验应做到事先有方案、实施有数据、事后有总结。施工单位应首先向监理工程师报批施工方案，施工过程中施工员、试验员、质检负责人应全程跟踪并如实记录施工过程，准确记录相关数据,现场监理旁站、检测,完工后施工单位汇总施工记录、检验数据进行评定,评定合格后与施工总结一起上报监理工程师审查、总监审批。因此,首件工程应收集开工申请报告、质量检验表、施工记录、质量评定表、首件施工总结和首件认证报告等文件存档。

134. 首件和分部(分项)的开工申请报告应包括哪些内容?

答:施工单位应按照"首件认证制度"向监理工程师提交首件开工申请,首件通过认证后,再提交分部(分项)的开工申请报告。

(1)开工申请报告内容应包括:工程概况,施工方案及主要工艺,质量保证、安全技术和环境保护措施,进度计划,质量控制指标及试验检测项目、频率和方法、施工组织、管理人员及施工人员的配备,人员、材料、机械设备等进场情况,施工测量方案和放线成果等;应根据待浇筑结构物的情况、环境条件及浇筑量等制订合理的浇筑工艺方案,工艺方案应对施工缝设置、浇筑顺序、浇筑工具、防裂措施、保护层的控制等作出明确规定;对新浇筑混凝土的养护,应根据施工对象、环境条件、水泥品种、外加剂或掺合料以及混凝土性能等因素,制订具体的养护方案,并严格实施。

(2)对工程施工中所用的临时受力结构和大型临时设施,应进行专项设计与验算,明确质量和安全的验收标准,并应编制安装、使用、维护和拆除的作业方案。临时受力结构主要指承重支架、作业平台、模板、悬浇挂篮、临时支挡、各种围堰、栈桥或便道等;大型临时设施主要指混凝土搅拌站、码头、梁板构件的预制场、钢筋加工制作厂房、库房等。

(3)装配式预制构件运输前应编制详细的构件运输方案和专项保护方案,方案应包括构件放置方向、支点设置、吊点设置、构件翻身处理、外露钢筋保护等内容,运输方案必要时应报送有关主管部门审批。

(4)钢结构在制造前,制造厂应对设计图进行工艺性审查,且应绘制加工图,编制制造工艺。

(5)对斜拉桥、悬索桥、拱桥、采用悬臂法施工的连续刚构桥和连续梁桥以及采用顶推或转体方法施工的钢结构桥梁工程,应编制专项施工监控实施方案。

(6)大桥、特大桥、特殊结构桥梁、长隧道、特长隧道应单独编制施工测量方案,选定控制测量等级,确定测量方法。

(7)施工单位一般应在开工前 14d 向监理人提交开工申请,长时间因故停工重新施工前,或重大安全、质量事故处理完后,承包人应向监理人提交复工申请。

135. 土石方路基试验段总结如何编写？

答：路堤、特殊路基和拟采用"四新"的土石方路基试验段总结编写提纲如下：

(1)试验段概况，包括桩号、长度、方量、填料类型、施工日期、承包人、监理单位，施工时天气情况(温度、湿度、风力)等。

(2)填料试验检测报告和标准击实试验报告。

(3)现场人员组成情况及其岗位职责。

(4)压实主要工艺参数：机械组合、压实机械规格、松铺厚度、碾压遍数、碾压速度、最佳含水率及碾压时含水率范围等。

(5)过程工艺控制方法。

(6)质量控制标准。

(7)施工组织方案及工艺的优化。

(8)各项技术指标检查结果、原始记录、施工记录。

(9)存在的问题及分析：描述试验路段施工过程中发现的问题、原因分析及对策。

(10)对施工图的修改建议等。

(11)安全、环保措施。

(12)结论意见：

①试验段是否成功。

②建议施工产量、作业长度、含水率。

③确定施工组织及管理体系、质保体系。

④安全保证措施、环保措施。

136. 结构物首件工程施工总结如何编写？

答：结构物首件工程施工总结应包括以下内容：首件工程概况、批准的配合比、主要机械设备、主要施工管理人员和质量责任人、施工技术方案、施工工艺、质量保证措施、缺陷分析及采取的整改措施、检测数据和结论意见等。

137. 路面结构层试验段总结如何编写？

答：路面各结构层的试验段总结一般包括以下内容：试验段概况、批准的配合比、机械设备和人员组成、混合料的拌和、混合料的摊铺、压实方案、松铺系数、各项技术指标检查结果、存在的问题及分析和结论意见等，可参照《高速公路施

工标准化技术指南 第三册 路面工程》的相关规定编写,摘录如下:

Ⅰ.垫层、(底)基层试验段总结编写提纲如下:

(1) 试验概况,包括桩号、长度、面层结构类型、施工日期、承包人、监理单位,施工时天气情况(温度、湿度、风力)等。

(2) 批准的配合比,包括场地原材料性能检测结果(集料、水泥),矿料级配组成,水泥(石灰)、碎石的比例,标准击实、7d无侧限抗压强度[或CBR(加州承载比)]等试验结果。

(3) 机械设备与人员组成:①使用的主要机械设备和数量;②人员组成。

(4) 混合料拌和:①拌和机信号、上料速度、拌和数量、拌和时间、卸料方式等;②验证混合料配合比:试拌混合料的集料级配,混合料的配合比,混合料含水率等。

(5) 混合料摊铺。内容包括:摊铺机梯队作业情况(或路拌方法),料车卸料方式,摊铺速度,厚度控制及找平方式,消除摊铺离析的技术等。

(6) 混合料碾压。应至少有两种不同的碾压组合方式(必须确保达到要求的压实度),每种方案碾压机具的选择、组合方式、压实顺序、碾压速度及遍数(列表说明)等。

(7) 铺层松铺系数。用定点测量下卧层表面高程h_1、面层松铺高程h_2、面层压实高程h_3等,测点数应大于30,每测点计算$(h_2-h_1)/(h_3-h_1)$并取其平均值得到松铺系数。测量数据应在总结中列出。

(8) 施工接缝处理方法。内容包括:两台摊铺机中间接缝、施工缝的处理方法,如何确保接缝处铺层的压实度和外观均匀性符合规定。

(9) 试验各项技术指标检查结果。

(10) 试铺存在的问题及分析。介绍试铺过程中存在的问题,并分析造成原因。

(11) 结论意见:①试铺是否成功?建议施工配合比;②建议施工产量及作业长度;③正式施工中需改进的若干建议;④对开工申请施工组织设计的修改建议;⑤确定施工组织及管理体系、质保体系;⑥安全保障措施、应急预案。

Ⅱ.沥青路面试验段总结编写提纲如下:

(1) 试铺路概况。包括桩号,长度(不少于300m),面层结构类型,施工日期,承包人,监理单位,施工天气情况(温度、湿度、风力)等。

(2) 批准的目标配合比和生产配合比:①原材料质量,包括原材料产地品种、性能检测结果;②目标配合比,批准的目标配合比试验结果;③生产配合比,包括各热料仓集料、矿料筛分结果,密度试验结果,矿料级配组成,最佳沥青用量(油石比)的沥青混合料技术性质试验结果。

(3)机械设备和人员组成:①使用的主要机械设备和数量;②人员组成情况及分工职责。

(4)沥青混合料试拌:①拌和机的拌和方式:拌和机型号,上料速度,拌和数量,拌和温度(沥青温度、集料温度、出料温度),拌和时间(干拌时间、湿拌时间、加料卸料时间)等;②验证沥青混合料配合比:试拌沥青混合料技术性质,确定试铺用沥青混合料的配合比。

(5)沥青混合料摊铺。内容包括:摊铺机梯队作业情况,料车卸料方式,摊铺温度,摊铺速度,初步振捣夯实的方法和强度,熨平板预热方式和温度,厚度自动控制及找平方式,消除铺面离析的技术。

(6)沥青混合料压实方案。应至少有两种压实方案(必须确保达到要求的压实度),每种方案压实机具的选择、组合方式、压实顺序、碾压速度及遍数(列表说明)、碾压温度等。

(7)面层松铺系数。用定点测量的下卧层表面高程、面层松铺高程、面层压实高程方法计算得到,测点数应大于30。测量数据应在总结中列出。

(8)施工缝处理方法。两台摊铺机中间接缝的处理方法,如何确保接缝处面层的压实度、渗水系数和外观均匀性符合规定。

(9)试铺路各项技术指标检查结果。①承包人每种碾压方案钻芯取样数不少于10个,渗水系数测定点不少于20个;②监理单位可与承包人共同钻取芯样,试样共享,分别测定;独立完成渗水系数测定不少于10点;③以上各单位均应计算试验的各热料仓比例,并与生产配合比比较。

(10)试铺存在的问题及分析。介绍试铺过程中存在的问题及原因分析,提出解决措施。

(11)结论意见:①试铺是否成功?建议施工用沥青混合料配合比;②建议施工产量及作业长度;③正式施工中需要改进的若干建议;④对开工申请中施工组织设计的修改建议;⑤确定施工组织及管理体系、质保体系等;⑥安全保障措施、应急预案。

Ⅲ.水泥混凝土路面试验段总结编写提纲如下:

(1)试验概况,包括桩号,长度(不少于200m),水泥混凝土结构类型,施工日期,承包人,监理单位,施工天气情况(温度、湿度、风力)等。

(2)批准的配合比:①原材料质量,包括原材料产地品种、性能检测结果;②配合比,包括水灰比、砂率、单位用水量、单位水泥用量、砂石料用量。

(3)机械设备和人员组成:①使用的主要机械设备和数量;②人员组成情况及分工职责。

(4)水泥混凝土拌和。通过试拌检验搅拌楼性能及确定合理搅拌工艺,检验适宜摊铺的搅拌楼拌和参数,包括:上料速度,拌和容量,搅拌均匀所需时间,新拌混凝土坍落度、振动黏度系数、含气量、泌水性、VC值(稠度)和生产使用的混凝土配合比等。

(5)水泥混凝土摊铺。通过试铺检验主要机械的性能和生产能力,检验辅助施工机械组配合理性;检验面层摊铺工艺和质量;模板架设固定方式或基准线设置方式,摊铺机械(具)的适宜工作参数,包括松铺系数、摊铺速度、振捣时间与频率、滚压遍数、碾压遍数、压实度、中间和侧向拉杆置入情况等;检验整套施工工艺流程。

(6)试验各项技术指标检查结果。确立混凝土原材料、拌合物、路面铺筑全套技术性能检验手段,熟悉检验方法。

(7)试铺存在的问题及分析。试铺中,承包人应认真做好记录,监理单位监督检查试验的施工质量,及时与承包人商定并解决问题。

(8)结论意见:①试铺是否成功,建议施工用的配合比,提出材料供应要求;②建议施工产量及作业长度,制订面层混凝土摊铺施工进度计划;③正式施工中需要改进的若干建议;④对开工申请中施工组织设计的修改建议;⑤确定施工组织及管理体系、质保体系等;⑥安全保障措施、应急预案。

138. 分部(分项)工程如何进行开工申请?

答: 监理机构应对施工单位提交的分部工程及主要分项工程开工申请进行审查,并在规定期限内批复;因为按相同方案施工的一些分项工程的审查内容重复,所以仅审批首次申请。开工申请的对象宜在监理计划的"监理程序"一节中予以明确,可参考如下方案:

(1)路基工程

①每合同段的土方路基、石方路基、土工合成材料处置层和每种软土地基处置方式,宜分别进行一次分项开工申请。

②每合同段的排水工程和防护支挡工程可按分部工程进行一次开工申请,主动防护系统、被动防护系统、抗滑桩宜单独进行开工申请。

③每合同段的大型挡土墙、组合式挡土墙可按类型分别进行一次分部工程开工申请。

④每座小桥、通道桥、天桥、渡槽可分别进行一次分部工程开工申请,结构类型相同时可只申请一次。

⑤每合同段的盖板涵、箱涵、圆管涵、波纹管涵可按结构类型分别进行一次

分部工程开工申请。

(2) 路面工程

①每合同段的垫层、底基层、基层、下面层、中面层、上面层宜分别进行一次分项工程开工申请。

②每合同段的路缘石、路肩、路面排水工程可合并进行一次分项工程开工申请。

(3) 桥梁工程

①每座大桥、特大桥宜按分项工程进行一次开工申请,同一类构件的钢筋安装、混凝土、预应力筋、孔道压浆可合并在一起进行一次开工申请,每类构件的安装可进行一次分项开工申请。

②每座中桥可按分部工程进行一次开工申请。

③引道工程可按分部工程进行一次开工申请。

(4) 隧道工程

①每单洞隧道的装饰装修、电缆沟及盖板、洞口排水工程、洞口防护工程、明洞可分别进行一次分项工程开工申请。

②每单洞隧道的防排水、路面可分别进行一次分部工程开工申请。

③每单洞隧道的洞身开挖和初支可合并在一起进行一次开工申请,超前锚杆、超前小导管、管棚可合并在一起进行一次开工申请,二衬和衬砌钢筋可合并在一起进行一次开工申请。

④每个人行通道、车行通道可分别进行一次分部工程开工申请。

(5) 绿化工程

每合同段的绿化工程按每类分部工程分别进行一次开工申请。

(6) 声屏障工程

每合同段的每类型声屏障分别进行一次开工申请。

(7) 交通安全设施

每合同段的交通安全设施可按每类分部工程分别进行一次开工申请。

(8) 交通机电工程

每合同段的交通机电工程可按每类分部工程分别进行一次开工申请。

(9) 采空区处治

每合同段的采空区处治按处治类型分别进行一次开工申请。

(10) 附属设施

管理中心、收费站、服务区、养护工区、室外工程等建筑工程按单位工程进行开工申请。

139. 监理机构如何审查开工申请报告？

答： 监理机构应对施工单位提交的分部工程及主要分项工程开工申请进行审查，合同文件未明确时限要求时，监理工程师应在7d内进行批复。同一合同工程中类型相同的分部（分项）工程，仅审批首次申请，但开工条件有变化的除外。审查应包括下列基本内容：

(1) 施工方案及主要施工工艺控制要点等是否符合有关技术标准。

(2) 技术、质量和安全管理人员及主要操作人员等的配备是否满足施工合同要求和施工需要。

140. 施工日志如何编制？

答： 施工日志是对整个施工过程中的重要生产和技术活动的连续不断的翔实记录，是对每天现场施工情况的真实写照，应由施工人员从工程开始到交工，按单位工程逐日填写。记录要及时、完整、真实，文字叙述简明扼要，当天发生的事情应在当天记载，不得后补；中途发生人员变动的，应当办妥交接手续，保持日志的连续性和完整性。日志格式见附录E.1，主要记录内容包括但不限于：

(1) 当日施工内容（工程部位、完成数量等）。

(2) 人员、机械设备、材料到场情况。

(3) 现场停电、停水、停工情况。

(4) 施工过程中出现的问题及处理情况。

(5) 冬雨季施工准备及措施落实情况。

(6) 施工中涉及的特殊措施和施工方法。

(7) 设计变更情况。

(8) 施工中"四新"即新材料、新设备、新工艺、新技术的推广使用情况。

141. 施工安全日志如何编制？

答： 施工安全日志由专职安全员逐日记录，项目经理部安全分管领导定期检查。日志格式见附录E.2，主要记录内容包括但不限于：

(1) 工地巡视发现的安全事故隐患和"三违"即违章指挥、违规作业、违反劳动纪律等的原因分析、处理意见和处理结果。

(2) 安全设施和防护用品进场记录、设施现场布设情况和防护用品配置情况，尤其是"三宝"（安全帽、安全带、安全网）落实情况。

(3)工地和生活区临时用电的检查情况。
(4)重大危险源的公示及销号情况。
(5)安全培训教育、技术交底、安全会议等情况。
(6)施工现场落实监理、建设单位和行政主管部门等提出的要求的情况。
(7)义务消防活动和消防设施维护、保养情况。
(8)安全生产费用计量支付情况。
(9)其他安全生产情况。

142. 监理日志如何编制?

答:监理日志是反映监理机构履行监理职责的重要记录,编制应符合以下要求:

(1)由监理机构指定专人,每日按照监理规范规定的格式进行填写。

(2)总监办和驻地办的监理日志,分别由总监、驻地监理工程师或其授权代表负责审核。

(3)监理日志宜按单位工程组织编制。

(4)"天气情况"应描述当日天气、最高和最低气温、风力、风向等,如"阴,6~19℃,西北风2级"。

(5)"主要施工情况"应填写当日施工的工程部位,施工内容,施工时间(具体到分钟),施工人员(工种、数量,尤其是特种作业人员的资质和数量),施工设备(数量、名称)等。

(6)"监理主要工作",现场监理人员应记录分部、分项工程以及工序的报检验收情况,包括抽检的工程部位、时间、抽检的内容和检测数据;监理试验人员应当记录抽检的材料名称、数量、产地、批号,当日试验的内容、数量、不合格的试验数据和处理情况,制作试件的名称、数量、时间、取样部位等;安全监理应记录施工单位安全生产条件的符合情况和现场安全监理工作情况,尤其是对危险性较大的分部分项工程的巡查记录;记录会议主要议题摘要、设计变更等内容。

(7)"问题及处理情况"应填写已经形成的质量安全隐患和排除情况,环保设施不达标或环保措施未落实的问题和处理情况,记录监理通知或指令的下发时间、编号、概要内容,以及口头指令的内容、通知的人员,并记录指令的执行和处理情况,对于以往指令的执行和处理情况要记录对应的指令编号;停工应记录停工原因、停工时间、复工时间。

(8)日志字迹应工整清晰,用语规范,简明扼要,措辞严谨,记录应尽量采用专业术语,不用过多的修饰词语,更不要夸大其词,不应使用"估计""可能""基

(9)监理机构可将监理日志打印整理或编印成"监理日志本",在封面统一填写工程项目和监理机构名称。

(10)监理日记是个人化的非规范的资料,经审核确认有效的可作为监理日志的补充。

143.安全监理日志如何编制?

答:安全监理日志由监理机构安全监理工程师逐日记录,日志格式见附录E.3,主要记录内容包括但不限于:

(1)安全监理细则的编审情况。

(2)审查施组中安全方面的内容及专项施工方案、安全应急预案等情况。

(3)审查特种设备检验情况和特种作业人员持证上岗情况。

(4)危险性较大工程施工的安全监理巡视、旁站情况。

(5)当天施工现场安全生产施工情况,包括当天主要施工作业部位及安全技术、安全管理措施落实情况,安全材料及设备的进场情况等。

(6)安全大检查情况,安全会议及协调工作情况。

(7)隐患通知单、监理指令发出和收到回复的情况,现场整改情况和监理复查结果。

144.安全监理台账如何编制?

答:监理机构应由专人负责建立安全监理台账(表3.5),及时记录安全专项检查和巡视、旁站中涉及施工安全管理的情况、存在问题、监理指令及施工单位处理情况等。

安全监理台账格式　　　　　　　　　　　表3.5

××至××公路

安全监理台账

监理机构:　　　　　　　　　　　　　　　　　　编号:

序号	日期	桩号或部位	安全管理情况	存在问题	处理情况		
					采取的措施	处理结果	日期

145.旁站记录如何填写?

答:监理机构应安排监理人员对旁站项目的施工过程进行旁站,对主要工程的关键项目进行检测见证,以验证施工方案、工艺、过程控制措施的合理性。监理人员应按照监理规范规定的格式填写旁站记录,"旁站项目"应注明具体施工部位,"施工过程简述"应描述施工现场人机材到位情况、主要施工工艺、停工情况等,"旁站工作情况"填写旁站起止时间、提出的意见和建议等,"主要数据记录"应记录旁站时现场实测数据,如摊铺厚度、沥青混合料温度、张拉伸长值、注浆压力和稳压时长、注浆量、焊缝长度、混凝土坍落度等,"发现的问题及处理结果"应如实记录发现的问题、处理结果、发出的通知指令及回复情况等。

146. 旁站项目包括哪些内容？

答:监理人员应对以下项目进行旁站:

(1)路基工程土方路基、石方路基、软土地基处治、土工合成材料处置层的试验段,锚索张拉和首次注浆,抗滑桩钢筋笼安放和首盘混凝土浇筑。

(2)底基层、基层、沥青面层、水泥混凝土面层试验段,水泥混凝土面层的每次摊铺。

(3)桥梁桩基的试桩、钢筋笼安放和首盘混凝土浇筑,地下连续墙首盘混凝土浇筑,沉井定位、下沉、浇筑封底混凝土;预应力筋加工和张拉试验工程、首次张拉、首次压浆;转体施工梁、拱的预制和接头混凝土浇筑,吊杆制作和安装的穿吊杆、预应力束张拉、首次压浆;悬臂浇筑梁、主要构件浇筑的主梁段混凝土浇筑和首次压浆,劲性骨架混凝土拱、钢管混凝土拱的混凝土浇筑;桥面铺装试验段,钢桥面上沥青混凝土铺装的试验段和摊铺,大型伸缩装置首件安装。

(4)隧道洞身支护、钢支撑、混凝土衬砌试验段,水泥混凝土面层试验段和每次摊铺,沥青面层试验段。

(5)交通安全设施首段混凝土护栏浇筑。

(6)采空区处治的帷幕孔施工,注浆孔首件施工。

(7)机电工程监控、通信、收费、配电、隧道机电设施的主要分项工程首件施工。

(8)附属设施的土方回填,混凝土灌注桩浇筑,地下连续墙、土钉墙、后浇带及其他结构混凝土、防水混凝土浇筑,卷材防水层细部构造处理,梁柱节点钢筋隐蔽过程,混凝土浇筑,预应力张拉,装配式结构安装,钢结构安装,网架结构安装,索膜安装。

147. 巡视记录如何填写？

答:巡视指监理工程师对施工现场进行的定期或不定期的巡回检查活动。

监理工程师应采取以巡视为主的方式进行施工现场监理,按计划定期或不定期巡视施工现场,对施工的主要工程每天不少于1次,并按照监理规范规定的格式逐日填写巡视记录,真实、准确、全面地记录巡视情况,尤其是发现的问题、采取的相应措施和处理结果应记录清楚。巡视应包括下列主要内容:

(1)施工现场管理人员特别是质量、安全管理人员是否到位,特种作业人员是否持证上岗。

(2)使用的原材料或混合料、构配件和主要施工机械设备是否与批准的一致。

(3)是否按技术标准、工程设计文件、批准的施工组织设计和方案施工。

(4)质量、安全、环保和施工标准化等措施是否落实,施工自检和工序交接是否符合规定。

(5)机电工程各系统设备、应用软件的运行是否稳定、可靠,试运行人员值班登记是否合规。

148.监理指令单如何编制?

答: 监理指令单具有强制性、针对性、严肃性的特点,监理工程师一旦签发指令,施工单位必须认真对待,在规定期限内按要求进行落实整改,并按时回复。监理机构编制监理指令单应符合以下要求:

(1)根据监理规范,如出现以下几种情况,监理机构应签发监理指令单。

①对工程质量缺陷,监理机构应签发监理指令单,要求施工单位整改。

②对质量不合格的工程,监理机构应签发监理指令单,要求施工单位返工处理。

③发现未按专项施工方案实施时,应签发监理指令单,要求施工单位整改。

④对总体进度起控制作用的分项工程的实际进度严重滞后时,监理机构应签发监理指令单,要求施工单位采取措施保证工程进度,并向建设单位报告工期延误风险。

(2)监理指令单格式应符合监理规范的规定;"签发人"应由具备监理工程师资质的合同约定人员本人签字;"致"后应填写项目经理姓名;"抄送"一般填写建设单位主管部门和分管领导;一般由项目经理签收,项目经理当时不能签收时可由项目经理指定的、具有建造师资格的项目经理部其他负责人签收,随后项目经理补签确认;签发和签收宜详细到分钟。

(3)指令内容应说明指令发出的依据、施工单位不符合规定的事实及整改要求等;应数据准确、表述完整、条理性强、表达清晰;存在的问题要描述准确并有客观数据支撑,必要时附声像文件补充说明;整改时限应叙述具体,如"24h内";应要求施工单位在回复监理指令时,针对提出的问题深刻分析产生原因,并阐述整改采取的措施、整改经过和整改结果以及下一步拟采取的预防措施,防止类似问题的再次发生。

(4)监理指令单和指令执行报告单一般一式三份,监理单位、施工单位和建设单位各存一份,并最终由监理单位负责归档。

149. 监理指令执行报告单如何编制?

答:项目经理部收到监理指令后应及时填写执行报告单,反馈问题整改情况。报告单格式见表3.6;"致"后应填写监理工程师姓名;"施工单位"应由指令签收人签字;"监理工程师"应由指令签发人签字;"监理意见"应由监理工程师如实描述复查结果,整改不到位的可要求其继续整改,并再次上报执行报告单。

监理指令执行报告单格式　　　　　　　　　　表3.6

××至××公路
监理指令执行报告单

编号:_____

监理机构			
施工单位		合同段	
工程名称		桩号及部位	

致×××:
接第____号监理指令单后,
(阐述指令执行情况,如制定的方案、采取的措施、整改结果、责任人处理情况等)

特此报告!
　　　　　　施工单位:　　　　　　　　　　　　　　日期:

监理意见:
　　　　　　监理工程师:　　　　　　　　　　　　　日期:

150. 监理月报如何编制?

答:监理月报格式见附录F,一般应包括下列主要内容:
(1)当月工程实施情况。

(2)当月监理工作情况。
(3)当月工程质量、安全、环保、费用、进度监理和合同事项管理等情况统计。
(4)发现施工存在的主要问题及处理情况。
(5)下月监理工作重点。

151. 质量事故报告如何编制？

答：质量问题或质量事故发生后，施工单位现场有关人员应立即向项目负责人报告，项目负责人应在接到事故报告后 1h 内报建设单位，在接到事故报告后 2h 内核实、汇总并向负责项目监管的交通运输主管部门及其工程质量监督机构报告。质量事故书面报告应包括以下内容：

(1)工程项目名称，事故发生的时间、地点，建设、设计、施工、监理等单位名称。
(2)事故发生的简要经过、造成工程损伤状况、伤亡人数和直接经济损失的初步估计。
(3)事故发生原因的初步判断。
(4)事故发生后采取的措施及事故控制情况。
(5)事故报告单位。

152. 试验资料有哪几类？

答：试验资料主要包括以下五方面所形成的报告和记录：

(1)**验证试验**：是对原材料或商品构件进行预先鉴定，以决定是否可以用于工程，包括订货及进场前检验、进场后抽检、施工中抽检。

(2)**标准试验**：是对各项工程的内在品质进行施工前的数据采集，是控制和指导施工的科学依据，包括各种标准击实试验、集料的级配试验、混合料的配合比试验、结构的强度试验等。

(3)**工艺试验**：是依据技术规范的规定，在动工之前对路基、路面、桩基、软土地基处治及其他需要通过预先试验方能正式施工的分项工程预先进行工艺试验，然后依其试验结果全面指导施工。

(4)**抽样试验**：是对各项工程实施中的实际内在品质进行符合性的检查，内容应包括各种材料和混合料的物理性能、土方及其他填筑施工的密实度、结构强度等的测定和试验。

(5)**验收试验**：是对各项已完工程的实际内在品质做出评定，包括钻芯抽样、弯沉、抗滑、桥梁动静载试验等内容。

153. 工地试验室应存档哪些文件材料？

答：工地试验室应存档文件材料包括但不限于以下内容：各项管理制度、岗位责任制，工地试验室授权、登记备案有关资料，上级部门下发的技术和管理文件、会议纪要等，标准、规范、规程一览表，试验检测人员档案，仪器设备（参考标准、有证标准物质）档案，各级管理部门检查提出的整改要求及整改报告，管理记录和试验检测台账，试验检测数据记录、报告，照片和影像记录，电子文件。

154. 工地试验室应建立哪些管理制度？

答：工地试验室应建立的管理制度包括但不限于以下内容：试验室工作职责，主要岗位人员工作职责，试验检测人员管理制度，试验检测仪器设备（参考标准、有证标准物质）管理制度，样品管理制度，化学品（试剂）管理制度，环境管理制度，标准、文件管理制度，试验检测记录、报告管理制度，试验检测工作程序及质量管理制度，外委试验管理制度，档案资料管理制度，不合格报告制度，检测事故分析报告制度。

155. 试验检测设备仪器自动打印的小票如何处理？

答：带打印功能的试验检测设备仪器所打印的小票是非常重要的原始记录。如果是激光打印的可以签字后直接归档；如果是热敏纸形成的记录，应及时复印保存，复印后可将热敏纸纸条粘贴在复印出的字迹旁边或复印件背后一并归档。

156. 如何理解质量证明文件原件？

答：质量证明文件原件指用于工程的原材料、成品、半成品、设备等的加盖厂家检验专用章或质量证明专用章的质量证明文件，或供应商在质量证明文件复制件上加盖确认印章的延续性的质量证明文件，经办人应签字并注明日期。质量证明文件原件应由施工单位进行收集归档，监理、检测单位不需重复归档。

157. 标准试验报验时应提交哪些文件？

答：监理机构需对主要混合料的配合比和路基填料的击实试验结果进行验证，审验合格、经批复后方可在工程上使用。项目经理部向监理机构报验时一般应提交标准试验审批表、标准试验报告和配合比设计报告,标准试验外委时尚应提交施工单位的验证报告。

158. 钢筋料源报验时应提交哪些文件?

答:项目经理部向监理机构报验钢筋料源时,一般应提交:料源审批表;厂家或供货商提供的出厂质量证明书和试验报告单;施工单位按不同的钢种、等级、批号、规格及生产厂家,在监理工程师的见证下分别抽取试样进行力学性能检验所形成的检测报告;钢筋可焊性试验报告。

159. 水泥料源报验时应提交哪些文件?

答:项目经理部向监理机构报验水泥料源时,一般应提交:料源审批表;水泥合格证;生产厂的品质试验检验报告(含 3d 和 28d 强度数据);施工单位按不同的厂家、品种、强度等级,在监理工程师见证下分别抽取试样进行强度、细度、安定性、凝结时间等性能检验所形成的检测报告。

160. 沥青料源报验时应提交哪些文件?

答:项目经理部向监理机构报验沥青料源时,一般应提交:料源审批表;合格证;厂家的技术标准;试验分析证明书;施工单位按不同的厂家、品种、标号等,在监理工程师见证下分别抽取试样进行性能检验所形成的检测报告。另外,《公路工程标准施工招标文件》(2018 年版·第二册)第七章技术规范规定,路面工程"各种材料必须在使用前 56d 选定"。

161. 原材料报验时应提交哪些文件?

答:项目经理部向监理机构报验原材料时,一般应提交材料合格签认单,材料质量证明文件(合格证、检验报告等),施工单位自检形成的试验检测报告和记录。

162. 交安设施产品和原材料进场报验应提交哪些文件?

答:交安设施产品和原材料进场报验应向监理机构提交以下文件:
(1)安装设备/构配件进场报验单。
(2)出厂合格证,应包括生产商名称、产品和原材料名称、执行标准号、等级、规格、型号、数量、出厂日期、批号等信息。

（3）产品检测报告或原材料质量证明文件。应对产品和原材料根据相关国家或行业标准对全项性能进行检测并合格；无法获取产品检测报告时应提供原材料质量证明文件，内容应包括产品和原材料的执行标准、规格、性能和技术参数、检验人员等信息。

（4）进场检验记录、检验项目和频率应符合《公路交通安全设施施工技术规范》（JTG/T 3671—2021）附录 A 的规定。

163. 机电工程所需产品或设备进场时应提交哪些文件？

答：机电工程的外购产品或（特种）设备进场时，应填写安装设备/构配件进场报验单和设备开箱检验记录，并收集相关说明书、合格证、检验报告、质量鉴定报告、CCC 认证标志、进口设备商检部门的检验证书等质量证明文件向监理机构报验，一般包括如下内容：

（1）监控设备、材料的产品合格证、质量检测报告。

（2）照明灯具、照明接线箱的产品合格证、质量检测报告。

（3）通风设备应有风机叶轮静动平衡校正试验、超速试验、耐高温试验、振动试验、噪声试验、轴向推力试验的记录及叶片与轮毂的无损伤探伤记录。

（4）低压成套开关设备的 CCC 认证标志。

（5）火灾探测器、手动报警按钮、火灾报警控制器、消火栓及附件、固定式水成膜泡沫灭火装置、消防水泵、消防管网等的清单、使用说明书、质量合格证明文件、国家法定质检机构的检验报告。

（6）水流指示器、消防水泵、水泵接合器等主要系统组件应具有国家消防产品质量监督检验中心出具的检测合格证书。

（7）稳压泵、自动排气阀、止回阀、泄压阀、减压阀等应具有国家产品质量监督检验中心出具的检测合格证书。

（8）柴油发电机组的合格证及出厂试运行记录。

（9）接地与防雷设备材料的说明书、材质检验合格证、产品检验合格证。

（10）雷电浪涌保护器应具有国家批准的防雷产品质量检测机构出具的检测报告。

（11）电缆、光缆及接续附件的材质证明书、CCC 认证标识。

（12）信息安全软件必须具有公安部计算机管理监察部门审批颁发的"计算机信息系统安全专用产品销售许可证"。

164. 机电工程外购软件进场时应收集哪些文件？

答：外购应用软件进场时应收集程序结构说明、安装调试说明、使用和维护说明书等技术文件。

165. 机电工程中自行开发的应用软件应收集哪些文件？

答：自行开发的应用软件应收集以下文件：可行性研究报告、项目开发计划、软件需求说明、数据要求说明、概要设计说明、详细设计说明、数据库设计说明、用户手册、操作手册、模块开发卷宗、测试计划、测试分析报告、开发进度报告和项目开发总结报告。

166. 质量检验评定数据报表包括哪些内容？

答：质量检验评定数据报表包括两大类报表，即质量检验数据报表和质量评定数据报表，编制应符合《公路工程质量检验评定数据报表编制导则》（T/CECS G:F80-01—2022）的规定。

（1）**施工单位**质量检验数据报表由自检表、统计判定表和专项检查表组成，质量评定数据报表包括分项工程、分部工程、单位工程和合同段质量评定表。统计判定表是记录数据并进行统计分析以判定检测指标是否合格的报表；专项检查表是记录基本要求、外观质量和质量保证资料检查结果的报表。编制示例见附录 G.1。

（2）**监理单位**质量检验数据报表由抽检表、统计判定表和专项检查表组成，质量评定数据报表包括分部工程、单位工程及合同段质量评定表。编制示例见附录 G.2。

（3）**养护工程**质量评定数据报表包括养护单元、养护工程和合同段质量评定表。

167. 分项工程质量保证资料一般包括哪些内容？

答：施工单位分项工程质量保证资料一般包括以下内容：
(1) 首件工程开工申请和认证书。
(2) 分项工程开工申请及批复单。
(3) 放样报验单及附件。
(4) 工序自检资料。
(5) 压实度、强度、厚度等检测指标的统计判定表。

(6)专项检查表。
(7)分项工程质量评定表。
(8)分项工程(中间)交工证书。
(9)隐蔽工程声像文件。

168.质量保证资料的整理应遵循什么原则?

答:整理质量保证资料时应遵循"四闭合"的原则,即人员、日期、逻辑及数据的闭合。

(1)**人员闭合**是指资料签认的主要人员要与投标书中的人员相一致,或者与建设单位批复的变更人员一致,应是具备任职资格且符合合同约定资质的人员签认。

(2)**日期闭合**是指原始记录中的施工日期、检查日期等前后要闭合,如:混凝土28d强度报告的时间跟混凝土浇筑时间的闭合,施工记录、抽检记录、旁站记录与施工日志、监理日志信息的一致等。

(3)**逻辑闭合**是指紧前工序、紧后工序必须符合实际施工情况,符合技术规范和设计要求,合乎逻辑,如:钢筋混凝土构件混凝土浇筑应该在钢筋验收合格后才能进行,混凝土浇筑与断面尺寸的检验一般不能在同一天进行;再如监理工程师发出"监理指令",项目经理部应及时填报"监理指令执行情况报告单",且相关事件应在施工日志和监理日志中反映。

(4)**数据闭合**是指有一定关系的数据要经得起推敲,如:报告和记录中的数据要保持前后一致,分项评定表中的数据应与该分项工程质量质量检验数据报表中的数据相对应。

169.工序自检资料一般包括哪些内容?

答:施工单位的工序自检资料一般包括检验申请批复单、自检表、检查记录、施工记录、试验检测报告及其记录。

170.工序抽检资料一般包括哪些内容?

答:监理单位的工序抽检资料一般包括抽检表、试验检测报告及其记录和旁站记录,必要时附检查记录。

171.分项工程抽检项目一般包括哪些内容?

答:土建工程的分项工程或养护单元,监理工程师主要对其关键项目和结构主要尺寸进行抽检,具体内容见附录 H;机电工程抽检项目同自检项目,按机电标准执行。

172. 路基土石方工程如何进行工序报验?

答:路基土石方工程一般按以下要求进行工序报验:
(1)原地面及填前碾压应作为一道工序报验。
(2)填方每一自然段落每填筑层作为一道工序进行报验;挖方每一平台作为一道工序进行报验。
(3)土工合成材料处治层每一自然段落每一层作为一道工序进行报验。
(4)软土地基处置中的换填类逐层报验,碎石桩、灰土桩或粉喷桩等按每个处置段落作为一道工序进行报验,但每一工作班均应填写原始施工记录,记录每根桩的施工情况。

173. 排水工程如何进行工序报验?

答:排水工程一般按以下要求进行工序报验:
(1)排水沟、边沟等按每一自然段落作为一道工序报验。
(2)急流槽按每一面边坡作为一道工序报验。
(3)检查井、雨水井、跌井、沉淀池每处作为一道工序报验。
(4)排水管:砂砾垫层每层为一道工序;管节预制、混凝土垫座、横向排水管涵安装、检查(雨水)井砌筑分别作为一道工序;端墙可按整体报验一次,但下部、上部、帽石的混凝土浇筑记录应按工作班填报。

174. 小型预制构件如何进行工序报验?

答:路基路面、桥梁隧道等工程可能用到小型预制构件,预制按每工作班或每200块报验一次模板和混凝土工序,设有钢筋时钢筋安装作为一道工序报验;安装按自然段落报验一次。

175. 钢筋混凝土构件如何进行工序报验?

答:每个结构部位的构件一般按钢筋、模板和混凝土三道工序报验;基础、墩台身等分节段施工时,钢筋、模板一般逐次报验,混凝土整体报验一次,但每工作班均需填写混凝土浇筑记录。

176. 防护支挡工程如何进行工序报验？

答：防护支挡工程一般按以下要求进行工序报验：

(1) 护面墙、护坡一般按每个自然段落的基坑和墙身两道工序报验，基坑分段开挖时宜分段报验。

(2) 挡土墙一般按每个自然段落的基坑、基础、墙身三道工序报验，基坑分段开挖时宜分段报验。

(3) 对填方路基起支挡作用的挡土墙墙背填筑：墙背1m范围内回填宜采用小型夯实机具压实，分层压实厚度宜不大于150mm，填料粒径宜小于100mm，此时应逐层进行报验；部位狭窄时，可采用低强度等级混凝土、浆砌片石等材料回填，此时可按每工作班进行报验；回填部分的路床宜与路堤路床同步填筑，此时墙背填筑可与路床填筑一起报验。

(4) 筋带、拉杆、锚杆、锚索、坡面结构、土钉、面板安装、坡面植物防护、三维植物网防护以及锚杆、锚定板和加筋挡土墙总体按每自然段落的每级边坡报验。

(5) 主动防护系统应按每自然段落、每级边坡的锚杆、支撑绳安装、网片安装分别报验。

(6) 被动防护系统应按每自然段落、每级边坡的锚杆、钢柱基础、钢柱及基座安装、拉锚绳安装、支撑绳安装、网片安装分别报验。

(7) 石笼防护、浆砌砌体、干砌片石砌体、导流工程每处报验一次。

(8) 每根抗滑桩按钢筋安装、成孔和成桩三道工序报验。

177. 涵洞(通道)如何进行工序报验？

答：涵洞(通道)一般按以下要求进行工序报验：

(1) 基坑分节段开挖时，每次开挖报验一次；检验内容主要包括基坑位置、坑壁加固、几何尺寸、地基承载力和基底处理。地基处理的范围应宽出基础之外不小于0.5m，平面位置和基底高程应符合土建标准的规定，地基承载力满足设计要求。

(2) 砂砾(碎石)垫层逐层报验；其他软基处置方式按工作班填写施工记录，整体报验一次。

(3) 基础、涵身、台帽、拱圈、拱座、护拱、涵底铺砌、洞口铺砌、截水墙、跌井、急流槽等的砌筑，按结构部位分别报验一次；采用钢筋混凝土结构的，钢筋和模板按工作班报验，混凝土成品整体报验一次，但施工记录应按每工作班填写一次。

(4)圆管涵管基混凝土模板按管节以下和以上分两次报验,混凝土成品整体报验一次。

(5)波纹钢管涵端墙模板按基础、墙身下部、墙身上部、帽石报验四次,混凝土成品整体报验一次。

(6)箱涵涵身按底板、腹板和顶板分别施工时,分别报验一次模板,混凝土成品整体报验一次。

(7)盖板钢筋加工及安装和盖板预制按工作班进行报验,盖板安装整体报验一次;现浇盖板按钢筋加工及安装、支架和模板、混凝土浇筑报验三次。

(8)一字墙和八字墙一般按基坑、基础和墙身三道工序报验。

(9)填土逐层报验。

(10)涵洞总体报验一次。

178. 路面工程如何进行工序报验?

答:路面工程每结构层按每工作班的施工段落作为一道工序报验,并注意上下结构层间的起止桩号不能相同,接缝宜错开 2m 以上;路面排水工程、路肩和路缘石一般按照自然段落报验。

179. 桥梁基础及下部构造如何进行工序报验?

答:桥梁基础及下部构造一般按以下要求进行工序报验:

(1)扩大基础和承台的基坑分别报验一次。

(2)每根桩基按钢筋、成孔和成桩三道工序报验;灌注桩桩底压浆按每桩报验;预制桩、钢管桩按工作班报验,沉桩按每处置区域报验;每段地下连续墙按钢筋、成槽和墙体三道工序报验;沉井、双壁钢围堰、封底混凝土和承台、系梁每处报验一次。

(3)墩台身每构件报验一次。

(4)支座垫石和挡块按每墩台报验一次。

(5)每构件的预应力筋加工和张拉、孔道压浆分别作为一道工序报验。

(6)台背填土每一层报验一次。

180. 装配式梁板(拱)如何进行工序报验?

答:桥梁装配式梁板(拱)预制和安装一般按以下要求进行工序报验:

(1)每一钢筋混凝土构件或节段一般按钢筋、模板和混凝土三道工序报验。

(2)正弯矩预应力筋加工和张拉、孔道压浆按每构件作为一道工序报验。
(3)负弯矩预应力筋加工和张拉、孔道压浆按每联作为一道工序报验。
(4)梁板安装按每跨报验。
(5)现浇构件(包括现浇端横梁、现浇中横梁、现浇湿接缝、现浇铰缝等)按工作班报验。
(6)钢结构每构件作为一道工序进行报验。

181. 桥梁上部构造现场浇筑如何进行工序报验？

答：每一钢筋混凝土构件一般按钢筋、模板和混凝土三道工序报验；预应力筋加工和张拉、孔道压浆按每工作班作为一道工序报验。

182. 桥面系、附属工程及桥梁总体如何进行工序报验？

答：桥梁桥面系、附属工程及桥梁总体一般按以下要求进行报验：
(1)桥梁总体报验一次。
(2)支座安装宜按墩台报验。
(3)每条伸缩缝作为一道工序报验。
(4)人行道铺设、栏杆安装、混凝土护栏、钢桥上钢护栏安装、混凝土构件表面防护、桥面防水层、钢桥面板上防水黏结层、桥面铺装每联报验一次；沥青混凝土铺装每工作班报验一次。
(5)桥头搭板每工作班报验一次。

183. 桥梁防护工程如何进行工序报验？

答：一般按照基坑、基础、砌体等进行工序报验。

184. 隧道总体及装饰装修如何进行工序报验？

答：隧道总体及装饰装修一般按以下要求进行工序报验：
(1)隧道总体报验一次。
(2)洞门装饰每处作为一道工序报验。
(3)洞身装饰、电缆槽每200m作为一道工序报验。

185. 隧道洞口工程如何进行工序报验？

答：隧道洞口工程一般按以下要求进行工序报验：

(1)边仰坡分级时,每级锚杆支护、钢筋网支付、喷射混凝土、砌体报验一次。

(2)洞门和翼墙的浇筑、截水沟、洞口排水沟、明洞浇筑、明洞防水层分别报验一次。

(3)明洞回填按每层报验,采用砌体时整体报验一次。

186. 隧道洞身开挖、衬砌和防排水如何进行工序报验？

答:隧道洞身开挖、衬砌和防排水一般按以下要求进行工序报验:

(1)洞身开挖、喷射混凝土、锚杆、钢筋网、钢架、衬砌钢筋、混凝土衬砌、防水层、止水带、纵横环向排水管按不超过10m作为一道工序报验。

(2)超前小导管、超前锚杆、管棚、仰拱、仰拱回填每工作班报验一次。

(3)中心排水沟按管节预制、混凝土排水管安装和盲沟等分别报验,管节预制可以按进场批次报验,管节基础、安装及碎石盲沟按每工作班报验一次;采用现浇方式时,按模板和混凝土每工作班报验一次。

187. 隧道路面如何进行工序报验？

答:隧道找平层、基层、面层的工序按每工作班报验一次。

188. 绿化工程如何进行工序报验？

答:绿化工程一般按以下要求进行工序报验:

(1)分隔带、边坡、护坡道、碎落台及边坡平台的绿化按不超过1km、每物种报验一次。

(2)互通区与环岛,管理养护设施区,服务设施区及取、弃土场按每区域、每物种报验一次。

189. 声屏障工程如何进行工序报验？

答:声屏障工程一般按以下要求进行工序报验:

(1)每段地梁按钢筋、模板及混凝土三道工序报验。

(2)每处或每自然段落砌块体声屏障、金属结构声屏障、复合结构声屏障整体报验一次。

190. 交通安全设施如何进行工序报验？

答：交通安全设施一般按以下要求进行工序报验：

（1）标志基础按工作班报验，如当天浇筑5处基础，可将5处基础的钢筋、模板、混凝土浇筑分别按一道工序进行报验；每处标志安装按一道工序进行报验。

（2）溶剂型涂料标线、热熔型涂料标线、水性涂料标线、双组分涂料标线、预成形标线带每类按一道工序进行报验，抗滑标线、彩色防滑标线每处报验一次。

（3）突起路标、轮廓标、护栏、防眩板、防眩网、隔离栅、防落物网、里程碑、百米桩按自然段落分别进行工序报验。

（4）避险车道参照路基路面工程进行工序报验。

191. 采空区处治如何进行工序报验？

答：采空区处治一般按以下要求进行工序报验：

（1）注浆法：每一处置区域的钻孔开孔和成孔、浇筑孔口管、钻孔注浆成果按工作班进行工序报验；注浆完成6个月后，分路基区域和桥隧区域分别报验一次（整体性的检查）。

（2）干（浆）砌片石、强夯按处置区域报验一次。

（3）回填逐层进行报验。

（4）巷道加固法和跨越法分别参照隧道工程和桥梁工程的工序报验方法进行报验。

192. 机电工程如何进行工序报验？

答：监控设施、通信设施、收费设施、供配电设施、照明设施、隧道机电设施的新建和维修、更换或增设，按表2.2的抽样单位进行工序报验。

193. 路基养护单元如何进行工序报验？

答：路基养护单元一般按以下要求进行工序报验：

（1）填方土边坡修复每处报验一次。

（2）土方路基修复、填石路基修复逐层报验。

(3)路基注浆按工作班进行工序报验。
(4)土工合成材料处治层每处、每层报验一次。

194.排水设施养护单元如何进行工序报验？

答：排水设施养护单元一般按以下要求进行工序报验：
(1)管道铺设以每井之间的段落作为报验单元进行工序报验，回填压实度逐层检测，附于检验数据报表之后。
(2)检查(雨水)井整修、增设每处报验一次。
(3)土沟整修、增设，砌筑排水沟整修、增设，盲沟整修、增设，泄水孔整修、增设按每一自然段落作为一道工序报验。
(4)急流槽及跌水整修、增设按每一面边坡作为一道工序报验。

195.支挡、防护及其他砌筑养护单元如何进行工序报验？

答：支挡、防护及其他砌筑养护单元一般按以下要求进行工序报验：
(1)砌体挡土墙修复，护面墙修复，预应力锚杆、锚索加固，边坡锚喷防护，边坡框架梁加注浆锚杆防护，主动防护系统的支撑绳安装、网片安装，被动防护系统钢柱基础、钢柱及基座安装、拉锚绳安装、支撑绳安装，坡面植物防护，三维网安装按每一自然段落、每一级边坡报验一次。
(2)锥、护坡修复按每处进行工序报验。

196.路面养护单元如何进行工序报验？

答：路面养护单元一般按以下要求进行工序报验：
(1)加铺或铣刨重铺沥青混凝土面层，微表处和稀浆封层，碎石封层，就地热再生，含砂雾封层，沥青路面局部挖补，加铺水泥混凝土面层，水泥混凝土路面换板，水泥混凝土路面板底注浆，水泥混凝土路面刻槽，水泥混凝土路面碎石化，沥青碎石基层翻修，厂拌冷再生、就地冷再生、全深式冷再生，稳定土基层翻修，稳定粒料基层翻修，级配碎石基层翻修，按单幅、每工作班进行一次工序报验。
(2)沥青路面开槽灌缝按单幅不超过10000延米、每工作班进行一次工序报验。
(3)路肩修复、路边石修复按单边不超过1000延米、每工作班进行一次工序报验。

197.桥梁单元如何进行工序报验？

答：桥梁养护单元一般按以下要求进行工序报验：

(1)梁体顶升，混凝土表面缺陷修补，混凝土裂缝修补，混凝土构件表面防护，植筋，钢筋混凝土增大截面，设置体外预应力，粘贴钢板，粘贴碳纤维复合材料，钢结构涂装防护，高强螺栓更换，钢管混凝土拱脱空注浆，钢管混凝土拱外包混凝土，更换吊杆、吊索和拱桥系杆，斜拉桥换索及调索，斜拉索、吊杆防护套修补，按每构件进行工序报验。

(2)桩身修补按每根桩进行工序报验。

(3)钢花管注浆锚杆加固桥台按每个桥台进行工序报验。

(4)混凝土盖梁、台帽维修，墩身外包钢，墩、台增补静压桩，支座更换宜按每墩台进行工序报验。

(5)桥面铺装维修，混凝土栏杆及护栏维修，按每联进行工序报验。

(6)每条伸缩缝的伸缩装置更换作为一道工序报验。

(7)排水设施维修按每道排水管进行工序报验。

198.涵洞养护单元如何进行工序报验？

答：涵洞养护单元一般按以下要求进行工序报验：

(1)涵洞接长的工序报验同新建涵洞。

(2)台身增大截面加固、基础注浆加固、混凝土涵管增大截面加固、拱涵主拱圈增大截面加固、一字墙和八字墙局部更换砌块按结构部位，每部位进行一次工序报验。

199.隧道养护单元如何进行工序报验？

答：隧道养护单元一般按以下要求进行工序报验：

(1)每10m纵向施工长度的衬砌背面压(注)浆、喷射混凝土加固、套(嵌)拱、增设仰拱分别作为一道工序报验。

(2)混凝土衬砌更换每6m作为一道工序报验。

(3)渗、漏水处治按不超过200m、每工作班进行一次工序报验。

(4)排水设施维修和冻害处治按不超过50m的施工长度进行一次工序报验。

(5)人行道(检修道)维修按不超过100m的施工长度进行一次工序报验。

200. 交通安全设施养护单元如何进行工序报验？

答：交通安全设施养护单元一般按以下要求进行工序报验：

(1) 交通标志更换、增设：标志基础按工作班报验，如当天浇筑 5 处基础，可将 5 处基础的钢筋、模板、混凝土浇筑分别按一道工序进行报验；每处标志安装按一道工序进行报验。

(2) 路面标线划设：溶剂型涂料标线、热熔型涂料标线、水性涂料标线、双组分涂料标线、预成形标线带，每类按一道工序进行报验，抗滑标线、彩色防滑标线每处报验一次。

(3) 里程碑、百米桩、护栏、隔离墩、隔离栏、突起路标、轮廓标、防眩板、防眩网、隔离栅、防落物网的更换、增设，按自然段落分别进行工序报验。

(4) 金属框架声屏障更换、增设按每自然段进行工序报验。

201. 绿化养护单元如何进行工序报验？

答：绿化养护单元，栽植土补缺、更换，植物材料更新、补缺，乔木、灌木栽植，草坪、草本地被栽植，按 1～3km、每物种进行工序报验。

202. 附属设施如何划分检验批？

答：工序是建筑工程施工的基本组成部分，一个检验批可能由一道或多道工序组成。根据现行标准的规定，监理单位对工程质量控制到检验批，对工序的质量一般由施工单位通过自检予以控制。管理中心、服务区、房屋建筑、收费站、养护工区等附属设施一般按以下方法划分检验批：

(1) 多层及高层建筑的分项工程可按楼层或施工段来划分检验批，单层建筑的分项工程可按变形缝等划分检验批。

(2) 地基基础的分项工程一般划分为一个检验批，有地下层的基础工程可按不同地下层划分检验批。

(3) 屋面工程的分项工程可按不同楼层屋面划分为不同的检验批。

(4) 其他分部工程中的分项工程，一般按楼层划分检验批；对于工程量较少的分项工程可划为一个检验批。

(5) 安装工程一般按一个设计系统或设备组别划分为一个检验批。

(6) 室外工程一般划分为一个检验批，散水、台阶、明沟等含在地面检验批中。

203. 外购工程构配件或设备如何进行工序报验？

答：监理规范规定，"对施工单位外部采购和委托制作的主要工程构配件或设备，监理工程师应核查产品合格证明文件和施工单位自检报告，进场后对关键项目进行抽检，验收合格后方可使用。对在施工现场不具备检测条件的，监理工程师应按合同约定到厂监督检验"。因此，外购的管节、预制块等，进场后施工单位应按批次分别进行工序报验，混凝土强度报告由厂家提供；设备由施工单位报请监理工程师进行开箱检验。

204. 各实测项目的检查频率应按什么标准执行？

答：参建各方应按照检评标准和合同约定的频率检查各实测项目：

（1）**土建工程**：施工单位分项评定表中的各实测项目，其检查频率须满足土建标准规定的频率；施工过程中的检查，尚应符合施工技术规范的要求；监理工程师对分项工程中的关键项目和结构主要尺寸，抽检频率应不低于规定自检频率的20%，且一般不少于2个数值。

（2）**机电工程**：各分项工程抽样检查频率应符合下列要求：施工单位自检为100%；监理单位抽检不低于30%；检测单位交工质量检测不低于30%，竣工质量鉴定不低于10%。测点数应不少于3个，当测点数少于3个时，应全部检查。

（3）检评标准规定的检查频率是对检查频率的低限要求，实践中还需根据质量控制要求加大检查频率，例如混凝土试块，除了检评标准规定的取样数量外，还应留取7d强度试压试块、同条件养护试块、张拉前满足强度要求的试压试块等。在检查中若出现不合格点时，应有意识地接着连续检查2~3点（处），以验证不合格点的偶然性或非偶然性，以便正确判断和计算该检查项目的合格率。

205. 检验申请批复单如何填报？

答：监理规范规定，"监理工程师应对施工单位报验的隐蔽工程进行检查验收、留存影像资料，未经验收或验收不合格的不得进行下一道工序施工"。检验申请批复单主要用于工序验收，应按以下要求填报：

（1）工程名称填写单位工程和分部工程名称，如："K×× ~K××路基工程

K××~K××路基土石方工程""K××~K××路基工程K××~K××涵洞、通道""K××~K××路基工程K××天桥""K××大桥3~5号墩基础及下部构造""K××大桥第1~3跨箱梁预制和安装""K××~K××路面工程""K××~K××标志、标线、突起路标、轮廓标""K××~K××护栏""K××~K××分隔带绿化""K××~K××声屏障工程"等。

（2）工程项目应填写该工序所属分项工程名称或工序名称，如："钢筋加工及安装""模板制作及安装""预应力筋的加工和张拉""土方路基""涵台""钻孔灌注桩""钢支撑支护""底基层""下面层""单悬臂标志""标线""路侧绿化"等。

（3）桩号及部位应填写该工程具体桩号及工程部位，如："K××~K××""1号墩1-1号桩基""左幅1号墩盖梁""左幅1-1号箱梁""填筑第3层""1号、3号基础""路线左幅右侧""K××~K××上台阶"等。

（4）检验内容应填写后附自检表中的"检查项目"。

（5）要求到现场检验时间、施工单位递交时间和监理收件时间，彼此之间有一定的逻辑关系。按时间先后顺序排列，应为施工单位递交时间、监理收件时间、要求到场检验时间。监理收件时间一般等于施工单位递交时间，要求到场检验时间通常晚于或等于监理收件时间。施工单位自检合格后向监理人员报验，监理人员统筹安排抽检时间，一般在24h内到场检验，因此要求到场检验时间一般晚于监理收件时间。对于钢筋、模板、路基填筑等工序，要求到场检验时间应为工序完成自检合格后的时间，对于混凝土浇筑、砌体、路面结构层等工序，要求到场检验时间应为准备开始施工的时间；混凝土工程检验申请批复单中要求到现场检验时间应为混凝土浇筑当天，若分数次浇筑成型，应为首次浇筑的时间。时间宜具体到分钟。

（6）监理评论和签字，由监理人员本人签署"经抽检，符合设计及规范要求"或"××不合格，返工处理"。对于涉及"混凝土强度"指标的工序检验资料，不要求监理进行二次签认，因为混凝土强度是否合格需按照批次进行评定，不能按个别组数的强度进行判定。混凝土强度的合格判定将在强度统计判定表中体现，监理工程师则根据抽检结果在中间交工证书作出是否合格的意见。

（7）质量证明附件应按批复单后所附资料表格名称逐一列明，不得遗漏。

（8）本项目可以继续进行，监理工程师根据现场监理检查情况，决定是否进行下道工序，并写明下道紧后工序的名称（如"模板安装""混凝土浇筑"等），无后续工序时可填写"中间交工"。

（9）填写示例见图3.2。

××至××公路
检验申请批复单　　　　　　　　　　JB05

施工单位：××××工程有限公司　　　　　　合同段：LJ1
监理单位：××××监理有限公司　　　　　　编号：020201001

工程名称	K0+123 留庄大桥3号~5号墩基础及下部构造	施工日期	20220805/20220808
工程项目	钢筋加工及安装	桩号及部位	3号墩3-1号桩基
检验内容	主筋间距、螺旋筋间距、钢筋骨架外径、长度和底端高程、保护层厚度		

要求到现场检验时间：	20220808　15:30
施工单位递交日期、时间和签字：	20220808　11:00　张××
监理收件日期、时间和签字：	20220808　11:00　李××

| 监理评论和签字：
经抽检，符合设计及规范要求。
　　　　　　　　　　　　　　　　　　　李××　20220808 ||

本项目可以继续进行： 混凝土浇筑	质量证明附件： 钢筋加工及安装自检表 （首件和施工条件变化时应附钢筋安装施工记录）
监理工程师签字： （专监以上） 　　　　　王××　20220808	施工单位收到日期、签字： 　　　（质检负责人）刘××　20220808

图3.2　检验申请批复单填写示例

206.质检资料中的日期应该怎么填写？

答：日期应采用8位数字表示，起止日期之间用斜线"/"连接。

（1）施工日期根据实际施工开始和完成的日期填写，可填写单日或起止日期，例如"钢筋加工及安装"的施工日期可表示为20220810/20220812，检查日期可表示为20220812；对于混凝土结构物，施工日期可表示为20220812，检查日期可表示为20220815/20220819。

（2）监理签认日期应为当天或之后的日期；对于混凝土工程，监理工程师一般在7d后签认。

(3)对于桩基,中间交工证书签认日期应晚于或等于桩检报告和强度统计判定表两者中较晚的日期;对于其他混凝土结构物,其中间交工证书签认日期应晚于或等于强度统计判定表的日期。

207. 施工记录应如何填写?

答:项目经理部施工人员应根据检评标准和施工技术规范的相关要求及时填写施工记录。

(1)施工记录应是对施工过程的原始描述和真实写照,一般包括工程部位、时间、气象、施工工艺、质量控制措施等内容。

(2)在施工方案、主要工艺和人员设备等施工条件相同的情况下,施工记录在首件和首件认证后第一次施工时填写即可,不需每次工序报验均填写一次,施工条件改变时应填写施工记录,如土石方路基、土工合成材料处置层、钢筋骨架、钢筋网、衬砌钢筋、模板安装、砌体等。

(3)原地面及填前碾压,每个施工路段填写一次施工记录。

(4)袋装砂井、塑料排水板的施工记录应填写每井(板)的施工情况,粒料桩、加固土桩、水泥粉煤灰碎石桩、刚性桩的施工记录应填写每根桩的施工情况,并附其编号示意图。

(5)强夯、重夯、片石墩施工记录,应记录每个点位的夯沉量。

(6)桩基钢筋笼安装、成孔、成桩、桩后压浆应逐桩填写施工记录。

(7)沉井、双侧壁钢围堰每节填写一次施工记录。

(8)冲击碾压、路面结构层、地下连续墙挖槽、锚杆、锚索、超前锚杆、超前小导管、管棚、注浆、结构物的地基处理、混凝土浇筑、预应力筋张拉、**孔道压浆**、钢构件制作安装和涂装、装配式组合梁焊接、海上结构混凝土涂装、防水层、止水带等的施工记录,每工作班填写一次。

(9)沉入桩的制作、连接和沉桩的施工过程应有完整的施工记录。

(10)桥梁钢结构高强度螺栓连接副组装时,对不能穿入螺栓的孔,应采用铰刀进行铰孔修整,铰孔的位置应填写施工记录。

(11)中心(站)内低压配电设备每台设备和消防设施每处设施应填写施工记录。

(12)填写提示见图3.3~图3.6。

	××至××公路	第1页,共1页
	原地面处理施工记录表	SJ110402020

施工单位:××××工程有限公司　　　　合同段:LJ1

监理单位:××××监理有限公司　　　　编　号:

工程名称	K0+000~K10+000 路基工程 K0+000~K1+000 路基土石方工程		
桩号及部位	K0+320~K0+552 土方路基	施工日期	20220608/20220609
原地面描述: 原地面是耕地、林地、松散土、水田、水塘还是其他?有无坑、洞、穴、泉眼、淤泥?地表植被是草坪、灌木、乔木、庄稼还是其他?			
原地面处理过程简述: 采取何种方式处理坑洞穴、水塘、泉眼等;如何清理表面植被;临时排水系统如何设置;是否需要换填或强夯;自然坡度陡的话要挖台阶;清表后碾压机具、碾压遍数等。			
存在问题及处理意见: 填写清表和碾压过程中出现的问题及处理方法、过程、结果等,如清表后是否发现影响地基稳定的因素,碾压过程是否出现翻浆,以及现场是如何应对的。			
施工员		施工负责人	

图 3.3　原地面处理施工记录表填写提示

××至××公路　　　　　　　　　第1页,共1页
土方路基填筑施工记录表　　　　　SJ110402021

施工单位:××××工程有限公司　　　合同段:LJ1
监理单位:××××监理有限公司　　　编　号:

工程名称	K0+000~K10+000 路基工程 K0+000~K1+000 路基土石方工程		施工日期	202206010
桩号及部位	K0+320~K0+552 土方填筑		土场编号	1号取土场
填土层次	第1层	土质类别　　黄土	松铺系数	1.2
最大干重度 (g/cm³)	1.88	最佳含水率　10.2 (%)	最大填高 (m)	3.2
压实机具	柳工6626E-单驱全液压单钢轮压路机		松铺厚度(cm)	25

施工过程描述:
如何放线、布点、卸料、摊铺、翻晒、初平、碾压、整平?
杂草、树根、超粒径料等的清除。
临时排水系统的设置。

存在问题及处理意见:
弹簧、推移、起皮、翻浆、裂缝、边坡冲沟、沉降等问题及其处理方法、结果。

施工员		施工负责人	

图3.4　土方路基填筑施工记录表填写提示

××至××公路	第1页,共1页
钢筋加工及安装施工记录表	SJ110803011

施工单位:××××工程有限公司　　　　　　合同段:LJ1
监理单位:××××监理有限公司　　　　　　编　　号:

工程名称	K3+526 刘庄大桥1~3号墩基础及下部构造		
桩号及部位	1号墩0号桩	施工日期	20220609/20220610
钢筋质量及加工、安装要求: 根据检评标准、技术规范和设计文件提出的相关要求填写。不同的结构部位,要求可能不一样,应据实填写。			
钢筋加工安装过程: 下料、焊接、绑扎等到最后成形的步骤或施工流程;明确:加工安装过程符合上方提出的各项要求。			
存在问题及处理意见: 钢筋弯曲、损伤、油污、焊缝不饱满、焊缝长度不足、焊渣未清理、丝扣数量不足、成型尺寸不足、箍筋弯钩形式不符合要求、网片变形、骨架变形等问题及其处理方法、结果。			
施工员		施工负责人	

图3.5　钢筋加工及安装施工记录表填写提示

××至××公路 第1页,共1页
混凝土施工记录表
SJ110800001

施工单位:××××工程有限公司　　　　合同段:LJ1
监理单位:×××监理有限公司　　　　编　号:

工程名称	K3+526刘庄大桥1~3号墩基础及下部构造				
桩号及部位	1号墩系梁		施工日期		20220704
设计强度等级	C30		施工配合比		水泥:砂:石:水
配合比编号		水泥厂家及强度等级		水泥批号	
水泥检验单编号		水泥用量(kg/m³)	395	振捣方式	插入式
碎石检验单编号		坍落度(mm)	拌和站 85、82 / 现场 81、80	养护方法	薄膜覆盖
砂检验单编号		水灰比	0.41	养护时间	7d
施工情况: 采用什么机械拌制,时长多少?如何运输?混凝土分层厚度、浇筑顺序、方向;振捣时长;有否中断;中断后如何处理;施工缝设置位置及如何处理;浇筑过程中支架、模板、钢筋、预应力管道、预埋件等的稳固情况。					
附注: 异常情况的处理					
施工员			施工负责人		

图3.6　混凝土施工记录表填写提示

208. 混凝土施工记录中的坍落度应如何填写？

答：混凝土坍落度应在搅拌站和浇筑现场分别检测，且不少于2次，因此施工记录中应至少有4个坍落度的实测数值。若混凝土出料至入模不超过15min，可以只在搅拌站检测坍落度。

209. 混凝土施工记录中的配合比如何填写？

答："试验室配合比"按照经监理工程师批复的配合比，$1m^3$混合料中各种原材料的用量填写；"施工配合比"按照现场实际拌和$1m^3$混合料时各种原材料的实际用量填写（根据含水率进行调整）；"每盘拌和量"按照实际每盘用量填写，三项数值一般是不相同的。

210. 混凝土养护时长有何要求？

答：混凝土养护时长应符合以下要求：

(1) 混凝土的洒水保湿养护时间应不少于7d，对重要工程或有特殊要求的混凝土，应根据环境湿度、温度、水泥品种以及掺用的外加剂和掺合料等情况，酌情延长养护时间，并应使混凝土表面始终保持湿润状态。

(2) 箱梁混凝土蒸汽养护结束后，应立即进入自然养护阶段，且养护时间宜不少于7d；当采用自然养护时，环境相对湿度小于60%时养护时间宜不少于28d，相对湿度大于或等于60%时宜不少于14d。

(3) 高强度混凝土、预制桥面板混凝土、混凝土索塔各节段混凝土、伸缩装置混凝土养护时间不少于7d。

(4) 混凝土桥面板湿接缝和现浇桥面板混凝土浇筑完成后，进行保温、保湿养护的时间应不少于7d。

(5) 膨胀混凝土保湿养护时间不少于14d。

(6) 大体积混凝土采用硅酸盐水泥或普通硅酸盐水泥时，其浇筑后的养护时间宜不少于14d，采用其他品种水泥时宜不少于21d。在寒冷天气或遇气温骤降天气时浇筑的混凝土，除应对其外部加强覆盖保温外，尚宜适当延长养护时间。

(7) 自密实混凝土、桥面铺装混凝土的养护时间宜不少于14d。

(8) 高性能混凝土终凝后，应立即开始对混凝土进行持续潮湿养护，在常温下养护时间应不少于14d，气温较低时应适当延长潮湿养护的时间。

（9）预制安装承台、墩台身、先简支后连续梁,湿接头浇筑后的养护时间应不少于14d。

（10）墩台身和盖梁预制凝土浇筑完成后,带模洒水养护的时间宜不少于3d,对混凝土的外露面应覆盖、保湿和保温;拆除模板后仍宜对混凝土表面进行覆盖并保湿养护至少7d。

（11）钢-混凝土组合梁桥面板预制混凝土、预制桥面板安装时的剪力槽和湿接缝混凝土及混合梁中钢-混凝土接头混凝土保湿养护的时间应不少于14d。

（12）预应力混凝土连续梁桥或连续刚构桥节段预制混凝土的总体养护时间宜不少于14d。

（13）悬臂浇筑的合龙段浇筑后应及时覆盖洒水养护,养护时间宜不少于14d。

（14）冬期施工混凝土的养护时间宜较常温下的养护时间延长3~5d。

（15）隧道喷射混凝土终凝2h后,应进行养护,养护时间不应少于7d。

（16）隧道衬砌拆模后应及时养护,混凝土养护时间不得少于7d;掺加引气剂或引气型减水剂时,混凝土养护时间不得少于14d。

（17）锚喷防护喷射混凝土喷水养护应在喷射混凝土终凝后2h进行,养护时间不应少于5d。

211. 水泥混凝土抗压强度试块的取样频率如何规定?

答:水泥混凝土浇筑时应按以下要求制取试块:

（1）浇筑一般体积的结构物(如基础、墩台等)时,每一单元结构物应制取2组试块。

（2）连续浇筑大体积结构时,每80~200m^3或每一工作班应制取2组试块。

（3）上部结构的主要构件长16m以下应制取1组,16~30m制取2组,31~50m制取3组,50m以上者不少于5组;小型构件每批或每工作班至少应制取2组。

（4）每根钻孔桩至少制取2组,桩长20m以上者不少于3组,桩径大、浇筑时间很长时,不少于4组,如换工作班时,每工作班应制取2组。

（5）小桥涵、挡土墙、声屏障等构筑物每座、每处或每工作班应取不少于2组,当原材料和配合比相同并由同一拌和站拌制时可几座或几处合并取2组。

（6）施工时尚应根据设计要求和技术规范的规定制取同条件养护试块和其他满足施工需求的试块。

212. 什么情况下应预留同条件养护试件？

答：一般在混凝土冬季施工、为加快进度而采取蒸汽养护以及构件需进行受力操作时，除按土建标准留足供评定混凝土强度用的标准养护试件外，还应根据技术规范或设计要求预留进行同条件养护的混凝土试件，一般不应少于3组。试件试压后形成的记录应与构件工序检验资料一并存档。

213. 何为高温、低温天气？

答：在夏季一般是以日最高气温作为衡量天气的标准，如果日最高气温达到35℃，即为高温天气；冬季的日平均气温如果低于5℃，则为低温天气。日平均气温是指一天24h的平均气温。气象学上通常用一天中2时、8时、14时和20时四个时刻气温的平均值，作为一天的平均气温。室外昼夜日平均气温连续5d稳定低于5℃时，钢筋、预应力、混凝土及砌体等工程应采取冬期施工的措施。当昼夜日平均气温高于30℃时，混凝土工程和砌体工程的施工应符合热期施工的规定。高温、低温天气和热期施工时，应在施工记录、日志中记录施工现场所采取的应对措施。

214. 强夯的施工记录中时间间隔应满足哪些要求？

答：强夯一般分主夯、副夯和满夯三遍实施，两遍夯击之间应有一定的时间间隔。对于渗透性较差的黏性土地基，间歇时间不少于21d；对于粉性土地基，间歇时间不应少于7d；对于渗透性好的地基，间歇时间不少于3d。

215. 强夯置换施工记录应记录哪些内容？

答：强夯置换施工开始前，标出第一遍夯点的位置、测量地面高程和夯前锤底高程，填入施工记录表；夯击并逐击记录夯坑深度，当夯坑达到图纸要求深度或夯坑过深而发生起锤困难时，应停夯后向坑内填料直至坑顶填平，记录填料数量，如此重复直至达到规定的夯击次数及控制标准。

216. 强（重）夯夯锤落距如何确定？

答：夯锤落距 $h \geqslant$ 设计夯击能 E/锤重 G，式中 $G = mg$，m 为夯锤质量，g 为重力常数，取 9.8N/kg。常数 g 不能取 10N/kg 进行计算，否则落距计算值偏小，最终导致夯击能达不到设计要求。

217. 路基路面试验段松铺系数如何确定？

答：布设测点，测点数不少于 30 个；水准仪检测各测点的下承层表面高程 h_1、松铺顶面高程 h_2、压实后顶面高程 h_3；松铺厚度 = $h_2 - h_1$，压实厚度 = $h_3 - h_1$，松铺系数 = 松铺厚度/压实厚度；取各点松铺系数计算结果的平均值，作为试验段的松铺系数。松铺系数一般小数点后保留 2 位。

218. 后张法张拉和压浆的时限要求是多少？

答：张拉时，结构或构件混凝土的强度、弹性模量（或龄期）应符合设计规定；设计未规定时，混凝土的强度应不低于设计强度等级值的 80%，弹性模量应不低于混凝土 28d 弹性模量的 80%，当采用混凝土龄期代替弹性模量控制时应不少于 5d；对桥面板预应力钢束的张拉亦宜在混凝土龄期达 7d 后进行。孔道压浆应在张拉锚固后的 48h 内完成。

219. 预应力筋张拉施工记录中初应力应如何取值？

答：钢束长度 30m 以下时，初应力宜取 10%～15% 的控制应力；钢束长度 30～60m 时，宜取 15%～20%；钢束长度大于 60m 时，宜取 25%；钢束长度超过 100m 时需通过现场试验来确定初应力的大小。

220. 孔道压浆施工记录应包括哪些内容？

答：孔道压浆应记录的内容包括压浆材料、配合比、压浆日期、搅拌时间、出机初始流动度、浆液温度、环境温度、压浆量、稳压压力及时间；采用真空辅助压浆工艺时尚应包括真空度。

221. 灌注桩后压浆施工记录应包括哪些内容？

答：灌注桩后压浆的施工记录应包括压浆的起止时间、压浆量、压浆流量、压浆压力及桩的上抬量等参数。

222. 常见检测指标的数据精度有哪些要求？

答：根据现行测试规程，检测指标实测值的数据精度应符合以下要求：
（1）轴线偏位、中线偏位、平面偏位、纵断高程、桩位、锚孔孔深、几何尺寸、结构层厚度等均以"mm"为单位,数值精确至整数位即可。

(2)桩基孔深和高程的单位采用"m"时,测定值小数点后保留3位数。

(3)石方路基检测沉降差时,高程读数精确至0.1mm。

(4)三米直尺测平整度,塞尺的读数精确至0.5mm。

(5)压实度、混凝土强度、砂浆强度、无侧限抗压强度小数点后保留1位数。

(6)国际平整度指数IRI小数点后保留两位小数。

(7)横坡测试时用钢卷尺测量两测点的水平距离,以m计,准确至0.005m。

223. 三米直尺测试平整度有哪些要求?

答:三米直尺适用于碾压成型后的路基路面各层表面的平整度测试应符合以下要求:

(1)当测试沥青路面施工过程中的质量时,应以单尺方式测试,且测试位置应选在接缝处;其他情况一般以连续10尺方式测试。

(2)除特殊需要者外,应以行车道一侧车轮轮迹(距车道线0.8~1.0m)作为连续测试的位置。

(3)最大间隙以mm计,读数准确至0.5mm。

(4)单尺测试路面的平整度计算,以三米直尺与路面的最大间隙δ_m为测试结果;连续测试10尺时,判断每尺最大间隙δ_m是否合格,并计算合格率和10个最大间隙的平均值。

224. 土方路基(软质石料土石路堤)应检查哪些项目?

答:施工过程中土方路基(软质石料土石路堤)应根据设计文件和技术规范要求,至少检查以下项目:

(1)原地面填前碾压应检查压实度、纵断高程、中线偏位和宽度。

(2)除上路床,每填筑层检查压实度,检测频率为每1000m²不少于2点,且每层不少于6点,上路床每200m每层2处。

(3)土方路基每填筑2m、软质石料土石路堤每填筑3m检查一次中线偏位和宽度,宽度规定值应为设计宽度加30cm的工作宽度。每种填料填筑层压实后的连续厚度宜不小于500mm。

(4)上路床检查压实度、弯沉、纵断高程、中线偏位、宽度、平整度、横坡和边坡共八个项目,宜将路基宽度、横坡、高程、中线偏位选取在同一断面位置,且宜在整米桩号上测试。

225. 石方路基（中硬和硬质石料土石路堤）应检查哪些项目？

答：施工过程中石方路基（中硬和硬质石料土石路堤）应根据设计文件和技术规范要求，至少检查以下项目：

（1）原地面填前碾压应检查压实质量、纵断高程、中线偏位和宽度。

（2）除顶层外，每填筑层检查沉降差，每填高3m宜检查一次中线偏位和宽度，宽度规定值应为实测高程相对应的设计宽度。岩性相差大的填料应分层或分段填筑，软质石料与硬质石料不得混合使用。

（3）顶层检查孔隙率、沉降差、弯沉、纵断高程、中线偏位、宽度、平整度、横坡、边坡坡度和边坡平顺度，宜将路基宽度、横坡、高程、中线偏位选取在同一断面位置，且宜在整米桩号上测试。

（4）上路床采用土方填筑，按土方路基上路床要求检查八个项目。

226. 路基路面几何尺寸检测报告应包括哪些内容？

答：土方路基、石方路基和路面进行验收时施工单位、监理单位、检测单位应分别出具几何尺寸检测报告，内容包括：

（1）测试位置信息（测试断面桩号、坐标等）。

（2）实测宽度、设计宽度、宽度偏差。

（3）实测纵断面高程、设计纵断面高程、高程偏差。

（4）实测横坡、设计横坡、横坡偏差。

（5）实测边坡坡度。

（6）中线偏位、相邻板高差以及纵横缝顺直度。

227. 路基填筑时的层数怎么填写？

答：填前碾压后的第一次填筑为第1层，分区填筑时的层次不断开，如第15层（93区）紧接着第16层（95区）。当两个自然段路基拉平时，其继续往上的层数应以层数多的填写。在路基填筑开工前，宜根据设计横断面图找出该自然段落的最高填高，然后根据施工技术规范和试验段得出的参数，划分出计划填筑的层数编号及相应层次的高程值，作为分项开工报告的附件，报监理工程师批准，依此既控制路基的填筑施工，又可使填筑层数的有序一致。

228. 路基填筑时的中线偏位如何填写？

答：路基应逐层填筑，若该层横断面图显示出了路基中线，则检测中线偏位、填写实测值；若横断面图显示不出中线，则检测设计边线加工作宽度 300~500mm 后的偏位，填写实测值，如半填半挖段、从坡脚开始逐层填筑的路段等。

229. 挖方路基如何进行现场质量检验？

答：挖方路基分别按土建标准中"土方路基"和"石方路基"的要求进行检验。挖方路基在施工过程根据进度情况应定期进行边线偏位和边坡坡度的测量，每一级边坡应至少测量 2 次，检测数据应参与分项工程质量评定。土方深挖路堑每挖深 3~5m 应复测一次边坡，石方开挖每挖深 3~5m 应进行边坡边线和坡率复测；平台宽度每 50m 测 1 处。

230. 土工合成材料连接宽度一般应为多少？

答：土工合成材料的连接方式和宽度应符合设计文件的要求。设计未明确时，当采用搭接法连接时，搭接宽度宜为 300~600mm；采用缝接法时，缝接宽度应不小于 50mm；采用黏结法时，黏结宽度不应小于 50mm，黏合强度应不低于土工合成材料的抗拉强度。

231. 基桩成孔如何进行质量检测？

答：灌注桩的成孔质量检测应包括孔深、孔径、桩孔倾斜度及沉淀厚度，具体要求如下：

(1) 孔深测量应在成孔清孔完毕，孔中泥浆内气泡基本消散后进行；采用专用测量绳时，绳距孔壁 100~200mm，垂球应缓慢沉入孔内，接触孔底时，轻轻拉起垂球并放下，判断孔底位置；孔深测量每孔沿孔壁间隔布置**不应少于 3 个测点，取其最小值为测量孔深**。测量绳宜采用金属材质，最大量程不宜小于测量孔深的 1.2 倍，最小刻度不应大于 10mm，端部垂球宜为平底圆锥体，质量不应小于 1kg。

(2) 孔底沉淀厚度测试应在桩身混凝土灌注之前进行，通过测量实际成孔深度与钻进深度差值确定，**沉淀厚度测量不应小于 2 次**，取两次平均值为最终检测结果。

(3) 接触式测量方法和超声波测量方法可用于检测灌注桩孔深、孔径、桩孔倾斜度，仪器的孔深测量精度应不低于 0.3%，孔径测点距不宜大于 500mm，在孔径检测可疑测点周围,应加密测点进行复测,进一步确定桩径变化位置及范围。孔径、倾斜度的检查数据分析应符合《公路工程基桩检测技术规程》(JTG/T 3512—2020)第4章的相关规定。

(4)检测报告应包括下列内容:

①委托方名称,工程名称、地点、建设、勘察、设计、监理及施工单位,设计相关要求。

②工程地质概况。

③被检桩的桩位图、桩型、混凝土强度等级、截面尺寸、桩长、桩号、桩位、桩顶高程。

④检测目的,检测依据,检测数量,成(沉)桩日期,检测日期,检测方法,检测仪器设备。

⑤被检桩的检测数据,实测与计算分析曲线和汇总结果。

⑥检测结论(按设计要求及相关标准评判成孔质量)。

⑦附图附表:包括孔位平面布置图、每桩孔的测试记录图、现场检测记录表及典型地质柱状图等。

232. 桩位偏差如何确定?

答:基桩桩位应在破桩后按以下要求检测并计算桩位偏差:

(1)确定桩基浇筑完成后实际的中心位置:素混凝土基桩以顶面最大和最小两直径线的交点,定为浇筑完成后的基桩中心位置;钢筋混凝土基桩以顶面可见钢筋笼的最大和最小两直径线的交点,确定为浇筑完成后的基桩中心位置。

(2)测量中心位置的坐标值($X_实$、$Y_实$)。

(3)计算中心位置的实测坐标值与设计坐标值($X_设$、$Y_设$)的差值(ΔX、ΔY)。

(4)桩位偏差 $= \sqrt{\Delta X^2 + \Delta Y^2}$。

(5)注意区分桩位偏差和孔位偏差的概念,前者在成桩并破桩后检测,后者在成孔后检测。

233. 灌注桩采用人工挖孔、水下灌注混凝土方式施工时,如何进行质量检验?

答:灌注桩采用人工挖孔施工,因孔内有水,混凝土的浇筑采用水下灌注法施工时,质量检验应按钻孔灌注桩规定的实测项目进行,混凝土浇筑工艺及有关的施工过程质量检验和施工原始记录,均应按钻孔灌注桩的要求执行。

234.盖梁弯起钢筋位置怎么确定规定值?

答:盖梁弯起钢筋位置,一般取骨架中心为零点,按设计计算出每个起弯点距中心的长度即其规定值。

235.如何理解钢筋网的安装位置?

答:土建标准第8章桥梁工程中"钢筋网"的实测项目增加了"网的安装位置",应检测"平面内"和"平面外"的偏差。对于支座垫石、桥面铺装等水平向安装的钢筋网,"平面内"指结构物纵横方向实际安装位置与设计位置的偏差,"平面外"指竖向的偏差;对于墩身竖向安装的钢筋网,"平面内"指结构物竖向和纵向的偏差,"平面外"指横向的偏差。

236.梁板预制中横隔梁及预埋件位置怎么填写?

答:梁板预制中横隔梁及预埋件位置的确定,宜取每片梁跨中为零点,按设计计算出横隔梁及预埋件距零点的距离作为设计值,然后把现场尺量得到的数据填入自检表或抽检表。

237.模板制作与安装时的竖直度如何填写?

答:模板制作与安装需检测模板的竖直度,应首先在土建标准中查得相应结构物"竖直度"的要求,如涵台竖直度允许偏差为"$\leq 0.3\% H$",然后根据高度换算出允许偏差值,作为模板竖直度的控制标准,最后将实测数值填入自检表或抽检表中。

238.模板制作与安装各实测项目的允许偏差如何填写?

答:模板制作与安装的各实测项目"允许偏差"一般根据相关技术规范的要求填写,可参考表3.7。

模板制作与安装的允许偏差　　　　　　　表 3.7

项　目			允许偏差(mm)
模板高程	基础		±30
	承台、系梁、一字墙、八字墙		±20
	涵台、墩台身、墩台帽或盖梁、耳背墙、侧墙、挡土板、上部现浇构件		±10
	桥头搭板		±5
	支座垫石		±2
	悬臂浇筑梁	$L \leq 100m$	±20
		$L > 100m$	$\pm L/5000$
模板尺寸	上部结构的所有构件		+5,-0
	基础、承台、系梁、搭板的长和宽、边沟、电缆槽		±30
	墩台身、墩台帽或盖梁、耳背墙、侧墙、挡土板、现浇盖板宽度		±20
	涵台		±15
	挡块、搭板厚、预制盖板的宽度		±10
	支座垫石、防撞护栏、混凝土小型构件		±5
	管座或垫层、暗涵的盖板预制高度、箱涵侧墙和底板厚度、暗箱涵顶板厚度、挡土墙、套拱、明洞浇筑混凝土厚度、仰拱厚度、路面		≥设计值
	明涵盖板高度、明箱涵顶板厚度		+10,0
	箱涵高度		+5,-10
轴线/平面偏位	基础		≤25
	系梁、承台等大体积混凝土		≤15
	现浇墩、台身	$H \leq 60m$	≤10 且相对前一节段≤8
		$H > 60m$	≤15 且相对前一节段≤8
	现浇墩台帽或盖梁,就地浇筑梁板		≤10
	悬臂浇筑梁	$L \leq 100m$	≤10
		$L > 100m$	$\leq L/10000$
	防撞护栏		≤4
	支座垫石、挡块		≤5

239. 钢结构涂装的时限要求是多少?

答:钢结构涂装,喷铝应在表面清理后 4h 内完成。底漆、中间漆涂层的最长暴露时间宜不超过 7d,两道面漆的涂装间隔时间亦宜不超过 7d;超过后应先采用细砂纸将涂层表面打磨成细微毛面再涂装后一道面漆。

240. 高强螺栓扭矩的数值应如何填写？

答：高强螺栓扭矩，每个螺栓群按 5% 且不少于 2 个的频率检测，采用退扣法，检查宜在螺栓终拧 1h 后、48h 之前完成。检查时先在螺杆端面和螺母上划一直线，然后将螺母拧松 60°后，再用扭矩扳手重新拧紧，使两线重合，测得此时的扭矩并填入记录表。实测的扭矩值应在 $0.9T_{ch} \sim 1.1T_{ch}$ 范围内，$T_{ch} = KPd$。式中，T_{ch} 为高强度螺栓检查扭矩（N·m）；K 为高强度螺栓连接副扭矩系数；P 为高强度螺栓预拉力设计值（kN）；d 为高强度螺栓直径（mm）。

241. 钢支撑支护检验报告表中净保护层厚度怎么填写？

答：钢支撑支护的保护层厚度应根据设计要求，分别检测钢支撑内侧、外侧的保护层厚度，如实记录实测数据。因此，现场的检测结果应是两组数据，不能只检一侧的保护层厚度。

242. 隧道洞身爆破作业的时限要求是多少？

答：隧道洞身爆破作业应在上一循环喷射混凝土终凝 3h 后进行。

243. 隧道开挖时循环进尺应遵循什么规定？

答：项目经理部应根据隧道长度、跨度、结构形式、掌子面稳定性、地质条件等选择适宜的开挖方法，填写施工记录时要注意不同开挖方法的循环进尺规定不一，具体要求如下：

（1）全断面法：Ⅲ级围岩宜控制在 3m 左右，Ⅰ、Ⅱ级围岩，使用气腿式凿岩机时可控制在 4m 左右，使用凿岩台车时可根据围岩稳定情况适当调整。

（2）台阶法：上台阶开挖每循环进尺，Ⅲ级围岩宜不大于 3m，Ⅳ级围岩宜不大于 2 榀钢架间距，Ⅴ级围岩宜不大于 1 榀钢架间距；Ⅳ、Ⅴ级围岩下台阶每循环进尺宜不大于 2 榀钢架间距；下台阶单侧拉槽长度宜不超过 15m；下台阶左、右侧开挖宜前后错开 3~5m，同一榀钢架两侧不得同时悬空；下台阶应在上台阶喷射混凝土强度达到设计强度的 70% 后开挖。

（3）环形开挖留核心土法：Ⅴ级围岩宜不大于 1 榀钢架间距，Ⅳ级围岩宜不大于 2 榀钢架间距；中下台阶每循环进尺，不得大于 2 榀钢架间距；拱部超前支护完成后，方可开挖上台阶环形导坑留核心土长度宜为 3~5m，宽度宜为隧道开挖宽度的 1/3~1/2；各台阶留核心土开挖每循环进尺宜与其他分部循环进尺相一致；核心土与下台阶开挖应在上台阶支护完成且喷射混凝土强度达到设计强度的 70% 进行；下台阶左、右侧开挖应错开 3~5m，同一榀钢架两侧不得同时悬空。

（4）中隔壁法和交叉中隔壁法：各分部开挖时，周边轮廓应圆顺，进尺不得大于 1 榀钢架间距；初期支护完成、强度达到设计规定后方可进行下一分部开挖。

（5）侧壁导坑法：开挖时周边轮廓应圆顺，导坑跨度宜为整个隧道开挖宽度的三分之一；导坑与中间土体同时施工时，导坑应超前 30~50m。

（6）仰拱开挖长度，土和软岩应不大于 3m，硬岩应不大于 5m。

244. 防水板固定点间距的规定值为多少？

答：防水板固定点间距应符合设计要求，设计未规定时可以参考如下标准：环向间距一般为边墙 100~120cm，拱部 50~70cm；纵向间距一般为 80cm，但在防水板搭接相邻两幅固定点的纵向间距为 60cm。

245. 检查项目数据较多时如何处理？

答：某些检查项目的实测数据量较大时，可在检验表实测值一栏填写见××检查记录，检验表后附相关检查记录表。

246. 检验表中数据应填写实测值还是偏差值？

答：在进行工程质量检验时，应将检查项目的实测值如实填写进自检表或抽检表中，不能只填写偏差值。

247. 检验评定表中规定值或允许偏差应如何填写？

答：通常检评标准规定为"符合设计要求"或"不小于设计要求"的检查项目，填报工序检验资料时应根据设计文件或根据设计文件计算出的具体数据填写规定值或允许偏差，如钢筋间距 200mm，孔的倾斜度≤180mm。

248. 强夯如何检验？

答：强夯施工应由专人负责夯击次数、夯沉量、隆起量、孔隙水压力等的监测，随时检查施工记录和计量记录，并按照规定的施工工艺对工序进行质量评定。强夯处置软土地基时,施工结束30d后,应通过标准贯入、静力触探等原位测试,测量地基的夯后承载能力是否达到设计要求。

249. 强夯置换如何检验评定?

答: 强夯置换一般分为片石墩、片石垫层和粒料垫层等分项工程,检验评定时可按以下要求进行:

(1)应符合下列基本要求:

①置换材料应采用级配好的片石、碎石、矿渣等坚硬的粗颗粒材料,粒径宜不大于夯锤底面直径的0.2倍,含泥量宜不大于10%,粒径大于300mm的颗粒含量宜不大于总质量的30%。

②应采取隔振、防震措施消除强夯对邻近建筑物的有害影响。

(2)片石墩、片石垫层和粒料垫层实测项目应符合表3.8~表3.10的规定。

片石墩实测项目 表3.8

项次	检 查 项 目	规定值或允许偏差	检查方法和频率
1△	数量(根)	满足设计要求	目测计数
2	有效墩径(m)	≥设计值	尺量:抽查2%且不少于5点
3△	墩长(m)	≥设计值	查施工记录
4	墩间距(m)	±0.2	尺量:抽查2%且不少于5点
5	最后两击平均夯沉量(cm)	≤设计值	查施工记录
6△	夯击能(kN·m)	≥设计值	查施工记录
7	单点夯击次数		查施工记录
8	单墩荷载	满足设计要求	动力触探:墩点数1%且不少于3点

片石垫层实测项目 表3.9

项次	检 查 项 目	规定值或允许偏差	检查方法和频率
1△	处理厚度(cm)	满足设计要求	尺量:每200m测2点,且不少于5点
2	处理宽度(mm)	≥设计值	尺量:每200m测2点,且不少于5点
3△	夯击能(kN·m)	≥设计值	查施工记录
4	单点夯击次数	满足设计要求	查施工记录
5	锤印搭接(mm)	≤设计值	尺量:抽查2%且不少于5点

粒料垫层实测项目 表3.10

项次	检查项目	规定值或允许偏差	检查方法和频率
1△	沉降差(mm)	≤2	精密水准仪:每50m测1个断面,每个断面测5点
2	纵断高程(mm)	+10,-20	尺量:抽查3个断面
3△	中线偏位(mm)	50	查施工记录
4	宽度(mm)	≥设计值	尺量:抽查3个断面
5	压实厚度(mm)	符合设计要求	尺量:抽查2%且不少于5点
6	平整度(mm)	20	3m直尺:每200m测2处×5尺

250. 主动防护系统如何检验评定?

答: 边坡主动防护系统一般分为锚杆、支撑绳安装、网片安装等分项工程,锚杆检验评定按土建标准第6.6节的规定执行,支撑绳和网片安装检验评定时可按以下要求进行:

(1)支撑绳安装

①应符合下列基本要求:

a. 钢丝绳强度和抗错动抗脱落锁卡应符合设计要求。

b. 横向支撑绳应与锚杆外露环套逐个连接固定,安装后应拉紧,使其紧贴坡面。

c. 安装完毕后,应检查钢绳网与山体之间贴合是否紧密,局部与岩体间隙过大时,应在相应部位增设锚杆。

②实测项目应符合表3.11的规定。

支撑绳安装实测项目 表3.11

项次	检查项目	规定值或允许偏差	检查方法和频率
1△	支撑绳直径(mm)	满足设计要求	游标卡尺:每900m²检测6处
2	支撑绳穿套方式	满足设计要求	目测:每900m²检测6处
3	支撑绳张拉	满足设计要求	目测:每900m²检测6处
4	绳卡数量(个)	满足设计要求	目测:每900m²检测6处

③外观质量应符合下列规定:

a. 防护区域无浮石。

b. 绳卡处无松动现象。

(2)网片安装

①应符合下列基本要求:

a.编织格栅网的钢丝应满足现行《网围栏用镀锌钢丝》(YB/T 4026)或《一般用途低碳钢丝》(YB/T 5294)的要求。

b.挂网应从上向下进行,并应保证网间的重叠宽度和缝合满足要求。柔性防护网分两层时,应先挂小孔径网,后挂大孔径网。

c.缝合应从上向下进行,缝合应牢固,缝合绳应与网绳固定连接。

②实测项目应符合表3.12的规定。

网片安装实测项目　　　　　表3.12

项次	检查项目	规定值或允许偏差	检查方法和频率
1△	缝合绳缠绕方式	满足设计要求	目测;每900m² 检测6处
2	缝合绳固定	满足设计要求	目测;每900m² 检测6处
3	缝合绳张拉	满足设计要求	目测;每900m² 检测6处
4	格栅网搭接宽度(mm)	满足设计要求	尺量;每900m² 检测6处
5	格栅与钢绳网扎结数量(个/m²)	≥4	目测;每900m² 检测6处

③外观质量应符合下列规定:

a.防护区域无浮石。

b.绳卡处无松动现象。

251.被动防护系统如何检验评定?

答:边坡被动防护系统一般分为锚杆、钢柱基础、钢柱及基座安装、拉锚绳安装、支撑绳安装、网片安装等分项工程,锚杆检验评定按土建标准第6.6节的规定执行,其他分项工程检验评定时可按以下要求进行:

(1)钢柱基础

①应符合下列基本要求:

a.所用的水泥、砂、石、水、外掺剂及混合材料的质量和规格必须符合有关规范的要求,按规定的配合比施工。

b.不得出现空洞。

c.基础应准确放样。

d.严禁超挖回填虚土。

②实测项目应符合表3.13的规定。

钢柱基础实测项目 表 3.13

项次	检 查 项 目	规定值或允许偏差	检查方法和频率
1△	混凝土强度(MPa)	在合格标准内	每台班 2 组试件
2	基座间距(mm)	满足设计要求	尺量:每跨测 1 处
3	平面尺寸(mm)	≥设计值	尺量:长宽各测 1 处
4	基坑深度(mm)	≥设计值	尺量:每边各测 1 处
5	轴线偏差(°)	≤15	量角器量:每基础测 1 次
6	预埋件偏位(mm)	≤100	尺量:长宽各测 2 处

③外观质量应符合下列规定:

混凝土表面平整无明显施工接缝。

(2)钢柱及基座安装

①应符合下列基本要求:

a. 钢材的品种规格、化学成分及力学性能必须符合设计和有关技术规范的要求,具有完整的出厂质量合格证明,应进行防腐处理。

b. 钢柱安置位置、角度应满足设计要求。

②实测项目应符合表 3.14 的规定。

钢柱及基座安装实测项目 表 3.14

项次	检 查 项 目	规定值或允许偏差	检查方法和频率
1	钢柱倾角(°)	≤5	量角器量:每钢柱测 1 次
2	基座轴线偏差(°)	≤10	量角器量:每基础测 1 次
3	预埋件位置偏位(mm)	≤100	尺量:长宽各测 2 处

③外观质量应符合下列规定:

钢材表面不得有凹陷、划痕、焊疤、电弧擦伤等缺陷,外露边缘应无毛刺。

(3)拉锚绳安装

①应符合下列基本要求:

a. 钢丝绳强度和绳卡应符合设计要求。

b. 横向拉锚绳应与锚杆外露环套逐个连接固定。

②实测项目应符合表 3.15 的规定。

拉锚绳安装实测项目　　　　　　　　　　　　　　表 3.15

项次	检 查 项 目	规定值或允许偏差	检查方法和频率
1△	拉锚绳直径(mm)	满足设计要求	游标卡尺:每根测 1 处
2	拉锚绳栓套位置	满足设计要求	目测:逐一检查
3	减压环数量(个)	满足设计要求	目测:逐一检查
4	拉锚绳绳卡数量(个)	满足设计要求	目测:逐一检查

③外观质量应符合下列规定:绳卡处无松动现象。

(4)支撑绳安装

①应符合下列基本要求:

a.钢丝绳强度和绳卡应符合设计要求。

b.支撑绳安置完成后应用绳卡等附件固定牢固,侧拉索的安设应在上拉绳安装好后进行。下支撑绳应紧贴地面,无缝隙。

②实测项目应符合表 3.16 的规定。

支撑绳安装实测项目　　　　　　　　　　　　　　表 3.16

项次	检 查 项 目	规定值或允许偏差	检查方法和频率
1△	支撑绳直径(mm)	满足设计要求	尺量:每根测 1 处
2	支撑绳下垂度	≤跨距的3%	尺量:每跨测 1 处
3	减压环数量(个)	满足设计要求	目测:每跨检查
4	支撑绳绳卡数量(个)	满足设计要求	目测:每900m²抽检6处

③外观质量应符合绳卡处无松动现象的规定。

(5)网片安装

①应符合下列基本要求:

a.编织格栅网的钢丝应满足现行《网围栏用镀锌钢丝》(YB/T 4026)或《一般用途低碳钢丝》(YB/T 5294)的要求。

b.柔性网挂好后应用缝合绳固定,网底边应紧贴地面,无缝隙。

②实测项目应符合表 3.17 的规定。

网片安装实测项目　　　　　　　　　　　　　　表 3.17

项次	检 查 项 目	规定值或允许偏差	检查方法和频率
1△	缝合绳缠绕方式	满足设计要求	目测:每900m²检查6处
2	缝合绳固定	满足设计要求	目测:每900m²检测6处

续上表

项次	检 查 项 目	规定值或允许偏差	检查方法和频率
3	缝合绳张拉	满足设计要求	目测:每900m² 检测6处
4	格栅网搭接宽度(mm)	满足设计要求	尺量:每900m² 检测6处
5	格栅与钢绳网扎结数量(个/m²)	≥4	目测:每900m² 检测6处

③外观质量应符合下列规定:

a.防护区域无浮石。

b.绳卡处无松动现象。

252.生态护坡如何检验评定?

答:生态护坡一般分为锚杆、三维网安装和喷播绿化分项,锚杆和喷播绿化的检验评定应分别按土建标准第6.6节和12.5节的规定执行,三维网安装检验评定时可按以下要求进行:

(1)三维网安装应符合下列基本要求:

①三维网应符合现行《一般用途低碳钢丝》(YB/T 5294)的要求。

②网片的搭接应符合设计要求。

(2)实测项目应符合表3.18的规定。

网片安装实测项目　　　　表3.18

项次	检 查 项 目	规定值或允许偏差	检查方法和频率
1	镀锌重量(g/m²)	符合YB/T 5294的要求	查检验报告
2	网孔尺寸(mm)	≤300×300	尺量:每100m² 检查3个网眼
3	网搭接尺寸(mm)	≥100,极值≥50	尺量:每100m² 检查5处
4	坡顶网延伸长度(mm)	≥100	尺量:沿路线长度每100m检查5处

(3)外观质量应符合下列规定:

①防护区域无浮石。

②网片搭接处接头相互弯钩相接。

253.拱形骨架护坡如何检验评定?

答:拱形骨架护坡一般分为混凝土小型构件预制、混凝土基础、坡面防护、植草等分项工程,混凝土小型构件预制和混凝土基础的检验评定分别按土建标准

第8.5节和8.12.8条的规定执行,坡面防护、植草检验评定时可按以下要求进行:

(1)坡面防护

①应符合下列基本要求:

a.所用的水泥、砂、石、水和外掺剂的质量和规格必须符合有关规范的要求,按规定的配合比施工。

b.勾缝砂浆强度不得小于浆砌砂浆强度。

c.坡面下端基础埋置深度应满足设计要求。

d.护面下填土密实度应满足设计要求,对坡面刷坡整平后方可铺砌。

e.砌块应相互错缝、咬扣紧密,嵌缝饱满密实。

f.应按设计要求设置伸缩装置。

②实测项目应符合表3.19的规定。

坡面防护实测项目 表3.19

项次	检查项目	规定值或允许偏差	检查方法和频率
1△	砂浆强度(MPa)	在合格标准内	每工作班应制取不少于1组试块
2△	现浇面混凝土强度(MPa)	在合格标准内	每工作班应制取不少于2组试块
3	顶面高程(mm)	±30	水准仪:长度不大于30m时测5点,每增加10m增加1点
4	表面平整度(mm)	≤25	2m直尺:每处纵、横向各1尺
5	坡度	≤设计值	坡度尺:长度不大于30m时测5处,每增加10m增加1处
6△	厚度(mm)	≥设计值	尺量:长度不大于50m时测10个断面,每增加10m增加1个断面
7	框格间距(mm)	±150	尺量:抽查10%

③外观质量应符合下列规定:

a.浆砌缝开裂、勾缝不密实和脱落的累计换算面积不得超过该面面积的1.5%,且单个最大换算面积不应大于$0.08m^2$;换算面积按缺陷缝长度乘以0.1m计算。

b.框格不得与坡面脱空。

c.坡面不得出现塌陷、外鼓变形。

(2)植草

①应符合下列基本要求:

a. 草本地被种植的施工工艺、品种、栽植株行距应满足设计要求。
b. 种植穴的放样、密度应满足设计要求。
②实测项目应符合表 3.20 的规定。

植 草 实 测 项 目　　　　　　　　　　　表 3.20

项次	检 查 项 目	规定值或允许偏差	检查方法和频率
1	植草面积(m²)	符合设计要求	尺量或无人机航拍测量:每一级边坡检测
2	株距(mm)	符合设计要求	尺量:每拱架不少于 1 处
3△	成活率(%)	≥95	目测或无人机航拍测量:每一级边坡检测

③外观质量应满足不得出现连续空秃现象的要求。

254. 系梁如何检验评定？

答:通常将桩基系梁称为"地系梁",墩柱间系梁称为"中系梁"。地系梁属于桩基础,而中系梁属于下部构造,且二者施工工艺也不同,因此二者应分别划分为一个分项工程,并参照土建标准中"承台"的要求进行检验、评定。

255. 桥墩劲性骨架如何检验评定？

答:部分桥梁高墩设计有劲性骨架,进行检验评定时可按以下要求进行:
(1)按劲性骨架制作和安装两个分项检验评定。
(2)劲性骨架制作
①应符合下列基本要求:
a. 骨架应采用满足设计要求的钢材和焊接材料,按设计要求的线形加工,并应进行试拼装。
b. 杆件在施工中,不应出现开裂或局部构件失稳。
②实测项目应符合表 3.21 的规定。

劲性骨架制作实测项目　　　　　　　　表 3.21

项次	检 查 项 目	规定值或允许偏差	检查方法和频率
1	杆件截面尺寸(mm)	不小于设计值	尺量:每件测 2 端
2	骨架长、宽(mm)	±10	尺量:每段测 3 个断面
3△	直线度偏差(mm)	≤5	拉线、尺量:每段测 3 处
4	每段高度(mm)	+10,-10	尺量:每段测两侧内弧
5△	焊缝探伤	满足设计要求	超声法:检查全部

③外观质量应符合下列规定:

a.骨架应无异常变形,其线形无异常弯折。

b.焊缝应无裂纹、焊瘤、夹渣、电弧擦伤、未焊透、未填满弧坑及设计不允许出现的外观缺陷。

(3)劲性骨架安装

①应符合下列基本要求:

a.吊装骨架应平衡下落,减少骨架变形,浇筑前应校核骨架,进行必要的调整。

b.应分层、对称地浇筑混凝土,浇筑顺序满足设计要求。

c.浇筑混凝土过程中骨架应稳定。

②实测项目应符合表3.22的规定。

劲性骨架安装实测项目　　　　表3.22

项次	检查项目		规定值或允许偏差	检查方法和频率
1	轴线偏位(mm)		≤15	全站仪;每骨架测5处
2	高程(mm)		±10	水准仪;测骨架顶
3△	对称点相对高差(mm)	允许	≤10	水准仪;测各接头点
		极值	允许偏差的2倍	
4△	焊缝探伤		满足设计要求	超声法;检查全部

③外观质量应符合下列规定:

a.骨架应无异常变形,其线形无异常弯折。

b.焊缝应无裂纹、焊瘤、夹渣、电弧擦伤、未焊透、未填满弧坑及设计不允许出现的外观缺陷。

256.桥台耳背墙、挡土板应如何检验评定?

答:检查项目一般为混凝土强度和几何尺寸,检查数据并入台帽分项进行评定。分项评定前混凝土强度需评定合格。

257.上部构造预制和安装中的现浇构件应如何检验评定?

答:现浇端横梁、现浇中横梁、现浇湿接缝、现浇铰缝等现浇构件一般划分钢筋加工及安装、模板安装和混凝土浇筑三道工序,按每工作班报验,混凝土检查强度和几何尺寸,按钢筋加工及安装和混凝土两个分项评定。

258. 隧道锚杆拔力如何检验评定?

答:锚杆插入孔内的长度不得短于设计长度的95%,并应保证孔底预留 8～10cm 的孔深,以保证锚杆在孔底的浆液保护层厚;注浆完成后由监理随机选定试验锚杆并予以标记,待砂浆达到28d 龄期,即可实施锚杆抗拔力试验。每一分项应按该分项锚杆总数的1%且不少于3根的频率进行检验。拔力平均值应大于等于设计值,最小值≥0.9倍设计值。浆液强度应按批次评定合格。锚杆拔力检测须在安装防水板工序之前进行,要避免检测日期方面出现冲突。

259. 隧道工程电缆沟如何检验评定?

答:隧道工程电缆沟可参照土建标准中浆砌排水沟的要求进行检验评定,现场实测强度、轴向偏位、沟底高程、墙面顺直度和断面尺寸等检验项目;电缆沟盖板预制应按照混凝土小型预制构件的规定进行检验评定。

260. 隧道开挖时的临时支撑是否评定?

答:临时支撑的检验数据不参与评定,但应将相关工序检验资料存档。分项评定只针对最终形成的工程实体,对施工过程中采用的工艺措施不进行评定。

261. 路面联结层如何检验评定?

答:路面联结层指透层、黏层和封层。联结层是路面使用质量的保证,必须经检验合格后,方能进行下道工序的施工。三者的基本要求参照土建标准中沥青表面处置层执行,透层检验项目应至少包括透入深度、沥青用量和宽度,黏层检验项目应至少包括沥青用量和宽度,封层检验项目应至少包括厚度、渗水系数、沥青用量和宽度。粒料基层完工后应及时洒布透层油并铺筑封层,透层油透入深度应不小于5mm,无机结合料稳定材料基层透层油透入深度宜不小于3mm。

262. 沥青混凝土面层分层施工时如何检验评定?

答:沥青混凝土面层分层施工时,各层的质量检验项目因使用功能的要求不同而有所不同。上面层应按土建标准中沥青混凝土面层和沥青碎(砾)石面层的规定进行检验和评定,其中高等级公路的"厚度"应钻取芯样至整个面层的全厚度,对总厚度和上面层厚度分别检验和评定;上面层以下各面层的渗水系数、摩擦系数、构造深度可不检查;分项评定可采用上面层数据进行,同时中、下面层质量应符合要求且质量保证资料必须齐全完整。

263. 采空区处治如何检验评定?

答:采空区处治可按以下要求进行检验评定:

(1)注浆法

①应符合下列基本要求:

a. 所用的水泥、粉煤灰、水、外掺剂及浆体的质量和规格必须符合设计要求,按规定的配合比施工。

b. 钻机施工前,应对动力系统、升降系统、钻塔各部位进行检查,搅拌系统、注浆设备及机具等应定期检测和维修。

c. 压力表应进行检查和标定,严禁使用不合格的压力表。

②路基工程和桥隧工程区域注浆法处治采空区实测项目应分别符合表3.23、表3.24的规定。

路基工程注浆法处治采空区实测项目　　　　　　表3.23

项次	检查项目	规定值或允许偏差	检查方法和频率
1△	结石体无侧限抗压强度(MPa)	≥0.6	钻探:2%的孔数
2	横波波速(m/s)	>250	孔内波速测井:每200~300m应布设1个检测孔,每米1个检测点

桥隧工程注浆法处治采空区实测项目　　　　　　表3.24

项次	检查项目	规定值或允许偏差	检查方法和频率
1△	结石体无侧限抗压强度(MPa)	≥2.0	钻探:隧道每50~100m,桥梁逐墩台
2	横波波速(m/s)	>250	孔内波速测井:桥梁每墩台1个检测孔,隧道每50~100m 1个检测孔,且检测孔总数不得少于注浆孔总数的2%,每米1个检测点
3	注浆量(L/min)	<50,注浆持续时间15~20min,终孔压力2~3MPa	每检测孔

续上表

项次	检查项目	规定值或允许偏差	检查方法和频率
4	倾斜值 i(mm/m)	<3.0	变形观测;注浆结束6个月后
	水平变形值 ε(mm/m)	<2.0	
	曲率值 K(mm/m²)	<0.20	

③外观质量应符合下列规定:

a. 采空区冒落段岩芯采取率大于或等于90%。

b. 浆液结石体明显,钻进过程中循环液无漏失。

(2)干(浆)砌支撑法

①应符合下列基本要求:

a. 石料应均匀、不易风化、无裂纹,石料规格、强度应符合设计要求。

b. 砌筑所用砂浆的类别和强度等级应符合设计规定,水泥、砂、水等材料的质量标准应符合混凝土工程相应材料的质量标准。

c. 砌石砌块在使用前必须浇水湿润,表面如有泥土、水锈,应清洗干净。

②实测项目应符合表3.25的规定。

砌体处治采空区实测项目　　　　　表3.25

项次	检查项目		规定值或允许偏差	检查方法和频率
1△	砂浆强度(MPa)		不小于设计值	每一工作台班2组试件
2	平面位置(mm)		50	每20m检查外边线5点
3	断面尺寸(mm)		不小于设计值	尺量:每20m检查4个断面
4	表面平整度(mm)	片石	20	直尺:每20m检查5处,每处检查竖直和墙长两个方向
		块石	30	

③外观质量应符合下列规定:

a. 浆砌缝开裂、勾缝不密实和脱落的累计换算面积不得超过该面面积的1.5%,且单个最大换算面积不应大于0.08m²。换算面积应按缺陷缝长度乘以0.1m计算。

b. 砌体不得出现塌陷、外鼓变形。

(3)开挖回填法

①应符合下列基本要求:

a. 回填材料应选用级配较好的砾类土、砂类土等粗粒土,填料最大粒径应小于150mm。

b. 泥炭、淤泥、冻土、强膨胀土、有机质土及易溶盐超过允许含量的土,不得直接用于填筑路基。

c.当采用细粒土填筑时,路堤填料最小强度,高速、一级公路不小于3MPa,其他公路不小于2MPa。

d.分层填筑压实,每层表面平整,路拱合适,排水良好,不得有明显碾压轮迹。

e.在设定取土区内合理取土,不得滥开滥挖。完工后应按要求对取土坑和弃土场进行修整。

②土方回填和石方回填实测项目应分别符合表3.26、表3.27的规定。

土方回填处治采空区实测项目　　　　　　　表3.26

项次	检查项目	规定值或允许偏差			检查方法和频率
		高速一级	其他公路		
			二级公路	三、四级	
1△	压实度(%)	93	92	90	每500m²检验1点
2	处治长度(mm)	满足设计要求			尺量:不少于2处
3	处治宽度(mm)	满足设计要求			尺量:每50m测1处
4	平整度(mm)	≤15	≤20		3m直尺:每50m测1处×5尺
5	横坡(%)	±0.3	±0.5		水准仪:每50m测1个断面
6	边坡	满足设计要求			每50m测1处

石方回填处治采空区实测项目　　　　　　　表3.27

项次	检查项目		规定值或允许偏差		检查方法和频率
			高速一级	其他公路	
1△	孔隙率(%)	硬质岩	≤25		密度法:每500m²检验1点
		中硬岩	≤24		
		软质岩	≤22		
2	层厚(mm)	硬质岩	≤600		尺量:每50m测1个断面×3点
		中硬岩	≤500		
		软质岩	≤400		
3	处治长度(mm)		满足设计要求		尺量:不少于2处
4	处治宽度(mm)		满足设计要求		尺量:每50m测1处
5	平整度(mm)		≤20	≤30	3m直尺:每50m测1处×5尺
6	横坡(%)		±0.3	±0.5	水准仪:每50m测1个断面
7	边坡		满足设计要求		每50m测1处

③外观质量应符合表面无深度超过100mm冲沟的规定。

(4)巷道加固法,参照隧道工程的检验评定标准进行检验评定。

(5)强夯法,施工时应进行夯击次数、夯沉量、隆起量、孔隙水压力等项目的监测,施工结束30d后测量地基的夯后承载能力是否达到设计要求。

(6)跨越法,参照桥梁工程的检验评定标准进行检验评定。

264.钢结构焊接工艺评定文件包括哪些内容?

答:钢结构焊接工艺评定文件包括焊接工艺评定报告、焊接工艺评定指导书、焊接工艺评定记录表、焊接工艺评定检验结果表及检验报告,应报建设单位和监理单位审查备案。焊接工艺评定文件格式参见附录J。

265.钢结构焊接工艺评定报告包括哪些内容?

答:开工前项目经理部需编制钢结构焊接工艺评定报告,主要包括下列内容:

(1)母材和焊接材料的牌号、规格、化学成分和力学性能等。

(2)试板图。

(3)试件的焊接条件、施焊日期、工艺参数。

(4)焊缝外观和无损检验结果。

(5)力学性能试验及宏观断面酸蚀试验结果。

(6)结论及评定人员签字。

其中:

①母材和焊接材料的牌号、规格、化学成分和力学性能等的质量证明文件由厂家提供,由施工单位委托检测机构进行抽样检验,检验合格后报监理机构试验工程师审查、总监审批(料源审查)。

②焊缝无损检验报告、力学性能试验及宏观断面酸蚀试验报告由具备检测资质的机构出具,报监理机构试验工程师审批。

③试板图和试件的焊接条件、工艺参数由具备资质的焊接技术人员编制,焊接技术负责人审查。

④各类检验检测报告经试验监理工程师认可,焊接工艺评定报告经施工单位技术负责人审批后,项目经理部将其送监理单位和建设单位备案一份。

266. 钢结构焊接工程相关人员的资格应如何报审？

答：合同段工程包括钢结构的，项目经理部应在施工准备阶段就焊接工程相关人员的职业资格向监理工程师报审，未经审批不得进场作业。钢结构焊接工程相关人员的资格应符合下列规定：

(1)焊接技术人员应接受过专门的焊接技术培训，且有一年以上焊接生产或施工实践经验。

(2)焊接技术负责人除应满足(1)款规定外，还应具有中级以上技术职称，承担焊接难度等级为 C 级和 D 级焊接工程的施工单位，其焊接技术负责人应具有高级技术职称。

(3)焊接检验人员应接受过专门的技术培训，有一定的焊接实践经验和技术水平，并具有检验人员上岗资格证。

(4)无损检测人员必须由专业机构考核合格，其资格证应在有效期内，并按考核合格项目及权限从事无损检测和审核工作，承担焊接难度等级为 C 级和 D 级焊接工程的无损检测审核人员应具备现行《无损检测人员资格鉴定与认证》(GB/T 9445)中的 3 级资格要求。

(5)焊工应按所从事钢结构的钢材种类、焊接节点形式、焊接方法、焊接位置等要求进行技术资格考试，并取得相应的资格证书，其施焊范围不得超越资格证书的规定。

(6)焊接热处理人员应具备相应的专业技术。用电加热设备加热时，其操作人员应经过专业培训。

267. 土方路基(软质石料土石路堤)压实度如何判定合格？

答：土方路基(软质石料土石路堤)压实度需分层检测，填土路堤和下路床每一压实层的检测频率是 1000m² 不少于 2 处，上路床每双车道每 200m 每压实层测 2 处压实度。压实度应逐层进行合格判定：

(1)单个测定值不得小于极值(规定值减 5 个百分点)。

(2)当样本数小于 10 时，按数理统计的一定保证率时的系数可能偏大，分层压实质量控制应要求全部符合要求，且实际样本数不小于 6 个。

(3)样本数≥10 时，采用数理统计方法进行判定，代表值 $K = $ 平均值 $\bar{k} - t_\alpha \sqrt{n}$ ≥标准值 K_0，且单点压实度 K_i 全部大于或等于规定值减 2 个百分点，压实度合格率为 100%，当 $K \geq K_0$ 且单点压实度 K_i 全部大于或等于规定极值时按测定值不低于规定值减 2 个百分点的测点数计算合格率,合格率≥95% 为合格,$K < K_0$ 或存在极值时该路压实度不合格。$t_\alpha \sqrt{n}$ 的取值见附录 K。

(4)当监理按规定频率完成压实度的抽检但数据个数不能满足评定要求时,可以采用经监理确认的施工自检数据一并进行计算、判定。当抽检样本数少于 10 个时,抽检结果和自检结果均不小于设计规定值,则判定该层压实度合格。

(5)分项评定时压实度指标可只按上路床的检查数据进行判定。

268. 台背、下挡墙墙背回填压实度应如何判定合格?

答:台背回填压实度每层测 2 处,墙背回填每 50m 每层测 1 处。由于路基施工技术规范指出,"回填部分的路床宜与路堤路床同步填筑",所以台背、墙背路床范围的压实度宜与路堤路床一并计算、判定,判定结果由两个分项共用。

269. 底基层、基层压实度应如何判定合格?

答:底基层和基层双车道每 200m 测 2 处压实度,采用数理统计方法进行评定。代表值 $K = $ 平均值 $\bar{k} - t_\alpha S \sqrt{n} \geq$ 标准值 K_0,且单点压实度全部大于或等于规定值减 2 个百分点时,评定路的压实度合格率为 100%;当 $K \geq K_0$ 且单点压实度 K_i 全部大于或等于规定极值时,按测定值不低于规定值减 2 个百分点的测点数计算合格率,合格率≥95% 为合格。$K < K_0$ 或某一单点压实度 K_i 小于规定极值时,该评定路压实度为不合格。极值为规定值减 4 个百分点。

270. 沥青面层压实度应如何判定合格?

答:土建标准规定,沥青面层双车道每 200m 测 1 点压实度,采用核子(无核)密度仪每 200m 测 1 处,每处 5 点取其平均值。但《公路路基路面现场测试规程》(JTG 3450—2019)规定,无核密度仪测试结果不宜用于评定验收,而使用核子密度仪测沥青混合料压实度时,一组测值不应少于 13 点,取平均值作为该段落的压实结果。因此现场如采用核子密度仪,应执行《公路路基路面现场测试规程》(JTG 3450—2019)的规定。压实度应采用数理统计方法计算、判定是否合格。当 $K \geq K_0$ 且全部测点大于或等于规定值减 1 个百分点时,压实度合格率为 100%;当 $K \geq K_0$ 时,按测定值不低于规定值减 1 个百分点的测点数计算合格率,合格率≥95% 为合格。$K < K_0$ 时,压实度不合格。

271. 弯沉应如何判定合格？

答：弯沉检测时每一双车道评定路段不超过1km，落锤式弯沉仪测点数不少于40个，自动弯沉仪或贝克曼梁测点数不少于80个，多车道公路应按车道数与双车道之比相应增加测点。合格评定方法如下：

(1) 路基、沥青路面弯沉代表值 $l_r = (\bar{l} + \beta \cdot S) K_1 K_3 \leqslant$ 设计值 l 时，弯沉判定合格。

(2) 粒料类底基层和基层顶面弯沉代表值 $l_r = \bar{l} + Z_\alpha S \leqslant$ 设计值 l 时，弯沉判定合格。

(3) 二级及二级以下公路，当路基、粒料类底基层和基层的弯沉代表值不符合要求时，可将超出**平均值** $\bar{l} + (2\sim3)S$ 的弯沉特异值舍弃，对舍弃的弯沉值大于**平均值** $\bar{l} + (2\sim3)S$ 的点，应找出其周围界限，进行局部处理，并对弯沉进行复测后重新计算平均值和标准差。高速公路、一级公路不得舍弃特异值。

272. 路面结构层厚度应如何判定合格？

答：水泥混凝土面层、沥青贯入式面层、沥青表面处置面层和底基层、基层的厚度每一双车道200m测2点，沥青混凝土和沥青碎石面层厚度每一双车道200m测1点。合格判定方法如下：

(1) 当厚度代表值 $X_L = \bar{X} - t_\alpha/\sqrt{n} \cdot S \geqslant$ 设计厚度减去代表值允许偏差时，则按单个检查值的偏差不超过单点合格值来计算合格率；当厚度代表值<设计厚度减去代表值允许偏差时，厚度不合格。

(2) 沥青面层宜按沥青铺筑层总厚度进行计算、判定，高速公路和一级公路分2~3层铺筑时，还应进行上面层厚度的计算、判定。

273. 水泥混凝土弯拉强度应如何判定合格？

答：水泥混凝土弯拉强度，高速公路和一级公路，双车道每工作班日进度<500m取2组试件，≥500m取3组，≥1000m取4组；其他公路每工作班日进度<500m取1组试件，≥500m取2组，≥1000m取3组。每组3个试件的平均值作为一个统计数据。合格判定方法如下：

(1) 试件组数大于10组时，平均弯拉强度合格判断式应符合下列规定：

$$f_{cs} \geqslant f_r + K\sigma \qquad f_{cs} \geqslant f_r + K\sigma$$

(2)当试件组数大于或等于 20 组时高速公路和一级公路均不得小于 $0.85f_r$,其他公路允许有一组最小弯拉强度小于 $0.85f_r$,但不得小于 $0.80f_r$。

(3)当试件组数为 11~19 组时,允许有一组最小弯拉强度小于 $0.85f_r$,但不得小于 $0.80f_r$。

(4)试件组数小于或等于 10 组时,试件平均强度不得小于 $1.15f_r$,任一组强度均不得小于 $0.85f_r$。

(5)实测弯拉强度统计变异系数 C_v 值应符合设计要求。

(6)当标准小梁合格判定平均弯拉强度 f_{cs}、最小弯拉强度 f_{min} 和统计变异系数 C_v 值中有一个不符合上述要求时,应在不合格路每车道每 1km 钻取 3 个以上 $\phi150mm$ 的芯样,实测劈裂强度,通过各自工程的经验统计公式换算弯拉强度,其合格判定平均弯拉强度 f_{cs} 和最小值 f_{min} 必须合格;否则,应返工重铺。

274. 水泥混凝土抗压强度应如何判定合格?

答:水泥混凝土抗压强度按应组成验收批计算、判定:

(1)同批梁可以每孔或每 2、3 孔作为一批,对中小跨径桥的桩、盖梁,可以数孔作为一批。每批的混凝土试件组数也不宜太多,一般不超过 80~100 组。时间范围以不超过 3 个月,且日平均气温差小于 15℃ 为宜。

(2)抗压强度应尽可能采用数理统计计算方法。只要强度相同,龄期相同,材料来源、生产工艺条件和配合比相同,都应采用数理统计计算方法,以求能较真实地反映实际情况。

(3)试件组数≥10 组时,应以数理统计方法评定,并满足下述条件:

$$m_{f_{cu}} \geq f_{cu,k} + \lambda_1 S_n \qquad f_{cu,min} \geq \lambda_2 f_{cu,k}$$

(4)同批试件组数<10 组时,可用非数理统计方法评定,并满足下述条件:

$$m_{f_{cu}} \geq \lambda_3 f_{cu,k} \qquad f_{cu,min} \geq \lambda_4 f_{cu,k}$$

275. 喷射混凝土抗压强度应如何判定合格?

答:喷射混凝土抗压强度按以下方法评定:

(1)单洞两车道或三车道隧道每 10 延米,应至少在拱部和边墙各取 1 组(3 个)试件。其他工程,每喷射 50~100m³,混合料或小于 50m³ 混合料的独立工程,不得少于 1 组。材料或配合比变更时应制取新试件。

(2)当同批试件组数 $n \geq 10$ 时,试件抗压强度平均值不低于设计值,任一组试件抗压强度不低于0.85倍的设计值。当同批试件组数 $n<10$ 时,试件抗压强度平均值不低于1.05倍的设计值,任一组试件抗压强度不低于0.9倍的设计值。

276. 底基层、基层分层施工时厚度怎么评定?

答:路面基层(底基层)设计厚度超过30cm时,分作两层施工,厚度应按总厚度进行检验和评定。

277. 分项工程质量评定表如何编制?

答:施工单位应按以下要求编制分项工程质量评定表:

(1)分项工程评定前,关键项目如压实度、弯沉、强度等应经计算判定是否合格。

(2)工程名称和编号应与经监理审核的工程划分表中的工程名称、编号保持一致。

(3)基本要求,应对照检评标准所规定的基本要求和实际施工情况,逐条填写检查结果,且第一条应填写原材料、半成品、成品和设备、配件的检验报告编号;不得出现"宜、应该、不得"之类的词语,此处应是对施工过程和成品检验的如实描述,而不是提出要求;"基本要求"的内容应与设计和实际施工情况相符。

(4)检查项目不得随意减少,除非设计本身就没有该项目。

(5)规定值或允许偏差:对于间距、几何尺寸等检测项目,应填写设计值和允许偏差的具体数值,对于多个设计值的,可有代表性地填写1~2个数值;对于桩位、中线偏位、平整度等指标只填写允许偏差值;对于检评标准中规定的"不小于设计""满足设计要求"等,应按图纸填写具体设计值,例如"≮1500"或"不小于1500";压实度一般填写规定值,如"96";强度一般填写设计强度值,如"30""40"。

(6)实测值或实测偏差值:对于压实度、强度、结构层厚度、弯沉等指标,一般填写"见××号××统计判定表"或"见××号××检测报告";其他项目一般填写"检查×点,合格×点",点数应与该分项工程检验表中实测数据的数量相吻合。特别注意,无侧限抗压强度直接填写每组的试验结果且不再取平均值。

(7)对存在平均值、代表值的检查项目,应填写统计判定表或检测报告中的计算结果。结构尺寸不需填写平均值、代表值。

(8)计算合格率时小数点后应保留1位数。

(9)合格判定和质量等级应填写"合格"或"不合格"。关键项目的合格率应不低于95%(机电工程为100%),否则该检查项目为不合格;一般项目的合格率应不低于80%,否则该检查项目为不合格;有规定极值的检查项目,任一单个检测值不应突破规定极值,否则该检查项目为不合格。

(10)外观质量,应根据专项检查表的记录填写检查结果。

(11)质量保证资料,应针对质量保证资料是否真实、准确、齐全、完整作出评价,指出存在的问题。

278. 分项工程质量评定表中平均值、代表值如何填写?

答: 施工单位应按表3.28所列公式计算,将结果填入分项工程质量评定表平均值、代表值相应栏目。

检测指标平均值、代表值一览表　　　　　表3.28

序号	项目	平均值	代表值	备注	对应标准页码
1	压实度	$\bar{k}$	$\bar{k}-\dfrac{t_\alpha}{\sqrt{n}}S$	路面、路基样本数≥10	JTG F80/1—2017,P146
		$\bar{k}$	—	6≤路基样本数<10	
2	水泥混凝土弯拉强度	$\bar{f}_c$	—		JTG F80/1—2017,P148
3	水泥混凝土强度	$m_{f_{cu}}$	$f_{cu,k}+\lambda_1 S_n$	组数≥10	JTG F80/1—2017,P150
		$m_{f_{cu}}$	—	组数<10	
4	喷射混凝土强度	$m_{f_{cu}}$	—		JTG F80/1—2017,P152
5	水泥砂浆强度	f_2	—		GB 5003—2011,P112
6	结构层厚度	$\bar{X}$	$\bar{X}-\dfrac{t_\alpha}{\sqrt{n}}S$		JTG F80/1—2017,P155
7	弯沉值	$\bar{l}$	$(\bar{l}+\beta\cdot S)K_1 K_3$	路基、沥青路面	JTG F80/1—2017,P156
			$\bar{l}+Z_\alpha S$	粒料类基层、底基层	JTG F80/1—2017,P157
8	路面横向力系数	$\overline{SFC}$	$\overline{SFC}-\dfrac{t_\alpha}{\sqrt{n}}S$		JTG F80/1—2017,P161
9	水泥基浆体抗压强度	$\bar{R}_c$	—		GB/T 17671—2021,P13
10	防水层与混凝土间正拉黏结强度	$\bar{f}_i$	—		JTG F80/1—2017,P163

注:表中"平均值"一列所列符号代表计算出的算术平均值;"代表值"一列划"—"的,分项评定表中相应栏目也划"—",其他填写按公式计算出的具体数值。

279. 工程质量评定时应注意哪些事项？

答：工程质量评定时应注意以下事项：

（1）施工单位应按照检评标准的规定从分项工程开始进行评定，监理单位根据监理规范的规定从分部工程开始评定；评定应依据经审批的工程划分表展开，不得随意增加或删减工程。

（2）分项工程的施工资料和图表必须齐全完整，缺乏最基本的数据，或有伪造涂改者，不予检验和评定。例如压实度、强度等的试验报告和记录以及测量记录等必须齐全完整；竣工图纸和检验汇总表应收集齐全；原始记录不得伪造数据，不得对现场记录的数据涂改，可以杠改。

（3）评定表中的工程名称应与工程划分表一致；"工程部位""工程地点、桩号"应表述清楚，说明具体部位、段落，地点填写市级行政区划的名称；"所属建设项目""路线名称"的填写应统一，与设计图纸保持一致；施工和监理单位的名称均填写中标单位名称。

（4）桥梁和隧道中的沥青混凝土面层应分别作为一个分项进行评定，隧道沥青混凝土面层参照桥梁沥青混凝土铺装进行评定。当设计有柔性基层（如沥青碎石 ATB）时，宜单独作为一个分项进行评定。

（5）线外工程如改路、天桥连接线等，按相应公路等级进行质量评定，不参与主线工程的评定。与干线或地方公路连接的公路工程单独划分为单位工程。

280. 共检项目监理应如何抽检和评定？

答：施工过程中部分检查项目由施工单位和监理单位共检完成，数据可双方共用。

（1）预应力筋的张拉及孔道压浆，现场监理应在施工记录上签字确认实测数据的真实性，施工单位将施工记录汇总后填报自检表和检验申请批复单，报监理工程师审批。根据《公路工程标准施工招标文件》（2018 年版）第七章技术规范 411.08.4 和 411.10.2.（15）的规定，张拉和压浆记录承包人应抄送监理一份，监理根据抄件及旁站记录填写抽检表，签认检验申请批复单。

（2）弯沉、基桩无破损检测、高强螺栓扭矩、焊缝探伤等检测项目，监理工程师可与承包人或有检测资质的单位一起共同参与检测并在记录上签字，数据由承包商或检测单位进行整理、汇总评定，监理工程师可不再单独进行抽检，评定时施工和监理单位采用相同的数据。

281. 评定时监理数据少该怎么处理？

答：由于监理抽检频率相对较小，部分检查项目的实测数据较少，一般应在符合检评标准规定的前提下，将尽量多的检测数据组成验收批，按验收批进行评定，评定结果共用，也可采用抽检数据加自检数据一起评定的方式。《公路工程竣(交)工验收办法》第十二条规定："监理单位根据独立抽检资料对工程质量进行评定，当监理按规定完成的独立抽检资料不能满足评定要求时，可以采用经监理确认的施工自检资料"。

282. 分项工程(中间)交工证书如何填写？

答：分项工程(中间)交工证书应对照工程划分表中的分项工程进行填写，经监理工程师同意，钢筋加工及安装和混凝土可一并交工，涵洞通道可按每道交工。交工证书应明确交工内容及工程数量，交工内容应对照工程量清单填写。分项工程交验时，安全事故的现场处理未完成的，监理不得签发证书。填写示例见图3.7。

××至××公路　　　　　　　　　　　　　第1页，共1页

分项工程(中间)交工证书　　　　　　　　　JB12

编号：02·01·03

承包单位	××××工程有限公司	合同段	LJ1
监理机构	××监理公司××监理机构		
分项工程	钢筋加工及安装	单位、分部工程	××××
中间交工内容及工程数量等	光圆钢筋××kg，带肋钢筋××kg		
施工自检结果	合格		
施工负责人	项目经理 张××	申请日期	20220706
监理接收人	专业监理工程师 李××	接收日期	20220706
质量保证资料及检评资料情况	质量保证资料及检评资料真实、准确、齐全、完整		
监理抽检情况及评述意见和结论	抽检受力筋间距和保护层厚度，结果符合设计及规范要求。同意该分项工程进行中间交工		
监理工程师	监理工程师王××	批准日期	20220707
施工负责人	项目经理张××	日期	20220708

图3.7　分项工程(中间)交工证书填写示例

283. 编制竣工图应遵循哪些要求？

答：编制竣工图应遵循以下要求：

(1)竣工图应完整、准确、规范、清晰、修改到位，真实地反映工程竣工时的路线、路基、路面、涵洞、防护、桥梁、隧道、交通安全设施、环保、机电、附属设施等的全部实际造型、特征及各项数据。

(2)施工单位需将设计变更批复单、材料或单价的变更文件、会议纪要、备忘录、施工及质检记录等涉及变更的全部文件汇总后经监理审核认可，作为编制竣工图的依据。

(3)竣工图一般按单位工程、分部工程或专业进行编制，用新的施工图进行转换。

(4)将原有设计说明根据实际情况修改为竣工说明，设计评审意见、设计阶段与相关利益人达成的各种协议等应撤出竣工图，并配有竣工图编制说明和图纸目录。

(5)施工图没有变动的，由竣工图编制单位在施工图上加盖竣工图章(式样见图3.8)作为竣工图；施工图纸上有一般性变更及符合杠改或划改要求的变更的，可在原施工图上修改，注明修改依据，并加盖竣工图章作为竣工图。

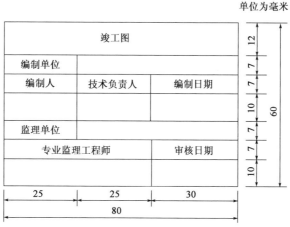

图3.8 竣工图图章式样

(6)凡结构、工艺、平面布置等重大改变及图面变更面积超过10%的，应由设计单位提供变更图纸，加盖竣工图章作为竣工图。

(7)竣工图应从目录开始逐页加盖竣工图章，在图纸正面右下角的标题栏上方空白处或适当空白的位置用红色速干印泥加盖,正面无空白位置时盖于背面左下角距页边20mm的位置。

(8)竣工图章的内容填写应齐全、清楚,并手写签名。

(9)用施工图编制竣工图的,应使用新图纸,不得使用复印的白图编制竣工图。

(10)竣工图的折叠应按GB/T 10609.3的相关规定执行。

(11)竣工图的套数应符合合同约定,无约定时应至少编制2套。

284.编制竣工图有哪些步骤?

答:竣工图一般由施工单位负责编制,按以下步骤进行:

(1)图纸收集。搜集最终施工图及变更设计图。在这一步务必将工程施工过程中的所有图纸搜集完整,不得有遗漏,个别只有方案没有图纸的,各施工单位必须重新绘制补充图纸并经设计单位确认作为竣工图的一部分,确保竣工图的完整性。

(2)整理(修改)。

①施工中新增的固定导线点、水准点要标注在竣工图上;平面图上桥梁、涵洞、通道均按照竣工的位置、结构形式、实际走向标注清楚;地形、地物与实际不符的应予以纠正;路基边沟按实际排水方向标注箭头;纵断面竣工图地面线高程应反映清表碾压后的高程,将"设计高程"改为"竣工高程"并与原设计对比;竖曲线、坡度、坡长等均按竣工后的实际数据统计;超高设置、地质情况按照竣工的实际情况标注。

②一个变更通常会涉及多张图纸,在进行修改时,对应需要更改的部位及工程数量表中的工程量也一并更改(如某桥梁工程桩基长度变更,应对桥型布置图、墩台一般构造图、桩基钢筋图、工程数量表等一并修改),确保竣工图的统一性。

③局部变更。对于局部变更的,用签字笔将变更部位标注清楚,对需要更改的部位及工程数量表中的工程量一并更改。

④变更取消的施工项目,在竣工图编制说明中的"变更情况"说明取消的内容,原设计图撤出竣工图。

⑤对于整体变更的施工项目,用设计方提供的变更设计图,直接替换原图,并在编制说明中注明变更依据。

⑥对于变更增加的施工项目,将变更图插入相关单位工程的竣工图中,并对相应的工程数量表一览表进行修改。

⑦在进行竣工图编制时,无法在图纸上表达清楚的,应在标题栏上方用文字说明,文字说明较多的,可在竣工图编制说明中进一步描述,如运距调整、单价变更等。

(3)编写竣工图编制说明和竣工说明。

(4)编制变更设计一览表和设计变更与修改后的竣工图档号对照一览表,详细写明本册图中的工程名称变更情况、依据及批文号。

(5)编制竣工图目录。

(6)加盖竣工图章,并由项目技术负责人和监理工程师签字确认。

285. 竣工图一般由哪些内容构成?

答:每一卷竣工图一般由封面、内封面、目录、竣工图编制说明、设计变更与修改后的竣工图档号对照一览表、竣工说明、图纸和备考表构成。

286. 竣工图编制说明如何编制?

答:竣工图编制说明由施工单位负责编制,实行施工总承包或设计施工总承包的项目,由总承包单位负责编制。其内容主要包括:竣工图涉及的工程概况、编制单位、编制人员、编制时间、编制依据、编制方法、变更情况、竣工图张数和套数等。

287. 竣工说明如何编制?

答:竣工说明是相对于原施工图中的设计说明而言,一份设计说明相应编写一份竣工说明,一般分为总说明和各专业的竣工说明。

(1)**总说明**是针对合同段全部施工内容编制的整体说明,包括以下内容:

①本合同段工程概况(简述工程所处地形、地貌、水文及地质情况,路基、路面、桥梁、涵洞、隧道、路线交叉实际情况与设计情况对比)。

②合同段开工、完工和交工日期。

③施工依据(合同文件、设计图、技术标准、项目管理文件等)。

④合同执行情况概述(从工程质量、进度、费用、合同管理等方面进行阐述,变更情况统计)。

⑤采用新技术、新工艺、新材料、新设备的情况。

⑥所采用施工图的版本情况。

(2)**路线竣工说明**,包括以下内容:

①本合同段路线说明(简述路线走向、线形及转角情况,实际情况与原设计差异)。

②定线数据竣工说明(参照原设计图表示方法,注明实际放线采用的导线成果、曲线要素、水准点)。

(3)平面图竣工说明:概述本合同段平面线形设计及变更情况(包括变更原因、依据),长、断链情况,结构物位置和地质变化情况。

(4)纵断面图竣工说明:概述本合同段纵断面设计及变更情况(包括变更原因、依据),施工中采取哪些方法控制纵断面高程。

(5)路基、桥梁、隧道等单位工程的竣工说明应能充分体现已完工项目的建设过程和完工时的实际情况,包括以下内容:

①工程概况(包括建设内容、完成的工程量)。
②开工、完工日期。
③主要技术指标。
④主要施工方案和质量控制措施。
⑤特殊问题的处理(如异常地质情况、自然灾害处置情况、发生不可抗力等)。
⑥各设计变更情况(应从变更的合理、合法性角度出发,重点阐述变更的原因及执行结果;变更原因可从以下四个方面阐述:设计深度不够,或不良地质,或不可抗力,其他方面原因)。
⑦今后养护工作需注意的事项。

288.竣工图中的总体竣工说明部分包括哪些内容?

答:竣工图中的总体竣工说明部分主要包括以下内容:
(1)地理位置图。
(2)竣工总说明。
(3)主要经济技术指标比较表。
(4)大桥(特大桥)技术指标表。
(5)长(特长)隧道技术指标表。
(6)变更设计一览表。
(7)平面总体竣工图。

289.竣工图中的路线部分包括哪些内容?

答:竣工图中的路线部分主要包括以下内容:
(1)路线竣工说明。
(2)路线平面竣工图。

(3)路线纵断面竣工图。
(4)直线、曲线及转角一览表。
(5)导线坐标一览表。
(6)水准点一览表。
(7)总里程及断链桩号一览表。

290.路基工程竣工图包括哪些内容？

答：路基工程竣工图主要包括以下内容：
(1)路基竣工说明。
(2)路基设计竣工表。
(3)路基宽度一览表。
(4)每公里土石方数量一览表。
(5)路基加固工程一览表。
(6)采空区处理及石方路基压浆一览表。
(7)特殊路基处理一览表。
(8)挡土墙及防护工程一览表。
(9)路基边沟、截水沟、排水沟、急流槽加固一览表。
(10)路基填前处理工程竣工数量表。
(11)路基标准断面竣工图。
(12)路基一般设计竣工图。
(13)路基横断面竣工图。
(14)超高方式竣工图。
(15)特殊路基竣工图。
(16)路基防护工程竣工图。
(17)路基排水工程竣工图。
(18)超高段路基排水竣工图。

291.桥梁、涵洞工程竣工图包括哪些内容？

答：桥梁、涵洞工程竣工图主要包括以下内容：
(1)桥梁工程竣工说明。
(2)桥梁(跨河)工程一览表。
(3)特大、大、中桥梁工程竣工数量表。

(4)特大、大、中桥梁竣工图。
(5)小桥竣工说明。
(6)小桥工程竣工数量表。
(7)小桥工程竣工图。
(8)涵洞、通道竣工说明。
(9)涵洞、通道工程一览表。
(10)涵洞工程竣工图。
(11)通道竣工说明。
(12)通道工程竣工图。

292.隧道工程竣工图包括哪些内容？

答：隧道工程竣工图主要包括以下内容：
(1)隧道工程竣工说明。
(2)隧道工程一览表。
(3)隧道工程竣工数量表。
(4)隧道竣工图。

293.路线交叉竣工图包括哪些内容？

答：路线交叉竣工图主要包括以下内容：
(1)互通式立交工程竣工说明。
(2)交叉工程一览表。
(3)互通式立体交叉工程竣工数量表。
(4)互通式立体交叉平面竣工图。
(5)分离式立体交叉竣工说明。
(6)分离式立体交叉工程竣工数量表。
(7)分离式立体交叉竣工图。
(8)管线交叉工程竣工数量表。
(9)管线交叉竣工图。

294.路面工程竣工图包括哪些内容？

答：路面工程竣工图主要包括以下内容：
(1)路面竣工说明。

(2)路面工程数量一览表。
(3)路面排水工程一览表。
(4)中间带竣工图。
(5)中央分隔带开口竣工图。
(6)路面结构竣工图。
(7)平曲线路面加宽竣工表。
(8)路面排水工程竣工图。
(9)超高段路面排水竣工图。

295.交通安全设施竣工图包括哪些内容？

答：交通安全设施竣工图主要包括以下内容：
(1)交通工程竣工说明。
(2)交通安全设施一览表。
(3)平面布置总图。
(4)横断面布置图。
(5)交通标志竣工图。
(6)交通标线竣工图。
(7)防眩板、防眩网竣工图。
(8)隔离栅、防落物网竣工图。
(9)护栏、轮廓标、突起路标竣工图。
(10)百米桩、里程桩竣工图。
(11)避险车道竣工图。
(12)其他设施竣工图。

296.绿化工程竣工图包括哪些内容？

答：绿化工程竣工图主要包括以下内容：
(1)绿化工程竣工说明。
(2)绿化工程数量一览表。
(3)绿化工程竣工图。

297.声屏障工程竣工图包括哪些内容？

答：声屏障工程竣工图主要包括以下内容：

(1)声屏障工程竣工说明。
(2)声屏障工程数量一览表。
(3)声屏障结构竣工图。

298.交通机电工程竣工图包括哪些内容？

答：交通机电工程竣工图主要包括以下内容：
(1)机电工程竣工说明。
(2)机电设备工程一览表。
(3)通信设施竣工图。
(4)收费设施竣工图。
(5)监控设施竣工图。
(6)供配电、照明设施竣工图。
(7)隧道机电设施竣工图。

299.采空区处治竣工图包括哪些内容？

答：采空区处治竣工图主要包括以下内容：
(1)采空区处治竣工说明。
(2)采空区处治一览表。
(3)采空区处治竣工图。

300.附属设施竣工图包括哪些内容？

答：附属设施的竣工图主要包括以下内容：
(1)房屋建筑及服务设施竣工说明。
(2)房屋工程一览表。
(3)泵站工程一览表。
(4)管理、养护、服务设施等建筑物的竣工图：
①建筑竣工图。
②结构竣工图。
③钢结构竣工图。
④幕墙竣工图。
⑤室内装饰竣工图。
⑥建筑给排水及供暖工程竣工图。

⑦建筑电气竣工图。
⑧智能建筑竣工图。
⑨通风与空调竣工图。
(5)室外工程竣工图：
①规划红线内的室外给水、排水、供热、供电、照明管线等竣工图。
②规划红线内的道路、园林绿化、喷灌设施等竣工图。
③其他室外及附属建筑如边坡支护、车棚、围墙等的竣工图。

301.竣工图中的变更内容如何修改?

答:竣工图中变更内容可按以下方法修改:
(1)文字、数字更改一般是杠改,线条更改一般是划改,局部图形更改可以圈出更改部位,在原图空白处重新绘制。
(2)无法在图纸上表达清楚的,可在标题栏上方或左边用文字说明。
(3)图上各种引出说明应与图框平行,引出线不交叉,不遮盖其他线条。
(4)在修改处应注明修改依据文件的名称、编号和条款号。
(5)手工更改时,文字应采用仿宋体,线条应用绘图工具更改。
(6)文字应书写工整,线条应清晰,不得污染图面、不得随意徒手绘制。

302.监理工程师如何审核竣工图?

答:竣工图编制完成后,监理工程师应对竣工图编制的完整、准确、系统和规范情况进行审核。
(1)核查设计文件、变更文件及施工记录,判断图纸张数和套数是否符合要求、数据图表是否准确、更改是否到位。
(2)审查竣工说明是否与实际完工情况相符。
(3)审查有无竣工图编制说明,说明编写是否合规。
(4)审核项目总平面图和综合管线竣工图是否编制准确。
(5)检查签章手续是否完备。
(6)检查竣工图的折叠是否符合 GB/T 10609.3 的规定。

303.对声像文件有哪些基本要求?

答:建设过程中参建各方均应收集声像文件,具体要求如下:
(1)声像文件应图像清晰,拍摄的角度、方式应全面反映所采集部位的真实状况,拍摄要有鲜明的特点,突出主题,必要时使用器具及标尺进行拍摄记录,标尺设置准确。

(2)使用的声像设备应有自动记录日期和时间的功能。

(3)建设单位要建立隐蔽工程影像资料留存制度。隐蔽工程验收的照片和录像文件应包含验收牌,验收牌(图3.9)应至少包括工程名称、日期、质检人员姓名和监理人员姓名等内容。

工程名称		日期	年　月　日
质检人员		监理人员	

注:验收牌尺寸60cm×40cm,工程名称应注明检验对象的桩号和结构部位。

图3.9　隐蔽工程验收牌示意图

(4)施工单位应采集各隐蔽工程的施工照片不少于2张,应采集每类分项工程施工工艺和质量验收的录像文件且时长不少于30s。

(5)监理和检测机构应就所开展的监理、检测活动采集声像文件,其中隐蔽工程的验收照片不少于1张,质量专题会议应全程录音。

(6)施工中应对发现的质量问题或异常工程地质条件、地下障碍物等的处理过程和结果、相关专题会议进行拍摄记录。

(7)照片文件像素应不低于2000万;录像文件分辨率应不低于1920×1080,帧率应不低于24fps,码率应不小于35Mbps;录音文件采样率应不低于44.1kHz,量化精度应不低于16bit,码率应不小于128kbps。

(8)声像文件应保留采集时的属性信息,并综合运用事由、时间、地点、人物、背景、摄录者等要素编写说明,与其一并存档。声像文件的属性信息包括文件的格式、编排结构、硬件和软件环境、文件处理软件、字处理和图形工具软件、字符集等。

304.路基工程照片文件的采集内容主要有哪些?

答:路基工程施工过程中,施工和监理单位应拍摄照片,采集内容包括但不限于以下方面:

(1)进场材料的验收。

(2)清表、填前碾压、路基填筑、台阶开挖、刷坡和新旧路基拼接的施工工艺和质量检验,每次路基沉降观测。

(3)换填、强夯、强夯置换、灰土桩、水泥粉煤灰碎石桩(CFG桩)等软土地基处置的施工工艺和质量检验。

(4)土工合成材料铺设的施工工艺和质量检验。
(5)砌体工程基坑、砌筑、勾缝的施工工艺和质量检验。
(6)小桥、涵洞、通道的基坑、基底处理、钢筋骨架、支架搭设、沉降缝、防水层、台背回填、新旧构造物拼接的施工工艺和质量检验,波纹钢管涵高强螺栓扭矩的检验。
(7)各结构部位的混凝土浇筑施工工艺和质量检验。

305.路基工程录像文件的采集内容主要有哪些?

答:路基工程施工过程中,施工单位应拍摄录像,采集内容包括但不限于以下方面:

(1)软土地基处治和土工格栅铺设的试验工程。
(2)高填方沉降观测。
(3)新旧路基拼接。
(4)砌体首件施工。
(5)首件工程的混凝土浇筑。
(6)锚杆、锚索的注浆和张拉,支撑绳、拉锚绳和网片安装,钢柱基础,钢柱及基座安装。
(7)结构物的基底处理。
(8)结构物的拼接及拼接时的防护工程。
(9)波纹管涵安装。
(10)顶进涵洞的涵身预制和顶进施工。

306.路面工程照片文件的采集内容主要有哪些?

答:路面工程施工过程中,施工和监理单位应拍摄照片,采集内容包括但不限于以下方面:

(1)进场材料的验收。
(2)路面结构层混合料拌和、摊铺、碾压、养护的施工工艺和质量检验。
(3)路面拼接的施工工艺和质量检验。
(4)路面排水工程、路肩、路缘石、拦水带等的施工工艺和质量检验。

307.路面工程录像文件的采集内容主要有哪些?

答:路面工程施工过程中,施工单位应拍摄录像,采集内容包括但不限于以下方面:

(1)各结构层的试验段施工工艺。

(2)路面拼接工艺。

(3)路缘石、拦水带的现浇工艺。

308. 桥梁工程照片文件的采集内容主要有哪些?

答:桥梁工程施工过程中,施工和监理单位应拍摄照片,采集内容包括但不限于以下方面:

(1)进场材料的验收。

(2)基坑支护和基底处理工艺,基底承载力检测,基础、锚体的施工工艺和质量检验。

(3)桩基钢筋骨架孔口焊接、首盘混凝土浇筑和破桩的施工工艺和质量检验。

(4)各结构部位钢筋骨架、钢筋网和混凝土浇筑的施工工艺和质量检验,预埋钢筋连接工艺和质量检验,植筋工艺和质量检验。

(5)预应力筋张拉和管道压浆的施工工艺和质量检验。

(6)梁体预制、现浇的施工工艺和质量检验。

(7)预制梁梁端、翼缘板侧面的凿毛处理和桥面铺装混凝土表面浮浆清除工艺。

(8)索股和锚头的制作与防护、主缆防护的施工工艺和质量检验。

(9)钢构件的制作、安装与防护涂装的施工工艺和质量检验。

(10)支座、伸缩装置安装的施工工艺和质量检验。

(11)桥面防水层的施工工艺和质量检验。

(12)台背回填基底处理、台阶开挖的施工工艺和层厚标识、质量检验。

309. 桥梁工程录像文件的采集内容主要有哪些?

答:桥梁工程施工过程中,施工单位应拍摄录像,采集内容包括但不限于以下方面:

(1)桩基的试桩、桩基首盘混凝土浇筑和灌注桩桩底压浆。

(2)沉井和钢围堰的定位、下沉、浇筑封底混凝土。

(3)锚体的首件施工。

(4)各结构部位钢筋骨架和混凝土的首件施工。

(5)预应力筋张拉和管道压浆。

(6)钢筋灌浆套筒连接和钢筋灌浆金属波纹管连接施工时灌浆全过程。

(7)索股和锚头首件的制作与防护,主缆的防护。

(8)钢构件的制作、安装与防护涂装。

(9)防水层、沥青混凝土桥面铺装的首件施工。

(10)支座、伸缩装置的首件安装。

310.隧道工程照片文件的采集内容主要有哪些?

答:隧道工程施工过程中,施工和监理单位应拍摄照片,采集内容包括但不限于以下方面:

(1)进场材料的验收。

(2)管棚及超前小导管的施工工艺和质量检验。

(3)锚杆、钢拱架、钢筋网片、喷射混凝土的施工工艺和质量检验。

(4)钢筋骨架的施工工艺和质量检验。

(5)防水板焊缝检测,横、纵、环向排水管连接部位,过滤层铺设,止水带在二衬混凝土端头模板拆模后的位置。

(6)预埋件、预留孔部位。

(7)注浆压力表读数。

(8)超挖处理的施工工艺和质量检验。

(9)装饰装修工程的施工工艺和质量检验。

311.隧道工程录像文件的采集内容主要有哪些?

答:隧道工程施工过程中,施工单位应拍摄录像,采集内容包括但不限于以下方面:

(1)隧道初支、衬砌、路面的试验工程。

(2)小导管注浆和深孔预注浆的试验工程。

(3)监控量测。

312.绿化工程照片文件的采集内容主要有哪些?

答:绿化工程施工过程中,施工和监理单位应拍摄照片,采集内容包括但不限于以下方面:

(1)苗木和种子的进场检验。

(2)种植穴直径、深度的检测。

(3)苗木高度、冠径的检测。

313.绿化工程录像文件的采集内容主要有哪些?

答:绿化工程施工过程中,施工单位应拍摄录像,采集内容包括但不限于以下方面:

(1)种植穴的开挖。
(2)带土球苗木的栽植。
(3)航拍测量。

314.声屏障工程照片文件的采集内容主要有哪些?

答:声屏障工程施工过程中,施工和监理单位应拍摄照片,采集内容包括但不限于以下方面:

(1)进场材料、构配件的验收。
(2)基坑质量检验。
(3)砌体、混凝土浇筑的施工工艺和质量检验。
(4)钢筋骨架安装工艺和质量检验。
(5)屏体安装的施工工艺和质量检验。
(6)螺栓紧固检验。

315.声屏障工程录像文件的采集内容主要有哪些?

答:声屏障工程施工过程中,施工单位应拍摄录像,采集内容包括但不限于以下方面:

(1)砌体、混凝土浇筑的首件施工。
(2)屏体安装。

316.交通安全设施照片文件的采集内容主要有哪些?

答:交通安全设施施工过程中,施工和监理单位应拍摄照片,采集内容包括但不限于以下方面:

(1)进场材料、构配件的验收。
(2)混凝土基础的施工工艺和质量检验。
(3)钢筋骨架安装工艺和质量检验。
(4)混凝土护栏首件施工和质量检验。

(5)标志、突起路标、轮廓标、护栏的安装工艺和质量检验。
(6)标线施划工艺和质量检验。
(7)防眩板、防眩网、隔离栅、防落物网的工艺和质量检验。
(8)里程碑、百米桩的制作和安装工艺及质量检验。
(9)避险车道的铺筑工艺和质量检验。

317. 交通安全设施录像文件的采集内容主要有哪些？

答：交通安全设施施工过程中，施工单位应拍摄录像，采集内容包括但不限于以下方面：
(1)设施安装。
(2)标线施划。
(3)避险车道的铺筑。

318. 交通机电工程照片文件的采集内容主要有哪些？

答：交通机电工程施工过程中，施工和监理单位应拍摄照片，采集内容包括但不限于以下方面：
(1)设备的开箱检验。
(2)设备基础开挖、钢筋骨架安装、混凝土浇筑和回填的施工工艺和质量检验。
(3)设备和软件的安装调试、质量检验。
(4)通信管道的试通检验和端口封堵检验。
(5)光电缆的单盘测试。
(6)光缆熔接、电缆接续及光电缆敷设的施工工艺和质量检验。
(7)系统联调联试。

319. 交通机电工程录像文件的采集内容主要有哪些？

答：交通机电工程施工过程中，施工单位应拍摄录像，采集内容包括但不限于以下方面：
(1)设备安装和调试。
(2)通信管道的试通检验和端口封堵检验。
(3)光缆熔接、电缆接续及光电缆敷设。
(4)系统联调联试。

320. 采空区处治照片文件的采集内容主要有哪些？

答：采空区处治过程中，施工和监理单位应拍摄照片，采集内容包括但不限于以下方面：

(1) 制浆和注浆工艺。
(2) 压力表读数。
(3) 路基采空区变形跟踪监测和桥隧采空区变形长期监测采空区处治质量验收。
(4) 其他处治方式的工艺和质量检验。

321. 采空区处治录像文件的采集内容主要有哪些？

答：采空区处治过程中，施工单位应拍摄录像，采集内容包括但不限于以下方面：

(1) 注浆处治和其他处治方式的首件工程。
(2) 路基采空区变形跟踪监测和桥隧采空区变形长期监测。
(3) 采空区处治质量检测和验收。

322. 附属设施照片文件的采集内容主要有哪些？

答：管理中心、服务区、房屋建筑、收费站、养护工区等附属设施施工过程中，施工和监理单位应拍摄照片，采集内容包括但不限于以下方面：

(1) 进场材料、产品、半成品、构配件的验收。
(2) 基坑开挖和回填工艺、基底处理工艺、基底承载力检测。
(3) 砌体、混凝土浇筑的施工工艺和质量检验。
(4) 钢结构制作、安装工艺和质量检验。
(5) 各种管线的安装布设工艺和质量检验。
(6) 设备设施安装工艺和质量检验。

323. 附属设施录像文件的采集内容主要有哪些？

答：管理中心、服务区、房屋建筑、收费站、养护工区等附属设施施工过程中，施工单位应拍摄录像，采集内容包括但不限于以下方面：

(1) 地基与基础工程的验收。

(2)主体结构的验收。
(3)设备设施安装。

324.录音文件的采集内容主要有哪些?

答:录音文件采集内容包括但不限于以下方面:
(1)省、市级领导视察讲话的录音。
(2)设计交底会、监理交底会和施工单位组织的技术交底会的录音。
(3)工程质量、安全、环保、变更、征地拆迁、档案、验收等专题会议的录音。

325.照片说明如何编写?

答:单张照片可单独编写说明,若干张联系密切的照片可作为一组照片编写说明,说明应包括题名、照片号、参见号、时间、摄影者、文字说明等。文字说明应综合运用事由、时间、地点、人物、背景、摄影者等要素,概括揭示照片影像所反映的全部信息或仅对题名未及内容作出补充。单张照片的说明可根据照片固定的位置,在照片的右侧、左侧或正下方书写。一组(若干张)联系密切的照片,按顺序排列后,可拟写组合照片说明,其单张照片说明可从简。组合照片说明应概括揭示该组照片所反映的全部信息及其他需要说明的事项,并指出所含照片的起止张号和数量。组合照片说明可放在本组第一张照片的上方,也可放在本册所有照片之前。

326.声像文件如何编号?

答:声像文件的编号可由2位字母和10位数字组成,其结构如图3.10所示,编制要求如下:

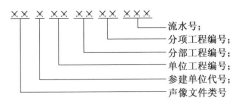

图3.10 声像文件编号结构示意图

(1)声像文件类号:ZP代表照片文件,LX代表录像文件,LY代表录音文件。
(2)参建单位代号:1代表施工单位,2代表监理单位,3代表检测单位,4代表建设单位。

(3)单位、分部、分项工程编号用2位数字表示。
(4)流水号用3位数字表示,从001开始。

327.勘察设计单位的档案工作总结如何编制?

答:档案验收前,勘察设计单位应提交档案工作总结,由项目设计代表编写、单位负责人审核并加盖勘察设计单位公章后报建设单位。内容包括但不限于:
(1)工程概况。
(2)档案管理执行的标准。
(3)工程变更情况。
(4)项目设计文件归档情况。
(5)提交建设单位的设计和变更设计文件数量(纸质文件×卷,电子文件光盘×张等)。
(6)档案工作体会。

328.设计单位符合性评价意见如何编制?

答:《公路水运工程质量监督管理规定》(交通运输部令2017年第28号)第十二条规定:"公路水运工程交工验收前,设计单位应当对工程建设内容是否满足设计要求、是否达到使用功能等方面进行综合检查和分析评价,向建设单位出具工程设计符合性评价意见。"设计单位应组织项目负责人、各专业工程师和设计代表编制,并由公司技术负责人签认后,加盖设计单位公章报建设单位。设计符合性评价意见应包括以下内容:
(1)设计概况,包括项目概况、设计内容、设计标准、评价依据、评价内容、评价方法等。
(2)核查情况,包括对路基工程、路面工程、桥梁工程、隧道工程、绿化工程、声屏障工程、交通安全设施、机电工程、附属设施等的核查情况,尤其是对设计变更符合性的核查情况。
(3)符合性评价意见综述,包括对线形、安全设施设置、绿化工程设置、缺陷处理等的符合性评价。
(4)评价结论。

329.监理单位如何编制案卷编制说明?

答:交工验收前监理单位应完成需归档文件的收集、整理及归档工作,向建设单位提交案卷编制说明;编制说明由专业监理工程师签认"编制",由项目总

监或驻地监理工程师签认"审核",封面加盖监理机构公章。案卷编制说明应至少包括以下内容:

(1)所监理合同段建设内容。
(2)档案整理执行的标准。
(3)项目档案整理情况及案卷数量。
(4)其他需要说明的问题。

330.监理单位如何编制项目档案自检报告?

答: 监理单位在向建设单位提交项目档案前,组织技术人员和档案管理人员对案卷质量进行自检,并形成自检报告。自检报告"编制"由专业监理工程师签认,"审核"由项目总监或驻地监理工程师签认,封面加盖监理机构公章。档案自检报告应至少包括以下内容:

(1)所监理合同段建设内容。
(2)案卷主要内容。
(3)归档文件数量(照片张数、音视频文件的时长、案卷数量等)。
(4)发现的问题。
(5)整改结果。
(6)自检结论。

331.如何编制项目档案质量审核报告?

答: 监理单位应对施工单位项目档案质量进行审核并向建设单位提交审核报告。审核报告应至少包括以下内容:

(1)对施工单位项目经理部档案管理的总体评述。
(2)工程概况,明确完工项目和数量。
(3)案卷构成和数量,明确所审查纸质文件、电子文件、声像文件等的数量。
(4)对各类归档文件质量的审查意见。
(5)发现的问题和整改结果。
(6)案卷质量评价意见,明确是否符合档案要求。

332.监理单位如何编制项目档案工作总结?

答: 将上述案卷编制说明、档案自检报告和档案质量审核报告汇总形成档案工作总结。"编制"由专业监理工程师签认,"审核"由项目总监或驻地监理工程师签认,封面加盖监理机构公章后归档。

333. 监理工作报告如何编制？

答：监理工作报告应由总监理工程师组织各专业监理工程师编制并签认，加盖监理机构公章后报建设单位。监理工作报告应至少包括以下内容：

（1）监理工作概况，包括合同段监理组织形式、管理结构、人员投入情况等。

（2）工程质量管理，包括质量管理措施、施工过程中质量检查情况汇总、质量问题和事故处理情况总结、工程质量评定情况等。

（3）计量支付、工程进度和合同管理情况。

（4）设计变更情况。

（5）交工验收中存在问题及处理情况。

（6）对设计单位、施工单位和建设单位评价。

（7）监理工作体会。

334. 监理单位工程质量评定报告如何编制？

答：《公路水运工程质量监督管理规定》（交通运输部令2017年第28号）第十七条规定："公路水运工程交工验收前，监理单位应当根据有关标准和规范要求对工程质量进行检查验证，编制工程质量评定或者评估报告（格式参见附录L），并提交建设单位。"监理机构应组织专业监理工程师编制并由公司技术负责人签认后，加盖监理单位公章报建设单位。工程质量评定报告应包括以下内容：

（1）工程概况，包括工程名称、完工数量、工程造价、参建单位等。

（2）监理概况，包括合同段监理组织形式、管理结构等。

（3）项目监理人员及专业分工。

（4）监理过程中履行职责情况。

（5）进场材料、构配件、设备见证试验情况。

（6）分项、分部、单位工程质量预验收情况（程序、执行强制性条文、整改复查、验收结果）。

（7）工程外观质量检查情况。

（8）设计变更情况。

（9）质量事故（问题）处理情况。

（10）工程施工资料核查情况。

（11）工程质量评定意见。

335.检测单位如何编制项目档案自检报告？

答：检测单位将需归档文件系统整理后，应对案卷质量进行自检，形成自检报告报建设单位；"编制"由试验检测工程师签认，"审核"由检测机构技术负责人签认。档案自检报告应至少包括以下内容：

(1)所检测合同段建设内容。

(2)案卷主要内容。

(3)归档文件数量(照片张数、音视频文件的时长、案卷数量等)。

(4)发现的问题。

(5)整改结果。

(6)自检结论。

336.检测单位如何编制案卷编制说明？

答：交工验收前检测单位应完成需归档文件的收集、整理及归档工作，向建设单位提交案卷编制说明；编制说明由试验检测师签认"编制"，由检测机构技术负责人签认"审核"，封面加盖机构公章。案卷编制说明应至少包括以下内容：

(1)所检测合同段建设内容。

(2)档案整理执行的标准。

(3)项目档案整理情况及案卷数量。

(4)其他需要说明的问题。

337.施工单位如何编制项目档案自检报告？

答：施工单位在向监理单位提交档案审查申请前，应进行自检，并形成自检报告。自检工作应由项目经理部技术负责人组织工程技术人员和档案管理人员对案卷质量进行自检，尤其要对质量验收评定记录、隐蔽工程声像文件和竣工图的齐全性、准确性、规范性等进行重点审查。"编制"由项目经理部技术负责人签认，"审核"由项目经理签认，封面加盖项目经理部公章。档案自检报告应至少包括以下内容：

(1)本合同段建设内容。

(2)案卷主要内容。

(3)归档文件数量(照片张数、音视频文件的时长、竣工图张数、案卷数量等)。
(4)发现的问题。
(5)整改结果。
(6)自检结论。

338. 施工单位如何编制案卷编制说明？

答：交工验收前施工单位应完成需归档文件的收集、整理及归档工作，向建设单位提交案卷编制说明；应由项目经理部技术负责人组织工程技术人员和档案管理人员编制，项目经理审核，相关人员签字确认、封面加盖项目经理部公章。案卷编制说明应至少包括以下内容：
(1)本合同段建设内容。
(2)档案整理执行的标准。
(3)项目档案整理情况及案卷数量。
(4)竣工图编制质量。
(5)其他需要说明的问题。

339. 施工单位项目档案工作总结如何编制？

答：施工单位可将上述案卷编制说明和档案自检报告汇总形成档案工作总结。"编制"由项目经理部技术负责人签认，"审核"由项目经理签认，封面加盖项目经理部公章后归档。

340. 建设单位如何编制项目档案管理卷？

答：项目档案管理卷由建设单位在项目档案验收前编制完成，主要包括项目概况、合同划分、参建单位归档情况说明、档案收集整理情况说明、交接清册、项目档案自检报告等说明项目档案管理情况的有关材料。项目档案管理卷一般由档案管理机构负责人编制，由技术负责人审核。

341. 建设单位如何编制项目档案整理情况说明？

答：建设单位技术负责人应组织工程管理相关部门的技术人员和档案管理机构的档案人员，在档案验收前完成项目档案整理情况说明的编制。项目档案整理情况说明应包括以下内容：
(1)项目立项审批及初步设计审批情况。

(2)建设规模及主要建设内容。
(3)项目档案整理执行的标准。
(4)项目档案整理情况及案卷数量。
(5)项目档案运用计算机管理情况及其他需要说明的情况。

342. 建设单位如何编制项目档案自检报告？

答：档案验收前建设单位应组织各部门及设计、施工、监理等参建单位负责人和有关人员对项目档案进行自检，并由建设单位档案负责人组织参加自检的人员编制自检报告、由建设单位技术负责人审核、签认，加盖建设单位公章。项目档案自查报告应包括以下内容：

(1)项目建设及项目档案管理情况。
(2)保证项目档案完整、准确、系统所采取的控制措施。
(3)项目文件材料收集整理所依据的标准。
(4)项目文件材料的形成、收集、整理与归档情况及案卷数量。
(5)竣工图的编制情况及质量状况。
(6)项目档案信息化情况。
(7)项目档案在项目建设、管理、试运行中的作用。
(8)存在问题及解决措施。
(9)附件，包括合同段档案数量一览表(表 3.29)、设计变更文件与竣工图档号对照一览表(表 3.30)和项目档案分类及末级类目案卷数量一览表(表 3.31)。

合同段档案数量一览表　　　　　　　　　　表 3.29

序号	合　同　段	案卷数量	备　注
1	K××～K××路桥隧工程 LJ1	＊＊	××工程有限公司
2	……		

设计变更文件与竣工图档号对照一览表　　　　　　　　　　表 3.30

序号	变更内容	变更依据文件号	所在案卷号	对应竣工图号	所在案卷号
1					
2					

项目档案分类及末级类目案卷数量一览表　　　　表3.31

一级类目		项目号		二级类目		三级类目		案卷数量	备注
类号	名称	类号	名称	类号	名称	类号	名称		
KJ	科技档案	01	××公路工程	01	立项审批类	/	/	**	
				...					
				05	施工类	01	一合同段	**	
				...					
合计									

343. 项目档案验收申请材料包括哪些内容？

答： 项目档案经建设单位自检合格，并满足档案专项验收条件后，建设单位应向上级主管部门提出验收申请，提交下列材料：

（1）项目档案专项验收申请报告（简述项目概况和所形成的案卷数量）。

（2）交通建设项目档案专项验收申请表（表3.32）。

（3）建设项目档案自检报告或建设项目档案审查意见。

（4）建设项目档案案卷目录。

交通建设项目档案专项验收申请表　　　　表3.32

项目名称			
项目审批（核准）机关		初步设计审批机关	
投资规模		建设时间	
项目法人（建设单位）		设计单位	
主要施工单位		主要监理单位	
计划档案验收日期		计划竣工验收日期	
联系人		联系电话	
地址/邮编		电子信箱	
申请单位自检意见	（单位盖章）		年　月　日
验收组织单位意见	（单位盖章）		年　月　日

第四章
文件归档

344. 项目档案如何分类？

答：建设单位应结合有关规定、行业特点和项目实际制定项目档案分类方案，方案应符合逻辑性、实用性、可扩展性的原则并保持相对稳定，具体要求如下：

（1）分类应以项目全部档案为对象，应依据各参建单位归档责任并结合档案内容及其形成特点，从保持档案有机联系和便于管理、利用的角度进行划分。

（2）分类一般不超过三级，类目设置应符合行业规定和项目实际需求。项目号按项目设置。二级类目按建设阶段结合文件内容设置，如立项审批类、设计审批类、工程准备类、项目管理类、施工类、监理检测类、交竣工验收类、科研新技术类、招投标及合同类、资金管理类等。

（3）施工类一般按照合同段划分三级类目，监理检测类一般按现场的监理检测机构划分三级类目。

（4）其他二级类目可根据工程规模和归档文件数量酌情划分三级类目，例如：设计审批类可划分为"设计"和"变更"两个三级类目，交竣工验收类可划分为"交工验收"和"竣工验收"两个三级类目，科研新技术类可按科研项目或应用技术项目划分三级类目，招投标及合同类可划分为"中标"和"未中标"两个三级类目，资金管理类可划分为"计量支付"和"决算审计"两个三级类目。

345. 如何制定项目文件归档范围和保管期限表？

答：施工准备阶段建设单位应按以下要求明确项目文件的归档范围和档案保管期限：

（1）建设单位应依据现行《建设项目档案管理规范》（DA/T 28）和《公路建设项目文件材料立卷归档管理办法》等的规定，结合建设内容、行业特点和管理模式等特征，制订项目文件归档范围和保管期限表。

（2）确定归档范围应特别注意以下三点：一是切实保证将那些有查考利用价值的文件收集齐全，不能遗漏有价值的文件；二是不能"有文必档"，把那些没有查考利用价值的文件整理归档，造成臃肿庞杂，降低质量；三是不能重复归档，参建各方分别留存的文件应明确具体的归档责任单位且只需归档一份。

（3）要明确参建各方声像文件、实物和电子文件的归档范围。

（4）严格限制复制件的归档范围。归档的项目文件应为原件。因故用复制件归档时，应加盖复制件提供单位公章或档案证明章，确保与原件一致，如上级批复文件、材料的质量证明文件等。

(5)确定保管期限时应对文件材料进行价值分析,一般从文件的责任者、文件内容和文件的形式等方面进行综合分析。保管期限一般分为永久、30年和10年三种。通常反映建设程序的文件和工程质量验收的文件应永久保存,进度计划文件、培训文件、信息化工作文件、信息系统标准规范和环保、水保、消防、职业安全卫生等运行检测监测记录、报告保存10年,其他文件保存30年。

(6)建设单位应根据国家档案局全面推行档案分类方案、文件材料归档范围、档案保管期限表三合一制度的要求,编制相关文件(见附录M)。

346.哪些项目文件不需归档?

答:各参建单位在施工现场的管理机构(建设单位、监理机构、项目经理部等)所收到或印发的文件中,属于以下情形的不需归档:

(1)各级行政主管部门或项目机构的总部印发的文件材料中,普发性不需本机构办理的文件材料,任免、奖惩非本机构工作人员的文件材料,与本项目建设无关的文件材料,供工作参考的抄件等。

(2)本机构文件材料中的重份文件,无查考利用价值的事务性、临时性文件,一般性文件的历次修改稿、各次校对稿,无特殊保存价值的信封,不需办理的一般性人民来信、电话记录,机构内部互相抄送的文件材料,本机构负责人兼任外单位职务形成的与本项目无关的文件材料,有关工作参考的文件材料。

(3)各现场机构的文件材料中,不需要贯彻执行的文件材料,不需办理的抄送文件材料。

(4)下属部门的文件材料中,供参阅的简报、情况反映,抄报或越级抄报的文件材料。

(5)由施工单位归档的各种报批文件,建设单位和监理单位不要重复归档,如:总开工报告、总体施工组织设计、专项施工方案、分部(分项)开工报告、中间交工证书等。

347.档号如何编制?

答:项目档案案卷档号的编制应符合现行《档号编制规则》(DA/T 13)和交通运输主管部门的要求:

(1)档号编制应遵循唯一性、一致性、稳定性、扩充性、简单性和适用性的原则。

(2)项目档案案卷的档号应由全宗号、类别号和案卷号组成,三者之间用连接号"-"(短横线)相隔。

(3)全宗号一般采用4位代码标识,由上级主管部门明确,未明确前可暂时留空。

(4)类别号由一级类别号(档案门类代码)、项目号、二级及三级类别号组成:

①一级类别号用 KJ 表示,因项目档案属于科技档案的范畴。

②项目号和二级、三级类别号各用2位数字表示。

③类别号之间用分隔符"·"连接。

(5)案卷号用数字按案卷排列次序从1开始流水编号。

(6)示例:A001-KJ·01·02-3,表示 A001 全宗号下科技档案01项目第2类设计审批类的第3卷。

348.项目档案整理应遵循哪些原则?

答:项目档案整理应遵循以下原则:

(1)**遵循项目档案的形成规律和保持项目档案之间的有机联系**。项目档案是科研、生产、基建等活动的产物。记录和反映活动的项目档案,有其自身的形成规律和特点。在整理项目档案时,应当按照项目档案的形成规律,保持其有机联系,不得随意拆散和打乱。

(2)**便于保管和保密**。项目档案种类繁多,制成材料也不尽相同,应当按照项目档案的制成材料及其不同特点,分别整理,有的还要专门保管,以适应项目档案的长期保管和利用需要。有的项目档案记载着尖端的科学技术,是国家的技术机密,在整理时应将机密、绝密和一般性的材料分别整理,这样利于保密,也便于保管。

(3)**便于提供利用**。整理项目档案,必须结合各个单位的具体情况,选择适当的整理方法,尽量做到分类正确、编目科学、排架合理,以便于提供利用。

349.归档文件的原件如何认定?

答:参建各方均应收集项目文件的原件归档于建设单位,认定要求如下:

(1)施工现场形成的各种记录、检验表的纸质文件,经责任人签认后作为原件归档。

(2)通过信息化方式编制文件并使用电子签章的,所形成的电子文件的元数据、背景信息以及生成非通用电子文件格式的软件等与电子文件一并归档。

此时,该电子文件为原件,实行"双套制"归档时应注明生成纸质文件相应电子文件的系统名称和电子签章认证机构。

(3)部分程序性审批文件的原件可能由上级单位保存,需由建设单位向上级单位申请复制,并由上级单位的档案管理机构加盖公章,经办人签字确认复制件内容与原件内容完全一致,此时,复制件视同为原件。

(4)部分原材料、半成品、成品和设备、配件的质量证明文件,应采用厂家或供应商提供的原件归档。但实践中,供应商可能是向厂家大宗采购进货,而厂家则按进货品种、批次、规格、数量给供应商出具了一套质量证明文件的原件,但供应商向各施工单位供货时只供应了其中的一部分货物,供应商就无法提供给每家施工单位相应的质量证明文件原件。此时供应商应提供质量证明文件的复制件,并注明本次实际供应的品种、批次、规格、数量、供应日期、购货单位、供应商经手人,并加盖供应商在工商部门注册的红色公章,提交给购货的施工单位,这种质量证明文件也视为原件。

350.文件归档步骤有哪些?

答:收集、分类、组卷、修整、案卷排列、编页号、编写卷内目录、填写备考表、编制案卷目录、制作卷皮、装订、编制全引目录、装盒、上架。

351.需归档文件如何收集?

答:需归档文件可按以下方法进行收集:

(1)各参建单位应按建设单位明确的文件归档范围分别进行收集。

(2)文件在办理完毕后应及时收集,并实行预立卷制度。

(3)文件应收集齐全,做到"应收尽收、应归尽归"。如:一份完整的桥梁用钢筋报验资料,应包括:材料合格签认单、复检报告和产品质量证明书;再如:一份完整的房建工程混凝土检验批报验资料,应包括:混凝土检验批报审表、进场检验记录、混凝土浇灌申请书、混凝土开盘鉴定、预拌混凝土出厂合格证(3d、28d)、混凝土配合比通知单及其原材料检验报告、外加剂检验报告及其合格证、混凝土试块抗压强度报告(商品混凝土厂家)、混凝土试块见证取样记录、混凝土抗压强度检验报告(标养和同养)、等效养护龄期温度记录、施工记录、隐蔽工程验收记录等;又如:水泥、混凝土和砂浆强度,一定要收集到28d的强度报告。

(4)避免重复收集。如上级主管部门或建设单位的普发性文件,由建设单位收集;施工、监理等参建单位发给建设单位的请示文件,如无批复文件,则由发文单位收集，如有批复文件，则批复和请示文件由作出批复的单位收集；监理单位印发给施工单位的普发性文件和印发给建设单位的非请示文件，由监理单位负责收集。

352.各类文件的归档时限有什么要求？

答：各类文件的归档时限应符合以下要求：

(1)前期文件，如立项设计文件、招投标及合同文件、征地拆迁文件、移民安置文件、工程准备文件等，应在相关工作结束时归档。

(2)建设单位的项目管理文件宜按年度归档，同一事由产生的跨年度文件应在办结年度归档。

(3)施工文件应在项目完工验收后归档，建设周期长的项目可分阶段或按单位工程、分部工程归档；信息系统开发文件应在系统验收后归档。《公路工程标准施工招标文件(2018年版·第二册)》(第七章技术规范)规定："全部工程完工后，在全部工程的交工验收证书签发之前，承包人须按合同条款规定向发包人提交监理人认为完整、合格的竣工文件。在缺陷责任期内，承包人应补充竣工资料，并在签发缺陷责任期终止证书之前提交。"

(4)监理文件应在监理的项目完工验收后归档。

(5)科研项目文件应在结题验收后归档。

(6)生产准备、试运行文件应在试运行结束时归档。

(7)竣工验收文件在验收通过后归档。

(8)形成电子文件时，电子文件应与纸质文件同时归档。

353.项目文件归档套数有何规定？

答：项目文件归档套数应满足合同约定的数量；无约定时，声像文件和竣工图应至少归档两套，其他纸质文件原件归档一套，电子文件刻录光盘归档三套；如需向交通运输部档案馆移交时，则进馆的文件需增加一套。

354.声像文件应归档哪些内容？

答：公路建设项目一般应收集以下声像文件进行归档：

(1)各级领导视察、检查公路工程项目时的录音、录像照片。

(2)公路工程项目建设过程中各阶段的重大活动的录音、录像及照片，如招投标仪式、开工典礼和通车典礼等活动。

(3)征地拆迁过程中的录音、录像及照片。

(4)记录公路工程建设项目重大事故、自然灾害及异常现象的录音、录像及照片。

(5)反映工程质量、施工工艺等关键工序和隐蔽工程施工时的照片或录像。

(6)反映重大变更的照片或录像。

(7)反映工程项目建设前后地形地貌、地层岩性、地质构造对比的照片或录像。

355.沉降、位移、变形观测记录如何归档？

答:软土地基处理、高边坡、滑坡处治、桥梁、隧道等施工过程的沉降、位移、变形观测记录,是工程质量保证资料的重要组成部分。经监理工程师签认的原始记录和质量检验报告单,定期编制的变化关系曲线、数据分析图表、具体的物性参数、处理意见应收集齐全。各工程观测点的设立、观测的项目、周期和方法按有关规范及设计要求进行,并报监理机构批准。观测记录的收集、整理、归档宜分别按被观测对象独立成册。需要在交(竣)工后继续观测的,还应将观测成果及观测点和有关设备另外整理列表移交给工程的接收单位。

356.不合格项目(材料)的质检、试验资料如何归档？

答:经质量检验不合格的工程项目(原材料、商品构件)的质检、试验资料应收集归档,不得随意销毁;整改合格后形成的质检、试验资料应附于原不合格项目的质检、试验资料之前。

357.施工放样报验单如何归档？

答:施工放样是保证结构物按设计要求正确定位的依据,故所有工程在施工前都要先进行测量放样,待自检合格后填写施工放样报验单,并附测量放样原始记录及草图,报监理工程师签认。监理工程师签认后附于分部(分项)工程开工报告中,报监理工程师审批。由于开工前可能仅放样了部分点位,随着工程进展情况需对其他点位进行放样,整理时宜将施工过程中形成的放样记录排列于相应结构物工序检验资料前。

358.线外工程所形成的文件如何归档？

答:线外工程如改移道路、水渠、河道等,应参照主线的类似工程进行质量控制,并在分项工程评定合格后将相关文件排列在相应构造物质保资料的后面进行归档,不参与主线工程的评定。如果工程项目移交地方管理,应将一套相关资料移交地方管理部门。

359.组卷时对已经装订成册的文件材料如何处理?

答:已装订成册的文件材料,如自成一卷且已编有页号的,可在封面加盖档号章后直接归档,缺页号时应补充完善;如与其他文件材料组成一卷的,该册文件材料宜排列在其他文件材料之后,并将其作为一份文件列入卷内目录,编写1个序号,不需重新编写页号,但在其封面需加盖档号章,在卷内文件目录页次栏中填写该册总页数;如为了确保文件的完整、系统而将该册文件插入案卷某个位置时,则应顺序编写页号,与其他文件一并装订成卷。

360.归档公文整理前应进行哪些准备工作?

答:在整理归档公文之前,要做好以下准备工作:
(1)明确立卷责任:一要明确应归档和不应归档的范围;二要明确立卷单位(部门)任务的范围。
①机关各部门起草、以机关名义发出的文件,其正本和定稿一般应由机关综合部门立卷,有些完全属于业务事项的文件也可由主管业务部门立卷。
②由机关业务部门承办的上级机关的来文,谁承办即由谁立卷;由两个以上部门承办的文件,由主办部门立卷。
③机关业务部门自己形成的文件材料,由形成部门立卷。
(2)按照立卷的范围把应当归档的公文收集齐全、完整,收集工作的重点是本机构自己制成的公文,其次是各级行政主管部门、上级机关及其他社会利益相关方形成的与项目建设有密切联系的公文。
(3)编制归档公文的分类方案。根据本单位公文形成的规律、特征以及公文的数量,制定分类方案。公文只有在合理分类的基础上,才能展开有序的整理工作。

361.建设单位质量管理文件一般包括哪些内容?

答:建设单位质量管理文件一般包括以下内容:
(1)技术规范、质量标准的补充及修改文件。
(2)质量安全监督机构印发的质量安全监督相关文件及建设单位提交的整

改报告。

(3)建设单位委托或自行实施的工程质量检查记录,如委托监理机构进行交叉检查的记录,日常巡视工地现场发出的整改通知单、指令及其回复单等。

(4)项目工程质量工作计划、总结。

(5)项目重大质量风险管控措施。

(6)质量事故的统计、分析、调查和处理形成的文件材料。

(7)首件工程管理办法。

(8)质量创优(品质工程)目标、计划、评比办法、通报。

(9)对收到的投诉施工质量问题的处理意见。

(10)其他相关文件。

362.建设单位安全管理文件一般包括哪些内容?

答:建设单位安全管理文件包括但不限于以下内容:

(1)安全生产组织机构和制度汇编。

(2)安全生产责任制和考核办法、考核记录。

(3)施工、监理企业和人员(三类人员、特殊工种)资质台账。

(4)隐患排查、登记和销号记录。

(5)安全检查记录(含整改通知、反馈意见、整改结果)。

(6)"平安工地"考核评价表。

(7)教育培训记录。

(8)项目总体应急预案和演练记录。

(9)安全生产事故台账。

(10)安全例会记录和纪要。

(11)其他相关文件。

363.施工单位安全管理文件一般包括哪些内容?

答:施工单位安全管理文件包括但不限于以下内容:

(1)安全生产组织机构(附企业和人员的资质证书)、管理制度、操作规程。

(2)安全生产责任制和考核办法、考核记录。

(3)隐患排查、登记、销号记录。

(4)特种设备检验证书、验收记录、使用台账和起重设备吊装试吊记录。

(5)安全生产费用使用台账(附发票和账目明细)。

(6)安全防护用品、危险品台账。

(7)应急预案(综合、专项和现场应急处置方案,经监理审批)及演练记录(含预案培训、演练过程、评价及相关图片)。

(8)专项施工方案、临时用电方案、电工巡视记录。

(9)"平安工地"考核评价表。

(10)"三级"交底台账和记录。

(11)安全检查记录(含整改通知、反馈意见、整改结果)、安全例会记录。

(12)安全例会记录和纪要。

(13)消防责任制及考核文件、消防器材分布图。

(14)安全标志布置图。

(15)安全日志。

364. 监理单位安全管理文件一般包括哪些内容?

答:监理单位安全管理文件包括但不限于以下内容:

(1)安全生产组织机构(人员资质证书)、管理制度。

(2)安全生产责任制和考核办法、考核记录。

(3)隐患排查、登记、销号记录,隐患通知单及回复单。

(4)"平安工地"考核评价表。

(5)教育培训记录。

(6)安全检查记录(含整改通知、反馈意见、整改结果)。

(7)安全例会记录和纪要。

(8)安全监理日志、台账。

365. 建设单位项目档案管理文件一般包括哪些内容?

答:建设单位项目档案管理文件一般应包括以下内容:

(1)建设项目档案管理登记表。

(2)档案工作领导小组、档案室机构建立和项目档案工作网络建立的文件。

(3)档案管理制度和办法。

(4)档案突发事件应急预案。

(5)档案工作考核措施及记录、整改报告。

(6)确保竣工文件真实准确的制度、措施、手段并能有效执行、落实的相关记录。

(7)项目档案分类方案、文件归档范围及保管期限一览表。
(8)项目档案整理细则。
(9)档案业务培训合格证书。
(10)档案利用登记簿、利用效果反馈表。
(11)档案库房温湿度登记表。
(12)各参建单位和建设单位各职能部门提交的项目档案移交手续。
(13)建设单位编制的项目档案整理情况说明。
(14)项目档案自查报告。
(15)项目档案验收申请。
(16)项目档案验收意见和整改报告。
(17)其他相关文件。

366.缺陷责任期文件一般包括哪些内容？

答：缺陷责任期文件一般包括以下内容：
(1)建设单位制定的遗留、缺陷、应急工程的修复办法。
(2)桥隧、机电、房建等工程的定期检查报告、检查汇总报告、维护报告。
(3)缺陷责任期施工合同书。
(4)修复通知单、维修工程委托书、完工确认单。
(5)维修处治工程结算书。
(6)路面路况数据采集表。
(7)其他缺陷期文件。

367.项目电子文件一般包括哪些内容？

答：项目电子文件指在数字设备及环境中生成，以数码形式存储于磁带、磁盘、光盘等载体，依赖计算机等数字设备阅读、处理，记录和反映项目建设和管理各项活动的文件。包括文本电子文件、图像电子文件、图形电子文件、视频电子文件、音频电子文件等。建设单位应当根据纸质文件归档范围，结合项目实际情况，确定项目电子文件归档范围。

368.项目电子文件归档时应采用何种格式？

答：项目电子文件应当采用符合国家标准或能够转换成符合国家标准的文件格式，以利于信息共享和长期保存。归档格式见表4.1。

项目电子文件格式要求　　　　　　　表4.1

文 件 类 别	格　　　式
文本(表格)文件	OFD、DOC、DOCX、XLS、XLSX、PDF/A、XML、TXT、RTF
图像文件	JPEG、TIFF
图形文件	DWG、PDF/A、SVG
视频文件	AVS、AVI、MPEG2、MPEG4
音频文件	AVS、WAV、AIF、MID、MP3
数据库文件	SQL、DDL、DBF、MDB、ORA
虚拟现实/3D图像文件	WRL、3DS、VRML、X3D、IFC、RVT、DGN
地理信息数据文件	DXF、SHP、SDB

369. 项目电子文件归档有哪些要求？

答： 项目电子文件归档应符合以下要求：

(1)项目管理信息系统应当具备电子文件管理及归档功能，并能够对项目电子文件形成与流转实施有效控制，保障其真实、完整和安全；能够在形成、流转过程中及时跟踪、检查和补充与项目设计、设备、材料、施工等变更相关的项目电子文件及其元数据。

(2)项目电子文件整理时，应当按照项目档案分类方案组成多层级文件信息包，文件信息包应包含项目电子文件及过程信息、版本信息、背景信息等元数据。

(3)项目电子文件完成整理后，由形成部门负责对文件信息包进行鉴定和检测，包括内容是否齐全完整、格式是否符合要求、与纸质或其他载体文件内容的一致性等。

(4)项目电子文件信息包经过形成部门鉴定和检测后，由相关责任人确认归档，赋予归档标识。归档标识中应当含有归档责任人、归档时间、文件信息包名称等信息。

(5)一般采用物理归档，电子文件在内容、格式、相关说明及描述上应与纸质项目档案保持一致，且二者应建立关联。

(6)采取离线方式归档时，应将带有归档标识的电子文件拷贝到耐久性好的存储介质上，存储介质应设置成禁止写入的状态。存储介质的选择依次为光盘、磁带、硬磁盘等。

(7)存储电子档案的介质或装具上应贴有标签，标签上应注明载体序号、类别号、案卷起止号、密级、保管期限、存入日期等。

(8)归档时应由档案管理机构进行检验,并填写"电子文件归档登记表"(格式见表4.2),检验合格后,办理交接手续。

电子文件归档登记表　　　　表4.2

单 位 名 称					
归档时间		归档电子文件门类			
归档电子文件数量		卷	件　　张	分钟	字节
归档方式		□在线归档　　□离线归档			
检验项目		检验结果			
载体外观检验					
病毒检验					
真实性检验					
可靠性检验					
完整性检验					
可用性检验					
技术方法与相关软件说明登记表、软件、说明资料检验					
电子文件形成或办理部门(签章) 　　　　　　　年　月　日		档案部门(签章) 　　　　　　　年　月　日			

注:归档电子文件门类包括:文书、科技、专业、声像、电子邮件、网页、社交媒体和其他。

370.归档文件如何分卷?

答:首先按照项目档案分类方案中最末一级的类目,将文件分类;其次根据文件内容进一步分小类进而逐步形成案卷,一般根据事由区分,例如按事件的请示和批复文件,每个事件作为一个小类,或者按照某项工程的先后施工顺序,每项工程形成的文件作为一个小类。

371.立卷应遵循哪些原则?

答:立卷指按照一定的原则和方法,将有保存价值的文件分门别类整理成案卷,也称组卷。立卷应在预立卷的基础上完成。项目文件立卷应遵循以下原则:

(1)遵循归档文件的自然形成规律和工程专业特点,保持案卷内文件的有机联系和案卷的成套、系统,便于档案的保管和利用。

(2)工程文件应按不同的形成、整理单位及建设程序,按立项文件、设计文件、工程准备文件、项目管理文件、监理文件、施工文件、竣工验收文件等分别进行立卷,并可根据数量多少组成一卷或多卷。

(3)合同段工程由多个单位工程组成时,工程文件应按单位工程立卷;两个以上单位工程共用的文件材料,仅在第一个单位工程中立卷,并通过备考表中的互见号和说明,注明其适用于哪些单位工程。

(4)不同载体的文件应分别立卷。

372.组卷时案卷厚度应为多少?

答:根据现行《建设工程文件归档规范》(GB/T 50328)的规定,文字材料卷厚度不宜超过20mm,图纸卷厚度不宜超过50mm。

373.不符合归档要求的文件如何修整?

答:为保证档案能够长期保存和有效提供利用,装订前必须对不符合要求的归档文件材料进行下列必要的修整:

(1)修补破损文件。修补破损文件是使用粘合剂和选定的纸张对破损文件进行"修补"或"托裱",应按照现行《档案修裱技术规范》(DA/T 25)予以修复。修裱工作主要针对有重要保存价值的归档文件。

(2)对批语、签注意见写在文件装订线上的,应予以粘贴补宽。

(3)复制字迹模糊或易褪色的文件。

(4)超大纸张需折叠后归档。

(5)去除易锈蚀、易氧化的金属或塑料装订用品,主要是拆除钉书钉、曲别针、大头针和塑料封皮等易氧化、腐蚀的装订用品。对于装订成册不便拆钉的刊物、书籍等,可保持原貌。

(6)对于规格小于A4的文件,如合格证等,应粘贴于A4纸质上,并注明所对应的设备号;如合格证正反面均有字迹时,不宜直接粘贴,宜制作尺寸相宜的纸袋,将纸袋粘贴于A4纸后将其插入。

374.超大纸张如何折叠?

答:目前,公文用纸幅面已基本统一为国际标准A4型,但实际工作中报表、图样等纸张幅面常常会大于A4规格,难以装入按照A4纸张的比例设计的档案盒,因此需要加以折叠。一般按以下方法折叠:

(1)折叠时要注意尽量减少折叠次数,同时折痕处应尽量位于文件、图表字迹以外。

(2)文件页数较多时,宜单张折叠,以方便归档后的查阅利用。

(3)附属设施的0号图、1号图等大幅面图纸,应按照现行《技术制图 复制图的折叠方法》(GB/T 10609.3)的规定折叠后归档。

(4)单独成册的A3幅面的文件,如可研报告的附图、设计图纸、竣工图等,不需逐张进行手风琴式折叠,宜直接放入A3规格的档案盒。

375. 塑封文件如何归档?

答:实践中存在少量塑封文件,去掉塑封会导致原有字迹模糊。此时应将塑封文件复印后组卷,在案卷备考表中注明第×页原件单独存放的位置,同时将塑封文件装入专用档案袋并在文件和档案袋上同时注明档号,紧跟该案卷装入同一档案盒中。

376. 钢材铭牌如何归档?

答:钢材铭牌应拍摄照片打印后作为质量证明文件归档,同时将铭牌装入专用档案袋,并在铭牌背面和档案袋上同时注明档号,紧跟该案卷装入同一档案盒中。

377. 案卷构成要素有哪些?

答:案卷由案卷卷盒、内封面、卷内目录、卷内文件材料及备考表(封底)组成,其格式均应符合现行《科学技术档案案卷构成的一般要求》(GB/T 11822)。

378. 案卷页号如何编写?

答:案卷内的文件材料应按以下要求编写页号:

(1)零散纸张按序排列组成案卷时,卷内文件均按有书写内容的页面编号。每卷单独编号,页号从卷内目录后第1页开始编写,其序号为"1"。页号编写位置:应在距页面边缘10mm的位置编写,单面书写的文件在右下角;双面书写的文件,正面在右下角,背面在左下角;折叠后的图纸一律在右下角。

(2)已装订成册的案卷,能直接利用原有页号的,可不另行编写页号;原有页号与案卷页号不能顺接的,重新编写页号。

(3)案卷封面、卷内目录、卷内备考表不编页号。

(4)用铅笔编写。一是便于修改;二是原始文件利用复制时,可将页号擦除,以便尽可能保持其原貌。

379.管理性文件如何组卷?

答:建设过程中各参建单位形成的管理性文件如指红头文件、便函、会议纪要等,一般按事由组卷。同一事由的文件材料,印件在前,定稿在后;正件在前,附件在后;原件在前,复制件在后;复文在前,来文在后;批复在前,请示在后;文字在前,图样在后;发文卡放正文之后,收文批办卡放正文之前。专题性会议形成的纪要按每个专题组卷,综合性事务的会议所形成的纪要一般按年度组卷。会议记录一般一个自然册形成一卷。

380.管理性文件形成的案卷如何拟写案卷题名?

答:拟写案卷题名,是立卷工作的重要内容,是立卷成果的体现。案卷题名应准确地揭示卷内文件材料的内容,文字要简明扼要。管理性文件形成的案卷,案卷题名一般由责任者、事由、文件名称三个部分组成。题名的责任者部分,如责任者少可全部标出,超过三个责任者时应当适当概括。题名中事由部分应综合概括卷内文件的内容。题名中文件名称部分可选用案卷中主要的文种进行表述,如"××通知和函""××会议文件"。案卷题名中,在责任者与事由部分之间应用介词"关于"连接,在事由与文件名称部分之间应用结构助词"的"连接起来,使题名形成一个完整的句子。如果是由计划、总结类公文组成的案卷,案卷题名应由责任者、时间(年度或起止年度)、事由、文种四部分组成。

381.日志类文件如何组卷和拟写题名?

答:施工日志、监理日志宜按单位工程编制和组卷;一般按照"项目名称+工程名称+××××年××月××日志"的形式拟写案卷题名,如"××项目K××+××~K××+××路基工程2021年4月—6月施工日志";卷内目录的文件题名按月份拟写,如"K××+××~K××+××路基工程2021年4月施工日志"。

382.质量保证资料案卷的卷内文件如何排列?

答:施工单位质量保证资料和监理抽检资料所组成的案卷,卷内文件排序应按行业规定和建设单位的要求执行,无明确规定时,按"结果为导向"的原则排列,即先排结论性文件,后排支撑性文件,其中支撑性文件应按施工顺序或文件形成顺序排列。

(1)施工自检资料一般以分项工程为单元组卷,按分项工程(中间)交工证书、分项工程质量评定表、检测指标统计判定表、首件认证文件、分部(分项)开工报告、工序自检资料排序;试验自检资料一般以被检对象及其规格型号组卷,按试验检测结果汇总表、材料合格签认单、试验检测报告、试验记录、合格证和厂家提供的检验报告顺序排列。

(2)监理抽检资料一般按分部工程质量评定表、检测指标统计判定表、工序抽检资料和旁站记录排序;试验抽检资料一般按照试验检测结果汇总表、试验检测报告、试验记录顺序排列。

383.喷混强度报告和锚杆拔力的检测报告应如何排序?

答:喷射混凝土强度和锚杆拔力应按照土建标准规定的频率进行现场检测,检测报告附于所检桩号相应的喷射混凝土和锚杆支护工序检验资料中。

384.竣工图组卷时文件应如何排序?

答:一般每一卷竣工图按照封面、内封面、竣工图目录、竣工图编制说明、竣工说明、图纸、备考表的顺序排列;当该卷存在变更项目时,应在"图纸"前排列"竣工图变更一览表",将该卷的变更项目逐一列明。

385.如何编制卷内目录?

答:案卷的卷内目录应按以下要求编制:
(1)档号按照分类方案确定的编号填写,每卷一个档号。
(2)序号,从1起依次标注卷内文件的顺序,一"件"文件一个号。
(3)文件编号,填写文件材料的原始编号或图号。
(4)责任者,填写文件材料的形成单位或主要形成单位;属原材料报验和工序报验文件的,责任者应填写施工单位和监理单位。
(5)文件题名,填写卷内文件材料标题的全称,没有标题或标题不能说明文件材料内容的,应自拟标题,并加[ ]符号。案卷内每份独立成件及单独办理报验和批准手续形成的文件材料,均应逐件填写文件标题。
(6)日期,填写每"件"文件材料形成的最终日期,日期用8位数字表示,如:20150508;只标注月份的文件,日期按当月最后一天表示;如文件材料中的日期不明确,应分析相关文件得出其形成日期。

(7)页次,填写每件文件材料首页上标注的页号,最后一份文件标注起止页号,如:175-180;若按件装订,"页次"应改为"页数",填写每件材料的页数。

(8)备注,填写需注明的情况。

386. 如何拟写卷内目录中的文件题名?

答: 文件题名的构成一般为工程名称+文件材料名称。案卷内每份独立成件及单独办理报验和批准手续形成的文件材料,均应逐件填写文件标题。示例如下:

(1)K××+××大桥4号墩~6号墩桩基钢筋加工及安装中间交工证书

(2)K××+××大桥4号墩~6号墩桩基钢筋加工及安装分项评定表

(3)K××+××大桥4号墩~6号墩桩基中间交工证书

(4)K××+××大桥4号墩~6号墩桩基分项评定表

(5)K××+××大桥4-1号桩基成孔自检记录

(6)K××+××大桥4-1号桩基钢筋加工及安装自检记录

(7)K××+××大桥4-1号桩基成桩自检记录

387. 如何制作卷内目录?

答: 每个案卷均应按以下要求制作卷内目录:

(1)卷内目录格式应符合现行《科学技术档案案卷构成的一般要求》(GB/T 11822)的规定,示例见图4.1。

卷 内 目 录

档号:KJ·01·06·01-1

序号	文件编号	责任者	文件材料题名	日期	页次	备注
1		××监理有限公司	K××~K××路基桥隧工程监理工作报告	20220930	1	
2		××监理有限公司	K××~K××路基桥隧工程监理案卷编制说明	20221115	65-78	
……		……	……	……	……	

图4.1 卷内目录示例

(2)用 70g 以上 A4 纸打印,排在封面之后装订成卷。
(3)卷内目录信息应准确,宜采用档案管理系统编制。

388.工程资料的案卷如何拟写案卷题名?

答:工程资料的案卷题名一般由项目名称+工程名称+文件材料名称构成,应简明、准确地反映卷内文件的内容。文件材料名称可以是报告、方案、记录、报批单及附件等,避免使用"资料"作为题名。项目名称较长时可采用简称,并在"案卷编制说明"中注明。案卷题名示例如下:

(1)××至××公路 K××~K××路基土方填筑原地面填前碾压和 93 区第 1~30 层的施工自检记录

(2)××至××公路 K××+ ××大桥右幅 1~3 号墩基础及下部构造中间交工证书、分项评定表、分项开工申请报告

(3)××至××公路 K××~K××路基桥隧工程监理工作报告和案卷编制说明

389.如何制作封面?

答:案卷封面按以下要求制作:

(1)封面格式应符合现行《科学技术档案案卷构成的一般要求》(GB/T 11822)的规定,示例见图 4.2。

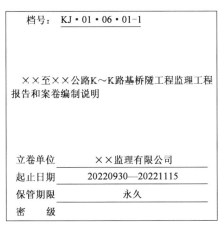

图 4.2 案卷封面示例

（2）采用120g以上无酸纸制作。

（3）档号按照分类方案确定的编号填写，并应与卷内目录和备考表的档号保持一致。

（4）案卷题名根据文件内容拟写。

（5）立卷单位填写组卷单位名称，名称文字较多时可用简称，并在"案卷编制说明"中注明单位全称。

（6）起止日期填写卷内文件形成的最早和最晚的日期，如"20150805—20151112"，如果该卷文件材料最早最晚时间为同一天，则表示为"20150805"。

（7）保管期限一般分为永久、30年、10年三种，应根据项目的实际情况、项目文件材料的特性及利用价值，分别确定案卷的保管期限。

（8）密级应依据保密规定填写。国家秘密的密级分为绝密、机密、秘密三级，企业秘密的密级可标注为"核心商密"或"普通商密"。同一案卷内有不同密级的文件，应以高密级为本卷密级。密级未确定时可暂时空下。

（9）出于保密需求，案卷有正副本之分时，宜在封面左上角距离边缘20mm位置标注带方框的正本或副本，方框尺寸30mm×10mm。

390. 如何制作备考表？

答：卷内备考表应按以下要求制作：

（1）备考表格式应符合现行《科学技术档案案卷构成的一般要求》（GB/T 11822）的规定，示例见图4.3。

卷内备考表

档号：KJ·01·06·01-1

互见号：

说明：
　　本卷共2件，共78页。

立卷人：周××
　　　　年　月　日
检查人：海××
　　　　年　月　日

图4.3　卷内备考表示例

(2)用 70g 以上 A4 纸打印,排在文件材料之后装订成卷。

(3)档号,同卷内目录的档号。

(4)互见号,应填写反映同一内容不同载体档案的档号,并注明其载体类型。

(5)说明,应标明案卷内全部文件总件数、总页数以及在组卷和案卷提供使用过程中需要说明的问题。

(6)立卷人,应由立卷责任者签名。立卷日期,应填写完成立卷的时间。

(7)检查人,应由案卷质量审核者签名。施工单位一般由项目技术负责人签认,监理单位一般由专业监理工程师签认,建设单位一般由相关部门负责人签认。检查日期,应填写案卷质量审核的时间。

391. 案卷目录如何编制?

答:案卷目录应按以下要求编制:

(1)案卷目录格式应符合现行《科学技术档案案卷构成的一般要求》(GB/T 11822)的规定,示例见图 4.4。

案 卷 目 录

序号	档 号	案卷题名	总页数	保管期限	备注
1	KJ·01·06·01-1	××至××公路 K××~K××路基桥隧工程监理工作报告和案卷编制说明	271	永久	
2	KJ·01·06·01-2	××至××公路 K××~K××路基桥隧工程监理计划	184	永久	
3	KJ·01·06·01-3	××至××公路 K××~K××路基桥隧工程监理实施细则	144	永久	
4	KJ·01·06·01-4	K××~K××路基桥隧工程总监授权委托书和监理人员变更申请及其批复文件	85	永久	
5	KJ·01·06·01-5	K××~K××路基桥隧工程监理机构关于印发各项管理制度和开展 QC(质量控制)、质量月活动实施方案的通知	205	30 年	
6	KJ·01·06·01-6	K××~K××路基桥隧工程监理机构关于加强原材料源控制、路基软基处理、涵洞基底换填等的通知	129	30 年	
……	……	……	……	……	

图 4.4 案卷目录示例

(2)用70g以上 A4 纸打印后装入检索目录夹中。

(3)序号,从"1"开始填写流水号。

(4)档号、案卷题名、保管期限的内容同封面。

(5)总页数,应填写案卷内全部文件的页数之和。

(6)备注可根据管理需要填写案卷的密级、互见号或存放位置等信息。

(7)宜采用档案管理系统编制。

392. 全引目录如何编制?

答:全引目录应按以下要求编制:

(1)全引目录是将案卷目录和卷内目录的信息合并在一起,示例见图4.5。

全 引 目 录

案卷题名	××至××公路K××～K××路基桥隧工程监理工作报告和案卷编制说明			档号	KJ·01·06·01-1	
				保管期限	永久	
序号	文件编号	责任者	文件题名	日期	页次	备注
1		××监理有限公司	K××～K××路基桥隧工程监理工作报告	20220930	1	
2		××监理有限公司	K××～K××路基桥隧工程监理案卷编制说明	20221115	65-78	
……	……	……	……	……	……	

图4.5 全引目录示例

(2)用70g以上 A4 纸打印后装入检索目录夹中。

(3)内容填写同案卷目录和卷内目录。

(4)宜采用档案管理系统编制。

393. 案卷脊背如何填写?

答:案卷脊背一般填写档号和保管期限即可,可采用红颜色印章或手工填写,不宜采用盒条纸粘贴的方式。

394. 案卷如何装订？

答：案卷一般采用"三孔一线"的方式装订，具体方法如下：

（1）采取挤压式打孔，以免对文件造成过多损害。打孔前先用夹子固定文件右侧，确定孔距后用锥子或三孔一线打孔机打孔。三孔之间的距离，竖版文件以 8~10cm 为宜，横版文件以 6~8cm 为宜。三孔与文件左侧距离不低于 1.5cm。

（2）穿线时，先将装订绳对折，将两个绳头并齐后从文件背面穿入中间孔，再将绳头分别向下穿入两边的孔中，并从由装订绳形成的圈中交叉穿过。用力拉紧两个绳头，使装订绳紧缚文件，再将两个绳头在中间孔处打结。

（3）三孔一线装订在打结后应保留 1.5cm 左右的绳头，并在打结处用力压实，示例见图 4.6。

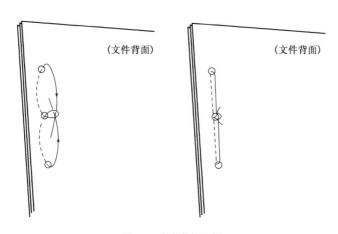

图 4.6　案卷装订示例

（4）装订前，应去除塑胶、塑封、塑膜、胶圈等易老化腐蚀纸张的封面或装订材料。回形针、大头针、燕尾夹、热熔胶、办公胶水、装订夹条、塑料封等不得用于装订。不装订的图纸及已胶装成册的文件材料，每份需加盖档号章。

395. 数码照片如何归档？

答：数码照片应刻录在不可擦写光盘上保存，同时还须冲印出 6 英寸纸质照片与说明一并整理归档。照片档案的整理应符合现行《照片档案管理规范》（GB/T 11821）的要求。

396. 对案卷如何进行系统化排列?

答:案卷的编制单位应按工程进展的自然过程,对已经整理好的案卷进行系统化排列:

(1)施工单位应对本合同段形成的案卷,按照其自然形成过程,依照路线进行方向,结合单位工程排列顺序依次进行排列。监理检测单位按照工作程序,以合同段为单位,对形成的案卷进行系统化排列。

(2)项目法人单位负责对接收的全部项目档案进行系统化整理和排列。案卷排列顺序按照立项审批、设计、工程准备、施工、交工、竣工等不同阶段依次进行汇总整理和排列。其中施工阶段案卷按照项目法人单位、施工单位及监理单位形成的案卷分别进行汇总、整理和排列;施工单位和监理单位形成的案卷,依路线进行方向,以合同段为单位依次进行汇总整理和排列。

(3)招投标、合同及计量支付、计划进度报表类档案可单独整理和编目。

(4)各参建单位可参照附录C进行案卷排列。

397. 案卷如何进行审查?

答:案卷应按以下要求进行审查:

(1)施工文件组卷完毕自查合格后,依次由监理单位、建设单位工程管理部门、建设单位档案管理机构进行审查;信息系统文件组卷完毕后提交监理单位、建设单位信息化管理部门、建设单位档案管理机构进行审查。

(2)监理文件和第三方检测文件组卷完毕并自查合格后,依次由建设单位工程管理部门和档案管理机构进行审查。

(3)每个审查环节均应形成记录和整改闭环。

(4)建设单位各部门形成的文件组卷完毕,经部门负责人审查合格后,向建设单位档案管理机构归档。

398. 如何编制移交目录?

答:建设单位整体移交项目档案时,应编制移交目录。移交目录由封面和案卷目录构成。封面内容宜包括:目录名称、案卷数量、起讫桩号、接收单位、接收人、移交单位、移交人、交接日期等,示例见图4.7。

```
××至××公路项目档案案卷移交目录

案卷数量：_____卷
     其中纸质文件____卷，电子文件____卷
     光盘_____张
起讫桩号：主线_____
     支线_____
     连接线_____


移交单位：（盖章）
移交人：（签字）          年  月  日


接收单位：（盖章）
接收人：（签字）          年  月  日
```

图4.7 移交目录封面示例

399. 项目档案的数字化应如何实施？

答：为便于档案利用，应开展数字化工作。

(1) 建设单位应在招标文件或合同书中明确约定各参建单位的数字化范围，一般包含但不限于以下内容：项目立项、勘察设计、征地拆迁、合同协议、项目管理文件，重要隐蔽工程验收、缺陷处理文件、竣工图、交竣工验收文件，重要设备文件等。

(2) 纸质档案数字化应遵循档案管理的客观规律，真实反映档案内容，最大限度地展现档案原貌。

(3) 委托第三方进行数字化加工的建设项目，委托单位应与数字化加工单位签订保密协议，明确保密要求、责任及泄密的处置措施；采取建立安防系统、加强数字化存储设备管理和数字化人员管理等措施，确保档案信息安全。

400. 纸质档案数字化的基本环节有哪些？

答：纸质档案数字化的基本环节主要包括：数字化前处理、档案扫描、图像处理、数据库建立、数据挂接、数字化成果验收与移交等。

401. 纸质档案数字化工作方案应包括哪些内容？

答：纸质档案数字化工作方案应包括数字化对象、工作目标、工作内容、成本核算、数字化技术方法和主要技术指标、验收依据、人员安排、责任分工、进度安排、安全管理措施等内容。数字化对象的确定应综合考虑档案的珍贵程度、开放程度、利用率、亟待抢救程度、数字化资金情况等因素。

402. 纸质档案数字化应建立哪些管理制度？

答：纸质档案数字化管理制度应包含岗位管理、人员管理、场地管理、设备管理、数据管理、档案实体管理等方面的制度。

（1）岗位管理制度主要规定数字化工作各岗位的工作目标和职责，形成明确的岗位业务流程规范、考核标准、奖惩办法等。

（2）人员管理制度主要对人员的安全责任、日常行为、外聘人员信息审核及管理、非工作人员来访登记等进行规范。

（3）场地管理制度主要对人员出入和工作场地内基础设施、环境、网络、监控设施、现场物品、证件等的管理进行规范。

（4）设备管理制度主要对数字化工作各环节涉及的全部设备的管理进行规范。

（5）数据管理制度主要对数字化各环节所产生数据的管理进行规范。

（6）档案实体管理制度主要对档案实体在数字化过程中的交接、管理、存放等工作进行规范。

403. 档案数字化需归档哪些文件？

答：主要包括纸质档案数字化工作方案、纸质档案数字化审批书、纸质档案数字化流程单、数据验收单、项目验收报告、纸质档案数字化成果移交清单等，采取外包方式实施时，还应包括项目招标文件、投标文件、中标通知书、项目合同、保密协议等。

404. 扫描色彩模式如何选择？

答：扫描文件时的色彩模式按以下规则选择：

（1）为最大限度保留档案原件信息，便于多种方式的利用，宜全部采用彩色模式进行扫描。

（2）页面中有红头、印章或插有照片、彩色插图、多色彩文字等的档案，应采用彩色模式进行扫描。

（3）页面为黑白两色，并且字迹清晰、不带插图的档案，也可采用黑白二值模式进行扫描。

（4）页面为黑白两色，但字迹清晰度差或带有插图的档案，也可采用灰度模式扫描。

405.扫描分辨率应如何选择？

答：扫描分辨率的选择，应保证扫描后图像清晰、完整，并综合考虑数字图像后期利用方式等因素，一般不小于200dpi；如文字偏小、密集、清晰度较差时，建议扫描分辨率不小于300dpi。

406.数字图像采用哪种格式保存？

答：数字图像应采取以下格式保存：

（1）纸质档案数字图像长期保存格式为 TIFF、JPEG 或 JPEG2000 等通用格式，图像压缩率可根据实际应用的需求而定。

（2）纸质档案数字图像利用时，也可从网络浏览速度、易操作性、存储空间占用等方面进行综合考虑，将图像转换为 OFD、PDF 等其他格式。

（3）同一批档案应采用相同的存储格式。

407.数字图像如何命名？

答：扫描形成的数字图像应按以下规则命名：

（1）应以档号为基础对数字图像命名，名称保持唯一性。

（2）图像存储为单页文件的，按档号与图像流水号的组合对图像命名，如 A001-KJ·01·02-3-001，表示科技档案第1个项目第2类下第3卷的第1页对应的图像。

（3）图像确需存储为多页文件时，可采用档号与起止页号的组合对图像命名，如 A001-KJ·01·02-3-001～152，表示科技档案第1个项目第2类下第3卷的第1页至第152页对应的图像。

408.图像质量应检查哪些内容？

答：对档案数字化后的图像应检查以下内容：

(1)数字图像不完整、无法清晰识别或图像失真度较大时,应重新扫描。

(2)对于漏扫、重扫、多扫等情况,应及时改正。

(3)数字图像的排列顺序与档案原件不一致时,应及时进行调整。

(4)对数字图像拼接、旋转及纠偏、裁边、去污等处理情况进行检查,发现不符合图像质量要求时,应重新进行图像处理。

409.光盘应如何标识?

答:光盘标识内容包括:光盘编号、套号、类型及容量、制作单位、制作日期、复制单位、复制日期(图4.8),具体要求如下:

(1)光盘编号由全宗号-类别号-件号构成,1张光盘为1件,件号即光盘序号,用3位数字表示,A001-GP·02-001。

(2)套号用大写英文字母A、B、C表示,A表示封存保管,B表示查阅利用,C表示异地保存。

(3)类型及容量填写光盘载体的类型及存储数据的容量,如DVD-R、4.2G。

(4)制作和复制单位分别填写制作光盘内容的立档单位和复制光盘的单位。

(5)日期用8位数字表示,如20220601。

(6)标签面应为可书写型油墨印刷或可打印型油墨,也可使用光雕刻录设备刻写;书写时应使用专用光盘标签笔(非溶剂基墨水的软性标签笔);光盘盘面禁止使用粘贴标签。

图4.8 光盘盘面

410. 项目档案验收检查的重点内容是什么？

答：项目档案专项验收组检查项目档案采用咨询、现场查验、抽查案卷的方式进行。视建设项目档案形成情况，抽查案卷数不少于案卷总数的 5%～10% 且不少于 100 卷。抽查重点为立项审批文件、征地拆迁文件、质量检验评定文件、隐蔽工程记录、工程变更文件、竣工图等。

411. 项目档案验收意见包括哪些内容？

答：项目档案验收合格的项目，由项目档案验收组出具项目档案验收意见。验收意见的主要内容包括：

(1) 项目建设概况。

(2) 项目档案管理情况，包括：项目档案工作的基础管理工作，项目文件材料的形成、收集、整理与归档情况，竣工图的编制情况及质量，档案的种类、数量，档案的完整性、准确性、系统性及安全性评价，档案验收的结论性意见。

(3) 存在问题、整改要求与建议。

验收不合格的项目，由项目档案验收组提出整改意见，要求项目建设单位于项目竣工验收前对存在的问题限期整改，并进行复查。

412. 移交交通运输部档案馆的项目文件包括哪些内容？

答：凡列入国家公路建设国道主干线、《国家高速公路网规划》、深水特大型桥梁等建设项目；其他具有历史开创性、能代表同期国内先进技术、工艺水平，具有战备特殊性、地理位置、地质结构复杂而重要的建设项目；获得国家科学技术进步奖、全国交通行业学会科学技术奖，在国内外具有重要影响的、科技含量高并在交通领域取得重大成效的交通科研项目及科技成果项目；这些项目产生的重要科技档案应移交交通运输部档案馆保存。具体内容如下：

(1) 综合性文件，包括：

①建设依据及上级有关批文。

②用地申报及批文中的建设用地规划部门许可及红线图。

③工程位置图。

④主要工程项目设计、竣工数量对照表。

⑤重要声像资料及电子版目录。

(2) 设计文件：总说明书和总体设计。

(3)施工文件,包括:
①经审查批准的具有代表性的路线、特大桥、大桥、特长隧道及长隧道施工组织设计方案。
②重要科研、新工艺运用文件材料。
③重大工程事故处理报告。
(4)竣工图,包括:
①竣工工程平面缩图。
②路线平、纵断面图。
③特大桥表及特大桥平面图。
④大桥表及大桥平面图。
⑤特长隧道表及平面图。
⑥长隧道表及平面图。
⑦互通立交一览表。
⑧主要交通工程平面布置总图。
⑨安全设施一览表。
⑩监控系统一览表。
(5)工程总结报告和竣工验收文件。

第五章

档案安全

413. 新的档案安全观包括哪些内容？

答：新的档案安全观包括以下内容：一是由关注馆藏档案安全向馆藏档案安全与馆外档案安全并重转变；二是由关注档案实体安全向档案实体安全与档案信息安全并重转变；三是由关注档案库房安全向档案库房安全与档案馆区安全并重转变；四是由关注档案静态安全向静态保管安全与动态使用安全并重转变；五是由关注破损档案保护向破损档案保护与未破损档案保护并重转变。

414. 档案安全体系的建设如何开展？

答：建设单位应建立档案安全体系，堵塞安全漏洞，消除安全隐患，提高档案管理部门的安全保障能力。

（1）档案安全体系建设包含三个层面：一是确保档案实体的安全，不损毁，不丢失；二是确保档案信息的安全，不失密，不泄密；三是确保档案的完整齐全并尽量延长档案实体和信息的保存时限。

（2）安全体系的建设，一是靠制度保安全，建立一套完整的、符合现实和发展需要的安全指标体系和工作规范；二是靠硬件设施保安全，落实"九防"措施；三是靠工作保安全，建立行之有效的科学管理、安全防范和应急处置机制；四是靠科技保安全。

415. 如何理解"维护档案的完整与安全"？

答：维护档案的完整与安全是档案管理最基本的要求。

（1）维护档案的**完整**，有两方面的含义：一方面，从**数量**上，要保证档案的齐全，保证应该集中和实际保存的档案不致残缺短少，做到"应归尽归、应收尽收"；另一方面，从**质量**上，也就是从系统性方面要维护档案的有机联系，**不能人为地割裂分散，或者零散地堆砌**。

（2）维护档案的安全，也有两方面的含义：一方面，力求档案本身不受损坏，尽量延长档案寿命，即保证档案管理物质安全；另一方面，要保护档案免遭有意破坏，档案机密不被盗窃，不失密，即保证档案管理的政治安全。

416. 档案保管工作的任务和基本原则是什么？

答：档案保管工作的任务是：防止档案损毁，延长档案寿命，维护档案安全。档案保管工作的基本原则是：按全宗和专业类项进行保管；以便于利用为目的；

以防为主,防治结合;突出重点,兼顾一般。

417.如何编制档案管理突发事件应急预案?

答:参建各方应根据以下要求编制档案管理突发事件应急预案:

(1)应当遵循**以人为本**、**依法依规**、**符合实际**、**注重实效**的原则,以应急处置为核心,体现自救互救和先期处置的特点,做到职责明确、程序规范、措施科学,尽可能简明化、图表化、流程化。

(2)应急预案内容应至少包括:①编制和实施预案的有关危机情况和背景;②应急处置工作的目标、要求和具体措施,预案启动条件和处置程序;③应急指挥机构的建立及其人员组成,应急处置工作队伍的数量、分工、联络方式、职能及调用方案;④有关协调机构、咨询机构及能够提供援助的机构、人员及其联系方式;⑤抢救档案的顺序及其具体位置,库房常用及备用钥匙、重要检索工具的位置和库房管理人员;⑥档案库房所在建筑供水、供电开关及档案库区、重点部位的位置等;⑦向当地党委和政府、有关主管机关和上级档案行政管理部门及上级单位报告的联系方式;⑧其他预防突发事件、救灾应注意事项。

(3)格式要求:封面主要包括应急预案编号、应急预案版本号、生产经营单位名称、应急预案名称及颁布日期;批准页,应经单位或机构主要负责人批准方可发布;应设置目次。

(4)建设单位、施工单位、监理单位和检测单位应分别编制应急预案,并向建设单位档案管理机构报备。

418.试述档案安全检查的内容和方式?

答:建设单位在项目建设过程中应组织进行档案安全检查:

(1)检查的内容和目的:一是从政治安全方面出发,检查档案有无被盗、被损和泄密等情况,及时发现不安全的因素,以便采取有效措施,确保档案安全;二是从保护技术方面检查,看档案有无发黄变脆、字迹褪色、虫霉感染、潮湿粘连等自然损毁现象,以便采取相应措施防治;三是档案管理方面检查档案是否缺少,案卷有否错位,库房是否进水,门窗是否牢固,消防设备是否齐全、有效。

(2)检查方式和方法:定期或不定期检查。不定期检查一般在库房发生水火灾害、档案被盗或怀疑被盗、发现虫蛀、鼠咬和霉烂等现象、档案保管人员调换工作等情况时进行,可先局部检查,发现问题再全面检查。

(3)检查时应做好记录,检查后应编写检查报告,内容包括检查工作的组织、人员、检查时间、进行情况、发现的问题,以及妥善处理发现的问题和改进工作的意见等。

419.档案的"九防"指什么?

答:项目各参建单位档案管理机构应当做好档案"九防"工作,即防火、防盗、防紫外线、防有害生物、防水、防潮、防尘、防高温、防污染等。

420.档案防火措施有哪些?

答:档案管理机构可采取以下措施防火:
(1)库房内外要禁烟禁火,门上挂"严禁烟火"的警示牌。
(2)库内严禁使用明火装置或电阻丝加热、电热油汀设备。
(3)配置必要的消防器材,可以选择采用洁净气体、惰性气体或高压细水雾灭火设备。灭火器定点放置,不得随意移动或拿作他用,定期检查,对失效过期的灭火器及时更换,使其保持良好的灭火状态。
(4)档案库房应当安装甲级防火门,配备火灾自动报警设备。
(5)库房附近宜设置消防池和消防砂。

421.档案防盗措施有哪些?

答:档案管理机构可采取以下措施防盗:
(1)库房安装全封闭防盗门窗、防护栏等防护设施以及防盗报警、视频监控等设备,如墙面加铁丝网,在底楼、二楼库房窗架上安装铁栅栏,设置智能门禁识别、红外报警、视频监控、出入口控制、电子巡查等安全防范系统。
(2)严格执行查档案的规定,严禁无关人员入库。
(3)严格执行人员出入库管理规定,建立登记台账。
(4)对计算机进行检查,特别是进口计算机,以确定其有无安装窃密装置。
(5)健全各项制度,加强保密教育。

422.档案防紫外线措施有哪些?

答:档案管理机构可采取以下措施防紫外线:
(1)库房窗子要少,东西向无窗,南北向窗子要小而窄;档案装具的排放与窗垂直,以减少阳光直接照射的面积和时间。

(2)通过窗玻璃涂滤紫外线的涂料、安装遮光阻燃窗帘、密闭柜架等方式防止光线直射,对档案实现避光保存。

(3)应采用 LED 光源或其他无紫外辐射、红外辐射光源,不应使用日光灯。

423. 档案防有害生物措施有哪些?

答: 档案管理机构可采取以下措施防有害生物:

(1)库房门窗要严密,设置纱窗防止昆虫进入,有条件的对空气通道采取过滤措施。

(2)库房门口设挡鼠板,库区墙根处可 3~5m 设粘鼠板 1 个。

(3)严把入库关,档案消毒后入库。如发现明显的霉斑或绒毛状的菌丝,要隔离开来,消毒处理后再入库,以防霉菌传染源随着这些材料的入库蔓延。尤其在梅雨季节或档案外借到馆库条件达不到温湿度管理要求的单位较长时间,档案被归还到本馆时,要进行消毒处理,或者要放在缓存间观察一段时间,如无长霉现象,方可入库。另外,带有霉菌或细菌的衣物、食品等不要带进库。曾经产生过霉菌的档案在进库之前一定要对其进行严格的消毒、观察和检测,谨防有害霉菌污染库中其他档案。

(4)严格控制温湿度,抑制虫霉生长或蔓延。纸质档案库的温湿度标准为:温度 14~24℃(±2℃)、相对湿度 45%~60%(±5%)。

(5)定期清扫除尘,保持库房清洁。

(6)撒布防治鼠虫霉等的药剂。

(7)在防蛀工作方面,注重做好勤防勤治虫害档案的工作。库房内严禁存放任何杂物;定期施放杀虫驱虫药物,并根据药效时限适时更换失效过期的杀虫驱虫药物;定期做好库内库外的防虫灭虫工作;每月翻动档案二次,查看虫害档案情况,一旦发现虫害档案,立即采取措施扑灭虫害,防止虫害档案情况的蔓延。

424. 档案防水、防潮措施有哪些?

答: 档案管理机构可采取以下措施防水、防潮:

(1)合理选址,库房不设置在地下,湿润地区的亦不设置在首层,不得毗邻水房、卫生间。

(2)地面进行防水处理,根据需要设置排水口。

(3)湿度较大的库房应配备去湿机及放置吸潮剂,湿度控制在 45%~60% 范围内。

425. 档案防高温措施有哪些？

答：注意掌握高温气候条件下，库房温度的变化情况，当库房温度不在 14～24℃范围内时，可通过洒冷水、机械通风、自然通风或启动空调机等方法进行温度调节。

426. 档案防尘、防污染措施有哪些？

答：档案管理机构可采取以下措施防尘、防污染：
（1）提高库房的密闭性，具备条件时采用空气净化装置过滤和净化空气。
（2）库房墙壁、地面选用坚硬、光滑、易于清洗的材料等。
（3）定期擦拭档案室地板、档案柜架表面和内部的灰尘，保持档案柜架、档案自身的干净清洁。
（4）条件允许时库房设双层窗，同时利用吸尘器及时吸除档案柜架上的灰尘。
（5）保持室内空气清新，严禁有害气体、物品进入档案库房，定期施放、更换防腐药物，净化库房周围环境，保持库房内清洁。

427. 档案库房建筑应满足哪些要求？

答：项目档案库房建设应满足以下要求：
（1）档案库房以东或南朝向为宜，开间应比其他用房大，净高不低于 2.4m；库房面积要满足日后 20 年档案存储需要。
（2）库房承重必须符合现行《档案馆建筑设计规范》（JGJ 25）的相关规定，楼面均布活荷载标准值不应小于 $5kN/m^2$，采用密集架时不应小于 $12kN/m^2$。
（3）库房地面应光洁、平整、耐磨，不易生尘，应有防潮措施。
（4）库房自成一区，不与办公、技术用房相混杂或穿插；应集中布置，远离易燃、易爆物品和水、火等存在安全隐患的场所，**不能紧邻卫生间、热水房等潮湿、有污染源的部位**，不要设在可能危及档案安全的地方。
（5）档案库房、阅览室、办公室实行三分开，但位置不能相距太远。
（6）库房墙体厚度可依据原材料性能、墙体结构形式进行热工计算，以达到保温、隔热性能良好为度，具备防潮、防尘、防火功能；墙体要求光洁、平整、不易生尘、坚固耐久。
（7）门窗既要便于通风，又要便于密闭。门应具备防火防盗功能，密封性能好,且宜采用金属防盗门,库房门与地面的缝隙不应大于5mm;窗应为双层窗,选用毛玻璃、花纹玻璃等,因其表面粗糙不平,对光线可产生重复反射,从而减少透过量。开启窗应有密闭措施,设纱窗。当采用高窗时,墙的下部应增设通风口,通风口设金属网。档案库房每开间的窗洞面积与外墙面积比不应大于1:10,窗户宜小不宜大,宜少不宜多,东西向无窗,南北向窗子要小而窄,有条件采取全部空调的可不设窗户,不得采用跨层或跨间的通长窗。档案库房外门、外窗均应安装防盗网等安全防护措施。库房门应对着库内的主通道,主通道的净宽不少于1m。

(8)档案库内严禁设置明火设施,库房的电源开关应设于库房外,并应设有防止漏电的安全保护设置,库内照明、警报、温湿度传感等供电导线及控制导线应用铜芯导线,一律设暗线,导线穿管一律使用金属管;电源箱底板应做好绝缘处理。配电线路宜采用穿金属管暗敷方式;空调设施应单独设置配电线路,并采用穿金属管保护。

(9)档案库房不宜安装水(气)暖,库房内不应设置消防以外的给水点,给、排水管道不应穿越库区;上下水立管不应安装在与档案库相邻的内墙上。

(10)库房照明以普通白炽灯和LED灯为宜,已用日光灯的应进行滤紫外光处理。

428.档案室一般应配备哪些办公设备和设施?

答:档案室一般应配备档案密集架、档案专用书车、档案专用书梯、档案目录柜、储物柜、保险柜、防盗器、监控系统、档案整理工作台、打印机、复印机、电脑、光盘打印刻录一体机、档案专用缝纫机、装订机、木砧板等,以满足文件归档和档案管理的需求,可参考附录N进行配备。

429.档案柜架如何排放?

答:库房的档案柜架应有序排放:

(1)档案柜架在库内排放时,应成行地垂直于有窗的墙面,以减少阳光直接照射的面积和时间,达到便于档案的提调、运送、采光、空气流动、整齐美观的要求。

(2)相邻两排柜架之间净宽应不少于0.8m,柜架端部与墙的间隔不应少于0.6m。为便于通风和防潮,柜架不能紧贴墙壁,与墙壁的距离不少于8cm。

(3)各排柜架靠近通道的一端,应有整齐统一的侧板,在适当高度统一贴插字体工整醒目的标签,写明该排柜架所存放档案的全宗名称、类型名称和案卷起止号。每一柜架内的各个隔层,也要标明档案类别名称和案卷起止号,以便查找和提还案卷。

(4)档案柜架在库房内的编排次序一般是:人站在库内主通道上,面对各排行柜架,左起第一排为首排,右起第一排为末排,从左向右依次编号。

附录A 档案管理登记表格式

交通建设项目档案管理登记表一　　　表 A.1

项目名称			
项目法人(建设单位)			
地址		邮编	
上级主管部门			
初步设计批复部门			
批准概算总投资			万元
计划工期		年 月— 年 月	
技术等级及建设规模			
主要设计单位			
主要施工单位			
主要设备安装单位			
主要监理单位			
主要单位工程名称			
档案资料管理部门名称		隶属部门	
联系地址、电话		负责人	
对项目档案日常监督、指导的上级单位			
项目档案管理执行的制度、标准			
项目建档时间		专兼职档案人员数量	
填表单位	(盖章)　年 月 日		

注:项目开工后6个月内填报。

表 A.2

交通建设项目档案管理登记表二

项目名称								
联系地址		建设单位档案部门负责人						
		联系电话						
合同段工程名称	施工单位	监理单位	交工验收时间	收集情况	整理情况	文件材料收集整理情况			
						案卷总数（卷、册）	光盘（盒）	录音（盒）	照片（张）
填表单位									

（盖章）
年　月　日

注：合同段交工验收后 1 个月内填报。

附录A 档案管理登记表格式

交通建设项目档案管理登记表三 表 A.3

项目名称					
档案专项验收日期					
项目档案总数(正本)	(卷)		图纸(张)		
照片(张)	光盘(盒)	录音(盒)	是否数字化加工	是	否

项目档案专项验收情况		
	组织单位	
	验收组组成单位	
	验收结论	
	填表单位	(盖章) 　　年　　月　　日

注:项目档案通过专项验收后1个月内填报。

附录B 档案管理制度

B.1 档案管理人员备案制度

(1)各项目经理部和监理机构应配备至少1名具有相关工程专业知识、能够适应项目文件材料立卷归档工作的专职档案管理人员。

(2)各职能部门应明确本部门的兼职档案管理人员,负责本部门内业资料的收集、整理和移交工作。

(3)各项目经理部和监理机构的档案管理人员应报建设单位工程技术部(以下简称"技术部")备案,备案内容包括姓名、出生年月、毕业时间和专业、岗位名称、岗位职责和联系方式。

(4)档案管理人员应保持其稳定性,不得随意更换。确因工作需要进行变更的,应经技术部审查同意,并重新备案、进行交接后,原档案管理人员方可离岗。

(5)擅自更换档案管理人员,将按照10000元/人次予以处罚。

B.2 档案业务培训制度

(1)档案管理人员上岗前应经过档案专业培训,并由项目经理部技术负责人、总监对其进行必要的技术交底。

(2)档案管理人员应积极参加业务培训,钻研业务知识,明确项目档案工作的基本要求和具体事项、操作规程,掌握文件材料收集、整理、归档等各个环节的具体工作内容和质量要求。

(3)各项目经理部和监理机构应适时采取"请进来"或"送出去"的方式,安排档案管理人员参加相关业务培训。

(4)档案培训应贯穿施工全过程,应根据施工进展情况分阶段地组织培训,并形成培训记录(包括培训内容、授课人、受培训人签名、考核结果等)备查。

(5)施工期内,档案业务培训每月应不少于8个学时。

B.3 档案管理责任制度

(1)各项目经理部和监理机构应建立档案管理责任体系,建立健全档案管理制度,确定考核指标,开展内业资料原始性、齐全性、完整性、及时性等方面的检查,落实档案管理责任,做到"五有":有档案室、有档案装具、有档案(资料)、有制度、有专人管。

(2)各项目经理部和监理机构应在驻地设立档案室,专门存放档案(资料),不得存放与档案无关的物品;档案室应落实"九防"措施;应适时通风,经常保持清洁卫生。

(3)档案室由专职档案管理员具体负责管理,进入室内的人员应登记造册;任何人员不得私自带档案(资料)出室。

(4)项目经理和总监是档案管理第一责任人,应根据各自管辖范围明确职责,与各部门负责人和档案管理人员签订责任书,使得档案工作做到全面覆盖、全程跟进、全程受控。

(5)监理机构应负责对项目经理部文件材料形成、收集和整理归档工作进行监督、检查,并在交工验收前向项目法人单位提交项目档案质量审核意见。

(6)档案管理人员应建立工作台账,记录往来文件材料的流向、处理情况、经办人等信息。

(7)各参建单位应组织制定档案突发事件应急预案,落实各项安全保护措施,构筑人防、物防、技防三位一体的档案安全防范体系。

(8)项目经理部和监理机构应不断强化全体参建人员的档案安全防范意识和责任意识,防止档案(资料)的人为损毁;要把档案室列入重点保护范围,确保档案安全受到危害时得到优先抢救和妥善处置,把损失降到最低限度。

B.4 预立卷制度

(1)各项目经理部和监理机构应该根据归档范围、工程划分和每个分项工程质保资料的组成内容,对项目实施期间可能产生各种文件材料的种类、数量作出预判,建立预立卷目录。

(2)专职档案管理员应具体负责本单位预立卷工作的开展情况,应积极主动地催促承办人尽快完成文件材料必要的流转程序,以及时归卷。

(3)预立卷工作应贯穿于整个施工过程,每件文件材料形成后均应及时归入对应的卷盒。

(4)归卷时每件文件材料均应拟写文件题名;该卷文件材料收集齐全后应填写备考表。

(5)发生设计变更时应及时调整预立卷目录。

B.5 文件归档制度

（1）档案管理人员应根据归档范围，随项目进展过程随时收集整理资料，防止遗漏、丢失，做到文件材料与项目建设同步收集、同步整理、同步归档。

（2）文件材料归档移交前，由文件材料形成单位在项目文件材料预立卷的基础上，按照文件材料的自然形成过程并保持其内在有机联系，进行系统化整理组卷，做到分类科学、便于保管和利用。

（3）凡是应归档的文件材料（包括照片、录音、录像、实物等），均要向本单位档案室移交，任何部门和个人不得据为己有或拒绝归档。

（4）计量系统、试验检测系统等形成的电子文件须与纸质文件同步归档，保证电子文件收集齐全、归档及时。

B.6 档案保管制度

（1）各施工、监理单位均应在现场建立临时档案室，建设单位负责建设永久性的项目档案室，集中存放和保管各类档案，非档案管理人员，未经许可不得进入档案库房。

（2）档案室要设置符合安全保管条件的专门档案库房和装具，配备符合要求的档案设施设备，制定库房安全管理制度和应急预案，确保档案安全。

（3）档案保管要做好防火、防水、防盗、防潮、防霉、防虫、防光、防尘工作，以确保对档案的长期有效保管。光盘、移动硬盘等特殊载体应放入防磁柜中保管，定期检查，发现问题要及早采取补救措施。

（4）档案库房内存放的各类档案，入库前应认真清点，做好登记；入库后要排放有序，存取方便。

（5）档案库房不得堆放杂物和其他非档案资料，保持库房整洁卫生，严禁烟火。

（6）下班后和节假日休息期间切断库房内所有电源。每月检查一次电器线路，及时将存在安全隐患的设施设备情况向本部门档案负责人汇报，消除事故隐患。

（7）库藏档案应定期清理核对，做到账物相符。库藏档案数量发生变化时应记录说明。

（8）电子档案要存储到脱机载体上，应一式三套，一套封存保管，一套异地保管，一套提供利用。

(9)严格执行档案库房、办公室、阅览室"三分开"制度,使档案管理工作逐步实现规范化、制度化。

B.7 档案鉴定销毁制度

(1)根据"档案保管期限表",定期对档案进行鉴定,准确地判定档案的存毁。

(2)档案的鉴定工作,应在档案主管领导的指挥下,由档案分管领导、档案所属各部门负责人、档案室负责人及专职档案员共同组成鉴定小组。

(3)鉴定小组对已超过保管期限的档案进行鉴定;鉴定档案本着"充分利用原卷,一般不拆卷重整,保管期限就高不就低"的原则,采取直接鉴定法,逐卷逐件审查卷内文件,切忌只看案卷标题而不审查卷内文件。

(4)对确定无保存价值的档案,编制拟销毁清单,并写出销毁计划,报档案主管领导审批。

(5)销毁档案时,由监销人员、档案室专职档案员、档案归档部门兼职档案员共同在指定地点监销。

(6)档案销毁后,档案员编制销毁清册和销毁报告,销毁报告要注明销毁的方式和日期,监销人员在销毁清册上签名;然后档案员在案卷目录或归档文件目录中注明"已销毁"字样,并将拟销毁清单、销毁计划、销毁清册、销毁报告收集齐全归入全宗卷内。

(7)档案销毁应留有全程的影像记录。

B.8 档案统计制度

(1)档案统计要符合《中华人民共和国统计法》及其他有关法规、规章要求。

(2)档案统计包括日常的登记和阶段性的统计两个部分。档案室要建立档案工作统计台账,主要内容包括:档案室藏情况、年度入出库情况、档案利用情况、档案专兼职人员情况、档案设施、设备情况、档案销毁情况等。

(3)档案人员要坚持做好温湿度记录、掌握库房温度变化情况,定期分析研究,采取科学的降温去湿措施。

(4)档案室要对档案管理、利用,档案人员等有关数据进行日常统计,按时完成统计年报工作。

(5)档案统计工作要做到统计数字准确无误,情况要真实,结论要正确,各项数字一律用阿拉伯数字书写,字迹工整、清楚、不得潦草和模糊。

(6)档案统计工作要保持连续性。

(7)档案人员要定期对档案统计数据进行分析,及时发现和解决存在的问题。

(8)档案人员要及时、准确地填报本单位档案工作有关统计报表。及时、准确按照上级档案管理部门和单位主管部门的要求及时报送各种报表。

B.9 档案利用制度

(1)查(借)阅档案,由本单位负责人同意后,经档案室负责人批准后方可办理查(借)阅、复印手续。

(2)外单位人员查(借)阅档案,需持外单位介绍信,经接待单位负责人、档案室负责人批准后,办理查(借)阅手续。项目路线图、纵横断面图及桥隧的坐标资料不得外借。

(3)各项目经理部、监理机构及建设单位各部室因工作需要须向有关办事部门提供项目相关文件时,可向档案室提出申请,经建设单位主管领导和档案室负责人批准同意,制作复印件,在复印件上加注"此件与原件相一致"的文字,并加盖档案室印章提供给使用单位。档案室保存的档案原件不对外提供使用。

(4)查(借)阅涉及内部审计、纪检、法律事务等特殊档案,需由本单位负责人签批,经归档单位负责人同意后,方可办理查(借)阅手续。

(5)外借档案应在三个工作日内归还档案馆,归还档案由档案管理人员与查(借)阅人当面清点核对是否齐全,有无破损,并注销查(借)阅日期,存放原处。

(6)被查(借)阅的档案,由查(借)阅人负责保管,严防档案丢失,不得转借第三人。

(7)档案查(借)阅人员不得以任何理由在档案文件材料上圈阅、批注、勾画、涂改,不得污损、抽取、剪裁、撕毁卷宗内容。

B.10 档案保密制度

(1)档案工作人员要严格执行保密制度,忠于职守,增强安全保密观念,认真做好档案安全保密工作。

(2)对公司下发的文件及重要会议材料各单位进行妥善保管,并进行登记管理,不得乱扔乱放。

(3)保密文件的复制必须履行审批、登记手续。要严格按照批准的份数,不得擅自多印留存。复制文件应按原文密级进行管理,复制中形成的废页应作为密件销毁。

(4)保密文件、重要档案资料不得全文抄录,确因工作必须摘抄的,须经建设单位档案主管领导批准,并履行登记手续。未经同意,不得擅自复印、翻印和摘抄。

(5)保密文件在发送装封时应按批准份数认真清点、装封,切忌将不同密级的文件混放于同一信封中,信封上要以戳记标明文件的密级。封口时,不应使用钉书钉封口,应采用密封的方式。

(6)涉密文件不得用传真方式发送,确因紧急情况需要时,要用密码传真传送,不允许用普通传真机和电子邮件传送。

(7)保密文件接收时应由建设单位保密人员拆封,其他人员一律不得拆封。保密文件的登记、编号,要与一般文件分开进行。

(8)传阅保密文件时,必须由指定的人员统一掌握。不经过建设单位档案主管领导批准,不得擅自扩大秘密文件的阅读范围。应在办公室阅读保密文件。

(9)保密文件必须存放在有保密设施的办公室及设备中保管,并经常检查。

(10)如保密人员因工作调动或其他原因而长期离开岗位前,必须把自己经手的秘密文件全部移交。移交时,要造册、清点、核对,并且要履行签收手续。

(11)保密人员每年对办理完毕的保密文件收集齐全,对有查考价值的要整理立卷,其他文件可按有关规定处理。调阅保密档案,须经建设单位档案主管领导批准。

(12)保密文件销毁前,必须逐一登记,并在报建设单位领导批准后内部销毁。

(13)保密文件拟制、处理、管理的各个环节,要建立严格的登记制度,在工作过程中保密人员要注意不要谈论文中的机密事项,不让无关人员随意浏览,不得在无保密措施的无线电话中谈论机密事项。

(14)印制各类简报、刊物及向宣传、新闻出版单位提供公开发表的稿件、信息,承办人应经建设单位主要领导审批,不得涉及和泄露秘密信息。

(15)工作人员在外出访问、涉及业务技术谈判、学习交流展览演示等公务活动中,不准随身携带密级文件、资料,要严格遵守保密纪律,防止泄露事件发生。

(16)各类档案一般不准借出。对确实需要借出的,须经有关领导批准,严格履行借阅手续。借出档案应在规定时间内归还,妥善保管,严禁转借他人。

B.11 电子档案管理制度

（1）计量系统、试验检测系统、BIM 系统和 OA 办公系统等各业务系统操作人员对电子文件必须进行有效管控，确保电子文件物理归档及在线归档的电子文件真实、完整、可用和安全。

（2）电子文件形成单位应指定专（兼）职档案员积极协助和支持建设单位档案室开展电子文件归档管理的日常监督、指导及电子档案的保管、利用等工作。电子文件形成单位的负责人对电子档案的真实、完整、可用、安全性负责。

（3）对永久保存的文本或图形文件，必须是纸质与电子文件同步归档。电子文件归档时要与纸质载体文件保持完全一致。

（4）各业务系统部门应从制度、技术上对自然灾害、突发事件、非法访问、非法操作、人为破坏、计算机病毒等方面做好防范措施，采用符合系统安全和保密等级要求的网络设备，采取具备信息安全、数据安全和操作安全的保证措施。

（5）对于在网络系统中处于流转状态，暂时无法确定其保管责任而不能适时进行物理归档的电子文件，需采取捕获措施，将其集中存储在符合安全要求的电子文件存储器中，以防散失。

（6）对通用软件产生的电子文件，应同时收集其软件型号、名称版本号和相关参数手册、说明资料等。对专用软件产生的电子文件，原则上应转换成通用型电子文件，如不能转换，则收集时必须连同专用软件一并收集。

（7）进行电子文件归档工作时，应按其基本技术条件进行检测。其内容包括：硬件和软件环境的可用性及其信息记录格式，有无受到计算机病毒感染等。对存储在光盘、磁盘、磁带等介质中的电子文件检查并清除计算机病毒，并注明是否已经过查毒和杀毒处理。档案机构不接收含有计算机病毒问题或其他隐患的电子文件。

（8）采用物理归档电子文件的单位，档案部门应将电子档案复制至耐久性的载体上，一式三套，一套封存保管，一套供查阅使用，一套异地保存。

B.12 档案管理系统操作制度

（1）档案管理系统应由档案管理人员专人操作，利用系统查阅档案的人员须取得档案管理人员的专项授权，并由档案管理人员进行监督。

（2）对档案管理系统的运行维护操作，都应留有记录、可追溯，以便于事后回顾各操作的时间、流程及内容。

(3)通过系统查阅档案的人员,不得进行如下操作:

①修改计算机的显示属性,包括背景、界面风格、鼠标指针、默认图标等。

②设置个性化的屏幕保护程序及密码。

③安装任何软件。

④修改任何驱动器及目录的共享属性。

⑤删除任何系统文件或文件夹。

(4)档案室每年至少一次对档案管理系统相关的机房环境、计算机硬件、配套网络、基础软件和应用软件进行一次检查。检查完毕后应对本次检查填写详细记录和问题汇总,并组织相关人员对信息化检查中暴露的问题进行解决,涉及相关部门的,应与相关部门进行沟通后进行处理。

附录C 预立卷目录

施工单位预立卷目录 表C.1

序号	临时档号	案卷临时题名	责任人	备注
1	ZH·5·2-1	K××~K××路桥隧工程施工总结报告和案卷编制说明		ZH表示综合管理文件,5表示施工资料,2是施工单位的代码,短杠"-"后是流水号
2	ZH·5·2-2	K××~K××路桥隧工程开工令、总体开工报告和实施性施工组织设计		
3	ZH·5·2-3	K××~K××路桥隧工程项目经理任命书、项目经理部组织机构设置及岗位职责、规章制度等文件		
4	ZH·5·2-4	K××~K××路桥隧工程图纸会审纪要		
5	ZH·5·2-5	K××~K××路桥隧工程交接桩记录、控制点复测记录及加密控制点的测量记录		
6	ZH·5·2-6	K××~K××路桥隧工程建设单位关于嵌岩桩质量控制、隧道监控量测、混凝土试块制取等的文件(针对本合同段的文件)		
7	ZH·5·2-7	K××~K××路桥隧工程监理机构加快梁场建设进度、提交首件工程施工计划等的文件(针对本合同段的文件)		
8	ZH·5·2-8	K××~K××路桥隧工程项目经理部就地方协调、征地拆迁、文明施工等与社会利益相关方的往来文件		
9	ZH·5·2-9	K××~K××路桥隧工程项目经理部就工程质量、安全、进度和费用控制等报送监理机构、建设单位的文件		
10	ZH·5·2-10	K××~K××路桥隧工程高边坡和桥隧工程施工安全风险评估报告		
11	ZH·5·2-11	K××~K××路桥隧工程项目经理部安全组织机构、岗位职责、安全保障体系、隐患和危险源治理等安全管理文件		
12	ZH·5·2-12	K××~K××路桥隧工程××年××月安全日志		
13	ZH·5·2-13	K××~K××路桥隧工程进度计划文件		
14	ZH·5·2-14	K××~K××路基工程××年××月施工日志		
15	ZH·5·2-15	K××~K××路桥隧工程单位、分部、分项工程划分及审批表		
16	ZH·5·2-16	K××~K××路桥隧工程施工自检报告及合同段、单位、分部工程质量检验评定表		

附录C 预立卷目录

续上表

序号	临时档号	案卷临时题名	责任人	备注
17	SY·5·2-1	K××~K××路桥隧工程项目经理部工地试验室临时资质申请备案文件		
18	SY·5·2-2	K××~K××路桥隧工程项目经理部工地试验室试验检测管理制度、工作流程		
19	SY·5·2-3	K××~K××路桥隧工程项目经理部工地试验室仪器设备检验证书		
20	SY·5·2-4	K××~K××路桥隧工程项目经理部工地试验室仪器设备操作规程		
21	SY·5·2-5	K××~K××路桥隧工程项目经理部母体试验室检查工地试验室运行情况的记录及现场整改记录		
22	SY·5·2-6	K××~K××路桥隧工程项目经理部工地试验室不合格品台账及处理情况的记录		
23	SY·5·2-7	K××~K××路桥隧工程强度、压实度、桩检、洞身开挖、锚杆拔力以及喷射和衬砌混凝土厚度等的试验检测汇总表		
24	SY·5·2-8	K××~K××桥涵工程用××钢筋试验检测结果汇总表及试验检测报告		
25	SY·5·2-9	K××~K××桥隧工程用××型钢试验检测报告		SY 表示试验检测
26	SY·5·2-10	K××~K××路桥隧工程用PO42.5水泥试验检测结果汇总表及试验报告		
27	SY·5·2-11	K××~K××路桥隧工程用碎石试验检测结果汇总表及试验报告		
28	SY·5·2-12	K××~K××路桥隧工程用砂试验检测结果汇总表及试验报告		
29	SY·5·2-13	K××~K××路桥隧工程用石灰试验检测结果汇总表及试验报告		
30	SY·5·2-14	K××~K××路桥隧工程混凝土、砂浆、水泥浆配合比试验报告及土工击实试验报告		
31	SY·5·2-15	K××~K××路桥隧工程用减水剂、钢绞线、支座、锚具等外委试验报告		
32	SY·5·2-16	K××~K××隧道用水玻璃、速凝剂、工字钢、自钻式锚杆、中空锚杆、双壁波纹管等外委试验报告		
33	SY·5·2-17	K××~K××隧道用无缝钢管、复合防水板、橡胶止水带等外委试验报告		

续上表

序号	临时档号	案卷临时题名	责任人	备注
34	LJ·5·2-1	K××~K××高填方(软基处理)沉降、位移观测记录		
35	LJ·5·2-2	K××~K××土方路基填筑试验开工申请报告和首件认证书		
36	LJ·5·2-3	K××~K××土方路基中间交工证书、分项评定表和分项开工申请报告		
37	LJ·5·2-4	K××~K××土方路基原地面清表和强夯自检记录		
38	LJ·5·2-5	K××~K××土方路基第1~30层填筑自检记录		
39	LJ·5·2-6	……		
40	LJ·5·2-7	K××~K××土工格栅试验开工申请报告和首件认证书		
41	LJ·5·2-8	K××~K××土工格栅中间交工证书、分项评定表、分项开工申请报告和自检记录		
42	LJ·5·2-9	K××~K××碎石桩首件工程开工申请报告和首件认证书		
43	LJ·5·2-10	K××~K××碎石桩中间交工证书、分项评定表、分项开工申请报告和1~50号碎石桩自检记录		
44	LJ·5·2-11	……		
45	LJ·5·2-12	K××~K××排水工程首件开工申请报告和首件认证书		LJ表示路基工程
46	LJ·5·2-13	K××~K××截水沟中间交工证书、分项评定表、分项开工申请报告和自检记录		
47	LJ·5·2-14	K××~K××排水沟中间交工证书、分项评定表、分项开工申请报告和自检记录		
48	LJ·5·2-15	K××~K××边沟中间交工证书、分项评定表、分项开工申请报告和自检记录		
49	LJ·5·2-16	K××~K××急流槽中间交工证书、分项评定表、分项开工申请报告和自检记录		
50	LJ·5·2-17	K××~K××防护工程砌体首件开工申请报告和首件认证书		
51	LJ·5·2-18	K××~K××护面墙中间交工证书、分项评定表、分项开工申请报告和自检记录		
52	LJ·5·2-19	K××~K××拱形骨架护坡中间交工证书、分项评定表、分项开工申请报告和自检记录		
53	LJ·5·2-20	K××~K××片石混凝土挡土墙首件开工申请报告和首件认证书		
54	LJ·5·2-21	K××~K××片石混凝土挡土墙中间交工证书、分项评定表、分项开工申请报告和自检记录		

附录C 预立卷目录

续上表

序号	临时档号	案卷临时题名	责任人	备注
55	LJ·5·2-22	K××~K××片石混凝土挡土墙墙背填土中间交工证书、分项评定表、分项开工申请报告和自检记录		
56	LJ·5·2-23	K××~K××边坡锚固防护首件开工申请报告和首件认证书		
57	LJ·5·2-24	K××~K××边坡锚固防护锚杆中间交工证书、分项评定表、分项开工申请报告和自检记录		
58	LJ·5·2-25	K××~K××边坡锚固防护坡面结构中间交工证书、分项评定表、分项开工申请报告和自检记录		
59	LJ·5·2-26	K××~K××抗滑桩首件开工申请报告和首件认证书		
60	LJ·5·2-27	K××~K××抗滑桩中间交工证书、分项评定表、分项开工申请报告和自检记录		
61	LJ·5·2-28	K××+××盖板涵首件开工申请报告和首件认证书		
62	LJ·5·2-29	K××+××盖板涵(1-2×3m)基础、涵台中间交工证书、分项评定表、分项开工申请报告和自检记录		LJ表示路基工程
63	LJ·5·2-30	K××+××盖板涵(1-2×3m)盖板预制和安装中间交工证书、分项评定表、分项开工申请报告和自检记录		
64	LJ·5·2-31	K××+××盖板涵(1-2×3m)八字墙、填土、铺砌和涵洞总体等的中间交工证书、分项评定表、分项开工申请报告和自检记录		
65	LJ·5·2-32	K××+××天桥基础及下部构造中间交工证书、分项评定表、分项开工申请报告		
66	LJ·5·2-33	K××+××天桥0号台、2号台桩基、承台、台身、台帽、支座垫石、挡块的自检记录		
67	LJ·5·2-34	K××+××天桥0号台、2号台台背回填自检记录		
68	LJ·5·2-35	K××+××天桥1号墩桩基、系梁、墩柱、盖梁、支座垫石、挡块的自检记录		
69	LJ·5·2-36	K××+××天桥空心板预制和安装中间交工证书、分项评定表、分项开工申请报告		
70	LJ·5·2-37	K××+××天桥空心板预制和安装自检记录		
71	LJ·5·2-38	K××+××天桥总体、桥面系及附属工程中间交工证书、分项评定表、分项开工申请报告和自检记录		

续上表

序号	临时档号	案卷临时题名	责任人	备注
72	QL1·5·2-1	K××+××大桥桩基、承台、系梁的首件开工申请报告和首件认证书		
73	QL1·5·2-2	K××+××大桥墩柱、空心墩、盖梁、支座垫石、挡块的首件开工申请报告和首件认证书		
74	QL1·5·2-3	K××+××大桥箱梁、T梁预制和安装的首件开工申请报告和首件认证书		
75	QL1·5·2-4	K××+××大桥支座安装、桥面铺装、防撞护栏、伸缩装置的首件开工申请报告和首件认证书		
76	QL1·5·2-5	K××+××大桥桩基检测报告		
77	QL1·5·2-6	K××+××大桥右幅0号台、18号台基础及下部构造的中间交工证书、分项评定表、分项开工申请报告		
78	QL1·5·2-7	K××+××大桥右幅0号台桩基和承台的自检记录		
79	QL1·5·2-8	K××+××大桥右幅0号台肋板、盖梁、耳背墙、支座垫石、挡块的自检记录		
80	QL1·5·2-9	K××+××大桥右幅0号台台背回填的自检记录		
81	QL1·5·2-10	K××+××大桥右幅18号台桩基和承台的自检记录		QL1表示第1个桥梁单位工程
82	QL1·5·2-11	K××+××大桥右幅18号台肋板、盖梁、耳背墙、支座垫石、挡块的自检记录		
83	QL1·5·2-12	K××+××大桥右幅18号台台背回填的自检记录		
84	QL1·5·2-13	K××+××大桥右幅1~3号墩基础及下部构造中间交工证书、分项评定表、分项开工申请报告		
85	QL1·5·2-14	K××+××大桥右幅1号墩桩基、系梁的自检记录		
86	QL1·5·2-15	K××+××大桥右幅1号墩墩柱、盖梁、支座垫石、挡块的自检记录		
87	QL1·5·2-16	K××+××大桥右幅2号墩桩基、系梁的自检记录		
88	QL1·5·2-17	K××+××大桥右幅2号墩墩柱、墩间系梁、盖梁、支座垫石、挡块的自检记录		
89	QL1·5·2-18	K××+××大桥右幅3号墩桩基、承台的自检记录		
90	QL1·5·2-19	K××+××大桥右幅3号墩劲性骨架和空心墩的自检记录		
91	QL1·5·2-20	K××+××大桥右幅3号墩盖梁、支座垫石、挡块的自检记录		
92	QL1·5·2-21	K××+××大桥右幅4~6号墩基础及下部构造中间交工证书、分项评定表和4号墩桩基、承台的自检记录		
93	QL1·5·2-22	……		

附录C 预立卷目录

续上表

序号	临时档号	案卷临时题名	责任人	备注
94	QL1·5·2-23	K××+××大桥右幅第1～3跨箱梁预制和安装的中间交工证书、分项评定表、分项开工申请报告		
95	QL1·5·2-24	K××+××大桥右幅第1～3跨箱梁钢筋骨架、预制、预应力筋张拉、孔道压浆和箱梁安装的自检记录		
96	QL1·5·2-25	K××+××大桥右幅第1～3跨箱梁端横梁、现浇横梁和湿接缝的自检记录		
97	QL1·5·2-26	K××+××大桥右幅第1～3跨箱梁负弯矩预应力筋张拉和孔道压浆的自检记录		
98	QL1·5·2-27	K××+××大桥右幅第4～6跨T梁预制和安装的中间交工证书、分项评定表、分项开工申请报告		
99	QL1·5·2-28	……		QL2表示第2个桥梁单位工程
100	QL1·5·2-29	K××+××大桥右幅第16～18跨箱梁预制和安装的中间交工证书、分项评定表及钢筋骨架、预制、预应力筋张拉、孔道压浆自检记录		
101	QL1·5·2-30	……		
102	QL1·5·2-31	K××+××大桥右幅桥面系、附属工程及桥梁总体的中间交工证书、分项评定表、分项开工申请报告和支座安装、防水层、桥面铺装的自检记录		
103	QL1·5·2-32	K××+××大桥右幅防撞护栏、搭板、伸缩装置、桥梁总体的自检记录		
104	QL1·5·2-33	K××+××大桥右幅0号台、18号台锥护坡中间交工证书、分项评定表、分项开工申请报告和自检记录		
105	QL2·5·2-1	K××+××大桥左幅0号台、18号台基础及下部构造的中间交工证书、分项评定表		
106	QL2·5·2-2	……		
107	SD1·5·2-1	K××~K××隧道TSP地质超前预测报告		SD1表示第1个隧道单位工程
108	SD1·5·2-2	K××~K××隧道地质雷达探测报告		
109	SD1·5·2-3	K××~K××隧道监控量测方案		
110	SD1·5·2-4	K××~K××隧道洞内外观察记录及周边位移、拱顶下沉、地表下沉测量记录		
111	SD1·5·2-5	K××~K××隧道洞身开挖和初支的首件开工申请报告和首件认证书		

续上表

序号	临时档号	案卷临时题名	责任人	备注
112	SD1·5·2-6	K××~K××隧道二衬、防排水、路面工程的首件开工申请报告和首件认证书		
113	SD1·5·2-7	K××~K××隧道右线总体、洞门装饰、洞身装饰中间交工证书、分项评定表、分项开工申请报告和自检记录		
114	SD1·5·2-8	K××~K××隧道右线电缆沟及其盖板的中间交工证书、分项评定表、分项开工申请报告和自检记录		
115	SD1·5·2-9	K××~K××隧道右线进口洞口边仰坡防护、洞门和翼墙的浇筑、截水沟、洞口排水沟的中间交工证书、分项评定表、分项开工申请报告和自检记录		
116	SD1·5·2-10	K××~K××隧道右线进口明洞浇筑、明洞防水层、明洞回填的中间交工证书、分项评定表、分项开工申请报告和自检记录		
117	SD1·5·2-11	K××~K××隧道右线出口洞口边仰坡防护、洞门和翼墙的浇筑、截水沟、洞口排水沟的中间交工证书、分项评定表和自检记录		SD1表示第1个隧道单位工程
118	SD1·5·2-12	K××~K××隧道右线出口明洞浇筑、明洞防水层、明洞回填的中间交工证书、分项评定表和自检记录		
119	SD1·5·2-13	K××~K××隧道右线超前锚杆、洞身开挖和初支的中间交工证书、分项评定表和分项开工申请报告		
120	SD1·5·2-14	K××~K××隧道右线K××~K××超前锚杆、洞身开挖、锚杆、钢筋网、钢架和喷混的自检记录		
121	SD1·5·2-15	……		
122	SD1·5·2-16	K××~K××隧道右线K××~K××衬砌钢筋、衬砌、仰拱、仰拱回填的中间交工证书、分项评定表和分项开工申请报告		
123	SD1·5·2-17	K××~K××隧道右线K××~K××衬砌钢筋、衬砌、仰拱、仰拱回填的自检记录		
124	SD1·5·2-18	K××~K××隧道右线K××~K××防水层、排水管、中央排水沟和止水带的中间交工证书、分项评定表和分项开工申请报告		
125	SD1·5·2-19	K××~K××隧道右线K××~K××防水层和止水带的自检记录		

附录C 预立卷目录

续上表

序号	临时档号	案卷临时题名	责任人	备注
126	SD1·5·2-20	K××~K××隧道右线K××~K××排水管和中央排水沟的自检记录		SD2 表示第2个隧道单位工程
127	SD1·5·2-21	……		
128	SD1·5·2-22	K××~K××隧道右线K××~K××路面的中间交工证书、分项评定表和分项开工申请报告		
129	SD1·5·2-23	K××~K××隧道右线K××~K××找平层、基层和面层的自检记录		
130	SD1·5·2-24	K××~K××隧道右线K××+××人行通道的中间交工证书、分项评定表和分项开工申请报告		
131	SD1·5·2-25	K××~K××隧道右线K××+××人行通道洞身开挖、锚杆、钢筋网、钢架和喷混的自检记录		
132	SD1·5·2-26	K××~K××隧道右线K××+××人行通道衬砌钢筋、衬砌、仰拱、仰拱回填的自检记录		
133	SD1·5·2-27	K××~K××隧道右线K××+××人行通道防水层、排水管和止水带的自检记录		
134	SD1·5·2-28	……		
135	SD1·5·2-29	K××~K××隧道右线贯通测量技术成果书(贯通误差、净空断面测量、永久中线点和水准点的实测成果及示意图)		
136	SD2·5·2-1	K××~K××隧道左线总体、洞门装饰、洞身装饰中间交工证书、分项评定表和自检记录		
137	SD2·5·2-2	……		
138	SX·5·2-1	K××~K××路基工程路基土石方、排水、防护、涵洞、小桥等的施工照片		SX 表示声像文件
139	SX·5·2-2	K××+××大桥基础及下部构造、箱梁和T梁预制安装、桥面系、附属工程等的施工照片		
140	SX·5·2-3	K××~K××隧道右线洞口、开挖和初支、二衬、防排水、路面等的施工照片		
141	SX·5·2-4	K××~K××路桥隧工程录像文件		
142	TU·5·2-1	K××~K××路桥隧工程竣工汇总表		TU 表示竣工图表
143	TU·5·2-2	K××~K××总体、路线竣工图		
144	TU·5·2-3	K××~K××路基工程××竣工图		
145	TU·5·2-4	K××+××大桥竣工图		
146	TU·5·2-5	……		

217

监理单位预立卷目录　　　　　　　　　表 C.2

序号	临时档号	案卷临时题名	责任人	备注
1	ZH·6·1-1	K××~K××路桥隧工程监理工作报告和案卷编制说明		
2	ZH·6·1-2	K××~K××路桥隧工程监理计划		
3	ZH·6·1-3	K××~K××路桥隧工程监理实施细则		
4	ZH·6·1-4	K××~K××路桥隧工程总监授权委托书和监理人员变更申请及其批复文件		
5	ZH·6·1-5	K××~K××路桥隧工程监理机构关于印发各项管理制度和开展QC(质量控制)、质量月活动实施方案的通知		
6	ZH·6·1-6	K××~K××路桥隧工程监理机构关于加强原材料源控制、路基软基处理、涵洞基底换填等的通知		
7	ZH·6·1-7	K××~K××路桥隧工程监理机构交底会议、第一次工地会议和工地例会会议纪要		
8	ZH·6·1-8	K××~K××路桥隧工程监理机构安全监理计划、实施细则、组织机构、安全生产管理制度和考核办法		ZH 表示综合管理文件,6表示监理资料,1表示第1总监办,短杠"-"后是流水号
9	ZH·6·1-9	K××~K××路桥隧工程监理机构隐患排查、登记、销号记录和隐患通知单及回复单		
10	ZH·6·1-10	K××~K××路桥隧工程监理机构"平安工地"考核评价表		
11	ZH·6·1-11	K××~K××路桥隧工程监理机构安全教育培训记录、安全检查记录、安全监理台账和安全例会纪要		
12	ZH·6·1-12	K××~K××路桥隧工程监理机构2019年3~8月安全监理日志		
13	ZH·6·1-13	K××~K××路桥隧工程监理机构工地试验室备案文件		
14	ZH·6·1-14	K××~K××路桥隧工程监理机构工地试验室试验检测管理制度、工作流程		
15	ZH·6·1-15	K××~K××路桥隧工程监理机构工地试验室仪器设备检验证书和操作规程		
16	ZH·6·1-16	K××~K××路桥隧工程监理机构发出的关于路基填料、碎石不合格、加强临时排水、桩基混凝土浇筑等的监理指令及回复单		
17	ZH·6·1-17	K××~K××路桥隧工程监理机构2019年第1~7期监理月报		
18	……			

附录C 预立卷目录

续上表

序号	临时档号	案卷临时题名	责任人	备注
19	LJ1·6·1-1	K0+000～K5+900路桥隧工程质量评定报告和合同段、单位工程质量评定表		
20	LJ1·6·1-2	K0+000～K5+900路基工程2019年4—12月监理日志		
21	LJ1·6·1-3	……		
22	LJ1·6·1-4	K0+000～K5+900路桥隧工程Φ8、Φ10钢筋原材料试验汇总表和××～××号试验检测报告		
23	LJ1·6·1-5	……		
24	LJ1·6·1-6	K0+000～K5+900路桥隧工程Φ22钢筋焊接接头试验汇总表和××～××号试验检测报告		
25	LJ1·6·1-7	……		
26	LJ1·6·1-8	K0+000～K5+900路桥隧工程P.O42.5水泥2019年原材料试验汇总表和××～××号试验检测报告		
27	LJ1·6·1-9	……		
28	LJ1·6·1-10	K0+000～K5+900路桥隧工程5～10mm碎石原材料试验汇总表和××～××号试验检测报告		LJ1表示路基1合同段监理抽检资料
29	LJ1·6·1-11	……		
30	LJ1·6·1-12	K0+000～K5+900路桥隧工程中砂原材料试验汇总表和××～××号试验检测报告		
31	LJ1·6·1-13	……		
32	LJ1·6·1-14	K0+000～K5+900路桥隧工程2019—2020年土工标准试验报验单及附件		
33	LJ1·6·1-15	……		
34	LJ1·6·1-16	K0+000～K5+900路桥隧工程C30、C35、C40、C50混凝土配合比验证报告		
35	LJ1·6·1-17	……		
36	LJ1·6·1-18	K0+000～K5+900路桥隧工程M7.5、M10水泥砂浆配合比验证报告		
37	LJ1·6·1-19	K0+000～K5+900路桥隧工程钢绞线、支座、锚具、型钢、防水层等的检测报告		
38	LJ1·6·1-20	……		
39	LJ1·6·1-21	K0+000～K1+000路基土石方工程、排水工程和防护工程分部工程质量评定表		
40	LJ1·6·1-22	K0+000～K0+330路基9月19日—9月21日重锤夯实抽检记录		
41	LJ1·6·1-23	K0+000～K0+500路基原地面填前碾压和土方路基93区第1～20层,94区21～25层填筑抽检记录		

续上表

序号	临时档号	案卷临时题名	责任人	备注
42	LJ1·6·1-24	K0+400~K0+478 碎石桩抽检记录		
43	LJ1·6·1-25	K0+500~K0+620 路基换填抽检记录		
44	LJ1·6·1-26	K0+500~K0+620 土方路基93区第1~30层抽检记录		
45	LJ1·6·1-27	K0+500~K0+620 土方路基94区31~45层填筑和K0+000~K0+620 土方填筑96区抽检记录		
46	LJ1·6·1-28	K0+620~K0+690 石方路基挖方、回填和K0+690~K1+005 石方路基填筑抽检记录		
47	LJ1·6·1-29	……		
48	LJ1·6·1-30	K0+000~K1+000 土工合成材料处治层抽检记录		
49	LJ1·6·1-31	K0+100~K0+546 右侧排水沟抽检记录		
50	LJ1·6·1-32	K0+100~K0+700 浆砌截水沟抽检记录		
51	LJ1·6·1-33	K0+100~K0+445 护面墙抽检记录		
52	LJ1·6·1-34	K0+717~K0+928 片石混凝土挡土墙抽检记录		
53	LJ1·6·1-35	K0+000~K1+000 涵洞、通道分部工程质量评定表		
54	LJ1·6·1-36	K0+034 圆管涵子分部工程质量评定表和抽检记录		LJ1 表示路基1合同段监理抽检资料
55	LJ1·6·1-37	K0+464 盖板涵子分部工程质量评定表和基础、涵台、盖板的抽检记录		
56	LJ1·6·1-38	K0+464 盖板涵八字墙、洞口铺砌等砌体和涵洞填土、总体的抽检记录		
57	LJ1·6·1-39	……		
58	LJ1·6·1-40	K0+568 小桥分部工程质量评定表和基础及下部构造抽检记录		
59	LJ1·6·1-41	K0+568 小桥空心板预制安装、桥面系、总体和附属工程的抽检记录		
60	LJ1·6·1-42	K0+568 小桥台背填土抽检记录		
61	LJ1·6·1-43	……		
62	LJ1·6·1-44	K××+×× 大桥右幅分部工程质量评定表		
63	LJ1·6·1-45	K××+×× 大桥右幅0号台桩基、承台、肋板、台帽、耳背墙、支座垫石、挡块的抽检记录		
64	LJ1·6·1-46	K××+×× 大桥右幅0号台台背回填抽检记录		
65	LJ1·6·1-47	K××+×× 大桥右幅1~3号墩桩基、系梁、墩柱、盖梁、支座垫石和挡块抽检记录		
66	LJ1·6·1-48	……		

附录C 预立卷目录

续上表

序号	临时档号	案卷临时题名	责任人	备注
67	LJ1·6·1-49	K××+××大桥右幅第1～3跨箱梁钢筋骨架、预制预应力筋张拉、孔道压浆和箱梁安装的抽检记录		
68	LJ1·6·1-50	K××+××大桥右幅第1～3跨箱梁端横梁、现浇横梁、湿接缝和负弯矩的抽检记录		
69	LJ1·6·1-51	……		
70	LJ1·6·1-52	K××+××大桥右幅支座安装、防水层、桥面铺装、防撞护栏、抽检记录、桥头搭板、伸缩装置和桥梁总体的抽检记录		
71	LJ1·6·1-53	K××+××大桥右幅0号台、16号台锥坡抽检记录		
72	LJ1·6·1-54	K××+××大桥左幅……		
73	LJ1·6·1-55	K××～K××隧道右线分部工程质量评定表		
74	LJ1·6·1-56	K××～K××隧道右线总体、洞门装饰、洞身装饰、电缆沟及其盖板的抽检记录		
75	LJ1·6·1-57	K××～K××隧道右线进口洞口边仰坡防护、洞门和翼墙的浇筑、截水沟、洞口排水沟的抽检记录		LJ1表示路基1合同段监理抽检资料
76	LJ1·6·1-58	K××～K××隧道右线进口明洞浇筑、明洞防水层、明洞回填的抽检记录		
77	LJ1·6·1-59	K××～K××隧道右线出口洞口……		
78	LJ1·6·1-60	K××～K××隧道右线K××～K××超前锚杆、洞身开挖、锚杆、钢筋网、钢架和喷混的抽检记录		
79	LJ1·6·1-61	K××～K××隧道右线K××～K××衬砌钢筋、衬砌、仰拱、仰拱回填的抽检记录		
80	LJ1·6·1-62	K××～K××隧道右线K××～K××衬砌钢筋、衬砌、仰拱、仰拱回填的施工自检记录		
81	LJ1·6·1-63	K××～K××隧道右线K××～K××防水层、排水管、中央排水沟和止水带的抽检记录		
82	LJ1·6·1-64	K××～K××隧道右线K××～K××找平层、基层和面层的抽检记录		
83	LJ1·6·1-65	K××～K××隧道右线K××+××人行通道洞身开挖、锚杆、钢筋网、钢架和喷混的自检记录		
84	LJ1·6·1-66	K××～K××隧道右线K××+××人行通道衬砌钢筋、衬砌、仰拱、仰拱回填的自检记录		
85	LJ1·6·1-67	K××～K××隧道右线K××+××人行通道防水层、排水管和止水带的自检记录		
86	LJ1·6·1-68	……		

续上表

序号	临时档号	案卷临时题名	责任人	备注
87	LJ1·6·1-69	K××~K××隧道左线……		LJ1、LJ2分别表示路基1,2合同段监理抽检资料
88	LJ1·6·1-70	……		
89	LJ1·6·1-71	K××~K××路桥隧工程路基土石方、强夯、重夯、碎石桩、粉喷桩、土工格栅铺设等的施工照片		
90	LJ1·6·1-72	K××+××大桥基础及下部构造、箱梁和T梁预制安装、桥面系、附属工程等的施工照片		
91	LJ1·6·1-73	K××~K××隧道右线洞口、开挖和初支、二衬、防排水、路面等的施工照片		
92	LJ2·6·1-1	K5+900~K12+000路桥隧工程质量评定报告和合同段、单位工程质量评定表		
93	LJ2·6·1-2	……		

检测单位预立卷目录　　　　　　　　　　　　表 C.3

序号	临时档号	案卷临时题名	责任人	备注
1	ZH·7·1-1	K××~K××路桥隧工程检测工作报告和案卷编制说明		ZH表示综合管理文件，LJ1、LJ2分别表示路基1、2合同段，7表示检测资料，1表示第1中心试验室，短杠"-"后是流水号
2	ZH·7·1-2	K××~K××路桥隧工程检测计划		
3	ZH·7·1-3	K××~K××路桥隧工程监理实施细则		
4	ZH·7·1-4	K××~K××路桥隧工程××中心试验室负责人授权委托书和试验检测人员变更申请及其批复文件		
5	ZH·7·1-5	K××~K××路桥隧工程××中心试验室备案文件		
6	ZH·7·1-6	K××~K××路桥隧工程××中心试验室关于印发各项检测管理制度、工作流程等的通知		
7	ZH·7·1-7	K××~K××路桥隧工程××中心试验室仪器设备检验证书和操作规程		
8	ZH·7·1-8	K××~K××路桥隧工程××中心试验室发出的关于路基填料、碎石不合格等的通知单及回复单		
9	ZH·7·1-9	K××~K××路桥隧工程××中心试验室××年第××~××期检测月报		
10	LJ1·7·1-1	K0+000~K5+900路桥隧工程φ8、φ10钢筋原材料试验汇总表和××~××号试验检测报告		
11	LJ1·7·1-2	……		
12	LJ1·7·1-3	K0+000~K5+900路桥隧工程ф22钢筋焊接接头试验汇总表和××~××号试验检测报告		

续上表

序号	临时档号	案卷临时题名	责任人	备注
13	LJ1·7·1-4	……		ZH 表示综合管理文件，LJ1、LJ2 分别表示路基 1、2 合同段，7 表示检测资料，1 表示第 1 中心试验室，短杠"-"后是流水号
14	LJ1·7·1-5	K0+000～K5+900 路桥隧工程 P.O42.5 水泥 2019 年原材料试验汇总表和××～××号试验检测报告		
15	LJ1·7·1-6	……		
16	LJ1·7·1-7	K0+000～K5+900 路桥隧工程 C30、C35、C40、C50 混凝土配合比验证报告		
17	LJ1·7·1-8	……		
18	LJ2·7·1-1	K0+000～K5+900 路桥隧工程 φ8、φ10 钢筋原材料试验汇总表和××～××号试验检测报告		
19	LJ2·7·1-2	……		

建设单位预立卷目录　　　　　　　　　　　　表 C.4

序号	临时档号	案卷临时题名	责任人	备注
1	LX-1	××至××公路项目建议书或项目规划的请示、审查意见和批复文件		LX 表示立项文件，短杠"-"后是流水号
2	LX-2	××至××公路可行性研究报告的请示、审查意见和批复文件		
3	LX-3	××至××公路社会稳定风险评估报告和咨询意见		
4	LX-4	××至××公路选址征求意见函、文物保护意见和竣工通知单		
5	LX-5	××至××公路地震安全性评价报告和审批文件		
6	LX-6	××至××公路地质灾害评估报告		
7	LX-7	××至××公路关于压覆重要矿产资源的文件		
8	LX-8	××至××公路用地预审选址申请表及申请报告、审查意见和批复文件		
9	LX-9	××至××公路水土保持方案报告书和审批文件		
10	LX-10	××至××公路固定资产投资项目节能评估文件、审查意见、节能登记表及其登记备案意见		
11	LX-11	××至××公路××泉域水环境影响的评价报告、审查意见和批复文件		

223

续上表

序号	临时档号	案卷临时题名	责任人	备注
12	LX-12	××至××公路招标方案和不招标申请表及其审批或核准文件		LX表示立项文件，短杠"-"后是流水号
13	LX-13	××至××公路环境影响报告书（或报告表、登记表）、审查意见和批复文件		
14	LX-14	××至××公路非防洪建设项目洪水影响评价报告、审查意见和批复文件		
15	LX-15	××至××公路××河道管理范围内建设项目工程建设方案和报审文件、审查意见及批复文件		
16	LX-16	××至××公路取水许可申请文件、建设项目水资源论证报告书、协议和取水许可证		
17	LX-17	××至××公路市级以上文物保护单位保护范围内进行作业的实施方案、审查意见及批复文件		
18	LX-18	××至××公路安全生产条件和设施综合分析报告		
19	SJ-1	××至××公路文物保护设计方案、审查意见和批复文件		SJ表示设计文件，短杠"-"后是流水号
20	SJ-2	××至××公路安全设施设计文件和评审意见		
21	SJ-3	××至××公路雷电防护装置设计文件和评审意见		
22	SJ-4	××至××公路初测外业验收意见和对初步设计、施工图设计、调整概算等的审查意见，批复文件以及社会利益相关方就设计文件提出的意见和建议		
23	SJ-5	××至××公路初步设计工程地质勘察报告		
24	SJ-6	××至××公路初步设计文件		
25	SJ-7	××至××公路施工图详细工程地质勘察报告		
26	SJ-8	××至××公路施工图设计文件		
27	SJ-9	××至××公路优化设计文件		
28	SJ-10	××至××公路0号工程量清单及其审查意见和修正文件		
29	SJ-11	××至××公路关于设计的往来文件		
30	SJ-12	××至××公路变更台账		
31	SJ-13	××至××公路变更文件		

续上表

序号	临时档号	案卷临时题名	责任人	备注
32	GZ-1	××至××公路建设用地申请文件和不动产权证		
33	GZ-2	××至××公路临时用地批准书及临时用地合同		
34	GZ-3	××至××公路土地复垦方案报告书、评审意见、市县级自然资源部门审查意见、相关协议		
35	GZ-4	××至××公路使用林地申请文件、审查意见和批复文件		
36	GZ-5	××至××公路临时使用林地申请文件、审查意见和批复文件		
37	GZ-6	××至××公路海域使用申请文件、审查意见、海域使用权证书、填海形成土地的国有土地使用权证书		
38	GZ-7	××至××公路征地拆迁批文、合同协议、会议纪要、征地拆迁数量一览表、拆迁方案等文件		
39	GZ-8	××至××公路淹没实物指标调查材料和移民安置文件		
40	GZ-9	××至××公路供电、供水、通信、排水等改迁的招投标文件和合同协议、往来文件、会议纪要		GZ表示工程准备文件,短杠"-"后是流水号
41	GZ-10	××至××公路××改迁工程设计文件		
42	GZ-11	××至××公路××改迁工程施工文件、竣工图		
43	GZ-12	××至××公路××改迁工程监理文件		
44	GZ-13	××至××公路××改迁工程验收文件		
45	GZ-14	××至××公路施工许可申请和批准文件		
46	GZ-15	××至××公路涉路施工行政许可申请文件和许可决定书		
47	GZ-16	××至××公路路线经过城镇规划区内时的建设工程规划许可证及其申报表、申请报告		
48	GZ-17	××至××公路工程质量责任登记表		
49	GZ-18	××至××公路质量监督申请书和质量监督通知书		
50	GZ-19	××至××公路建设前原始地形、地貌状况图		
51	GZ-20	××至××公路建设前原始地形、地貌、周边建筑物的照片		
52	GZ-21	××至××公路工程保险文件		

续上表

序号	临时档号	案卷临时题名	责任人	备注
53	XG-1	建设单位关于组织机构、人员分工等的文件		
54	XG-2	建设单位对参建单位人员变更的审批文件		
55	XG-3	××至××公路关于项目投融资、资金拨付、资产等的文件		
56	XG-4	××至××公路关于工程质量、进度、安全、环保、资金等形成的会议纪要		
57	XG-5	建设单位的会议记录		
58	XG-6	建设单位制定的各项管理规章制度、业务规范和工作程序、保证体系		
59	XG-7	××至××公路关于工程质量的文件		
60	XG-8	××至××公路关于安全生产管理的文件		
61	XG-9	××至××公路关于工程进度的文件		
62	XG-10	××至××公路关于费用控制的文件		
63	XG-11	××至××公路关于项目档案管理的文件		
64	XG-12	××至××公路关于环境保护、水土保持的文件		XG表示项目管理文件，短杠"-"后是流水号
65	XG-13	××至××公路关于变更管理的文件		
66	XG-14	××至××公路关于文明施工的文件		
67	XG-15	××至××公路关于农民工管理的文件		
68	XG-16	××至××公路关于劳动竞赛和阶段性检查的文件		
69	XG-17	××至××公路关于信用评级、履约考核的文件		
70	XG-18	××至××公路关于科研新技术的管理性文件		
71	XG-19	建设单位涉及法律事务的文件		
72	XG-20	建设单位组织的业务培训文件		
73	XG-21	建设单位信息化管理文件		
74	XG-22	××至××公路质量监督机构印发的质量监督相关文件		
75	XG-23	建设单位与行政主管部门、上级单位和社会利益相关方关于项目建设的往来文件		
76	XG-24	××至××公路各级领导、社会知名人士检查调研所形成的文件和重要活动、宣传报道的文件		
77	XG-25	××至××公路获得的奖项、荣誉和受表彰的先进人物的文件		
78	XG-26	××至××公路领导视察、专家指导、征地拆迁、招投标、开竣工、通车典礼、阶段性检查、业务培训、事故调查、验收、宣传报道、应对自然灾害及其他异常现象等形成的声像文件		

附录C 预立卷目录

续上表

序号	临时档号	案卷临时题名	责任人	备注
79	KY-1	××科研项目立项文件和批准文件		KY表示科研新技术文件,短杠"-"后是流水号
80	KY-2	××科研项目合同、协议、任务书		
81	KY-3	××科研项目研究方案、计划		
82	KY-4	××科研项目开题报告		
83	KY-5	××科研项目试验方案、记录、报告		
84	KY-6	××科研项目声像文件		
85	KY-7	××科研项目分析报告、阶段报告		
86	KY-8	××科研项目实验装置及特殊设备图纸、工艺技术规范说明书、操作规程		
87	KY-9	××科研项目事故分析报告		
88	KY-10	××科研项目技术评审报告和结题验收报告		
89	KY-11	××科研项目成果申报、鉴定、获奖及推广应用材料		
90	KY-12	××科研项目获得的专利、著作权等知识产权文件		
91	JJ-1	××至××公路交工验收计划、检查办法、工作要求和实施细则		JJ表示交竣工验收文件,短杠"-"后是流水号
92	JJ-2	××至××公路K××~K××工程交工验收申请和监理单位的审查意见		
93	JJ-3	××至××公路K××~K××路基工程专项检测报告		
94	JJ-4	××至××公路K××~K××桥梁工程专项检测报告		
95	JJ-5	××至××公路K××~K××隧道工程专项检测报告		
96	JJ-6	××至××公路K××~K××路面工程专项检测报告		
97	JJ-7	××至××公路K××~K××交通安全设施专项检测报告		
98	JJ-8	××至××公路K××~K××附属设施专项检测报告		
99	JJ-9	××至××公路公路工程质量鉴定申请文件、交工验收质量检测意见和鉴定报告、缺陷和遗留问题登记表		
100	JJ-10	××至××公路合同执行情况检查表、设计质量检查表、监理工作情况检查表、竣工文件检查表		
101	JJ-11	××至××公路对设计单位、监理单位和施工单位的初步评价表		
102	JJ-12	××至××公路设计符合性评价意见		
103	JJ-13	××至××公路建设单位向相关单位发送的交工验收会议邀请函		
104	JJ-14	××至××公路公路工程交工验收报告和验收证书		
105	JJ-15	××至××公路机电和绿化工程专项验收文件		

续上表

序号	临时档号	案卷临时题名	责任人	备注
106	JJ-16	××至××公路收费站命名调查函、公路收费申请和批复文件		
107	JJ-17	××至××公路试运营时间、途经地点、行驶注意事宜、相关法规和安全常识等的宣传文件		
108	JJ-18	××至××公路房建工程竣工验收报告、工程质量保修书,及由规划、消防、环保等部门出具的认可或准许使用的文件		
109	JJ-19	××至××公路水土保持设施验收鉴定书、验收报告、水土保持监测总结报告和报备证明		
110	JJ-20	××至××公路竣工环境保护验收报告和公示信息		
111	JJ-21	××至××公路消防验收备案表、工程验收竣工报告和消防验收意见书		
112	JJ-22	××至××公路土地复垦验收申请文件、耕地质量等别评定(重估)报告书和土地复垦验收批准文件		
113	JJ-23	××至××公路雷电防护装置竣工验收备案申请书和验收意见书		
114	JJ-24	××至××公路建设工程规划核验(验收)申请文件和建设工程规划认可证		JJ表示交竣工验收文件,短杠"-"后是流水号
115	JJ-25	××至××公路取水工程或设施竣工验收申请文件、核验报告和审批文件		
116	JJ-26	××至××公路竣工质量鉴定报告和问题整改报告		
117	JJ-27	××至××公路竣工质量检测报告		
118	JJ-28	××至××公路档案交接手续、项目档案验收申请、自查报告、整改报告和验收意见		
119	JJ-29	××至××公路档案验收申请报告、整改报告和验收意见		
120	JJ-30	××至××公路缺陷责任期形成的文件		
121	JJ-31	××至××公路试运营期间设施运行记录、调试测试检修记录、检验报告等		
122	JJ-32	××至××公路执行报告		
123	JJ-33	××至××公路接管养护单位项目使用情况报告		
124	JJ-34	××至××公路设计工作报告		
125	JJ-35	××至××公路竣工验收申请报告、检查意见、评定评分表、综合评价等级证书和公路工程竣工验收鉴定书		
126	JJ-36	××至××公路竣工验收会议文件		
127	JJ-37	××至××公路评优报奖申报材料、批准文件及证书		
128	JJ-38	××至××公路后评价文件		

续上表

序号	临时档号	案卷临时题名	责任人	备注
129	ZB-1	××至××公路招标代理机构比选文件		
130	ZB-2	××至××公路招标代理机构(成交方)××公司比选申请文件		
131	ZB-3	××至××公路招标代理机构××公司比选申请文件		
132	ZB-4	××至××公路招标代理机构比选报告		
133	ZB-5	××至××公路招标代理机构成交通知书和协议书		
134	ZB-6	××至××公路K××～K××工程资格预审文件		
135	ZB-7	××至××公路K××～K××工程(通过资审)××公司资格预审申请文件		
136	ZB-8	××至××公路K××～K××工程××公司资格预审申请文件		ZB表示招投标及合同文件，短杠"-"后是流水号
137	ZB-9	××至××公路K××～K××工程资格预审评审报告		
138	ZB-10	××至××公路K××～K××工程资格预审结果通知书		
139	ZB-11	××至××公路K××～K××工程招标文件		
140	ZB-12	××至××公路K××～K××工程(中标)××公司投标文件		
141	ZB-13	××至××公路K××～K××工程××公司投标文件		
142	ZB-14	××至××公路K××～K××工程招标评标报告		
143	ZB-15	××至××公路K××～K××工程中标通知书和合同		
144	ZB-16	××至××公路××谈判采购文件		
145	ZB-17	××至××公路××谈判采购(成交方)××公司申请文件		
146	ZB-18	××至××公路××谈判采购××公司申请文件		
147	ZB-19	××至××公路××谈判采购评审报告		
148	ZB-20	××至××公路××谈判采购成交通知书和合同		
149	ZB-21	××至××公路××技术咨询服务合同		
150	ZJ-1	××至××公路K××～K××工程第××期工程计量支付报表		ZJ表示资金管理文件，短杠"-"后是流水号
151	ZJ-2	××至××公路K××～K××工程第××期安全费用计量支付报表		
152	ZJ-3	××至××公路K××～K××工程第××监理机构监理费用支付报表		
153	ZJ-4	××至××公路K××～K××工程中心试验室检测费用支付报表		

续上表

序号	临时档号	案卷临时题名	责任人	备注
154	ZJ-5	××至××公路K××~K××工程结算书		ZJ表示资金管理文件，短杠"-"后是流水号
155	ZJ-6	××至××公路K××~K××工程结算审查报告		
156	ZJ-7	××至××公路财务决算文件		
157	ZJ-8	××至××公路工程决算文件		
158	ZJ-9	××至××公路跟踪审计报告		
159	ZJ-10	××至××公路专项审计报告		
160	ZJ-11	××至××公路审计报告和整改报告		

附录D 应急预案编制大纲

D.1 综合应急预案主要内容

一、总则

(1)编制目的:简述应急预案编制的目的。

(2)编制依据:简述应急预案编制所依据的法律、法规、规章、标准和规范性文件以及相关应急预案等。

(3)适用范围:说明应急预案适用的工作范围和事故类型、级别。

(4)应急预案体系:说明生产经营单位应急预案体系的构成情况,可用框图形式表述。

(5)应急工作原则:说明生产经营单位应急工作的原则,内容应简明扼要、明确具体。

二、事故风险描述

简述生产经营单位存在或可能发生的事故风险种类、发生的可能性以及严重程度及影响范围等。

三、应急组织机构及职责

明确生产经营单位的应急组织形式及组成单位或人员,可用结构图的形式表示,明确构成部门的职责。应急组织机构根据事故类型和应急工作需要,可设置相应的应急工作小组,并明确各小组的工作任务及职责。

四、预警及信息报告

(1)预警:根据生产经营单位监测监控系统数据变化状况、事故险情紧急程度和发展势态或有关部门提供的预警信息进行预警,明确预警的条件、方式、方法和信息发布的程序。

(2)信息报告:按照有关规定,明确事故及事故险情信息报告程序,主要包括:

①信息接收与通报:明确24h应急值守电话、事故信息接收、通报程序和责

任人。

②信息上报:明确事故发生后向上级主管部门或单位报告事故信息的流程、内容、时限和责任人。

③信息传递:明确事故发生后向本单位以外的有关部门或单位通报事故信息的方法、程序和责任人。

五、应急响应

1)响应分级

针对事故危害程度、影响范围和生产经营单位控制事态的能力,对事故应急响应进行分级,明确分级响应的基本原则。

2)响应程序

根据事故级别和发展态势,描述应急指挥机构启动、应急资源调配、应急救援、扩大应急等响应程序。

3)处置措施

针对可能发生的事故风险、事故危害程度和影响范围,制定相应的应急处置措施,明确处置原则和具体要求。

4)应急结束

明确现场应急响应结束的基本条件和要求。

六、信息公开

明确向有关新闻媒体、社会公众通报事故信息的部门、负责人和程序以及通报原则。

七、后期处置

主要明确污染物处理、生产秩序恢复、医疗救治、人员安置、善后赔偿、应急救援评估等内容。

八、保障措施

(1)通信与信息保障:明确可为本单位提供应急保障的相关单位或人员的通信联系方式和方法,并提供备用方案。同时,建立信息通信系统及维护方案,确保应急期间信息通畅。

(2)应急队伍保障:明确应急响应的人力资源,包括应急专家、专业应急队伍、兼职应急队伍等。

(3)物资装备保障:明确生产经营单位的应急物资和装备的类型、数量、性能、存放位置、运输及使用条件、管理责任人及其联系方式等内容。

(4)其他保障：根据应急工作需求而确定的其他相关保障措施（如经费保障、交通运输保障、治安保障、技术保障、医疗保障、后勤保障等）。

九、应急预案管理

（1）应急预案培训：明确对本单位人员开展的应急预案培训计划、方式和要求，使有关人员了解相关应急预案内容，熟悉应急职责、应急程序和现场处置方案。如果应急预案涉及社区和居民，要做好宣传教育和告知等工作。

（2）应急预案演练：明确生产经营单位不同类型应急预案演练的形式、范围、频次、内容以及演练评估、总结等要求。

（3）应急预案修订：明确应急预案修订的基本要求，并定期进行评审，实现可持续改进。

（4）应急预案备案：明确应急预案的报备部门，并进行备案。

（5）应急预案实施：明确应急预案实施的具体时间、负责制定与解释的部门。

D.2 专项应急预案主要内容

一、事故风险分析

针对可能发生的事故风险，分析事故发生的可能性以及严重程度、影响范围等。

二、应急指挥机构及职责

根据事故类型，明确应急指挥机构总指挥、副总指挥以及各成员单位或人员的具体职责。应急指挥机构可以设置相应的应急救援工作小组，明确各小组的工作任务及主要负责人职责。

三、处置程序

明确事故及事故险情信息报告程序和内容，报告方式和责任人等内容。根据事故响应级别，具体描述事故接警报告和记录、应急指挥机构启动、应急指挥、资源调配、应急救援、扩大应急等应急响应程序。

四、处置措施

针对可能发生的事故风险、事故危害程度和影响范围，制定相应的应急处置措施，明确处置原则和具体要求。

D.3 现场处置方案主要内容

一、事故风险分析

主要包括：

(1) 事故类型。

(2) 事故发生的区域、地点或装置的名称。

(3) 事故发生的可能时间，事故的危害严重程度及其影响范围。

(4) 事故前可能出现的征兆。

(5) 事故可能引发的次生、衍生事故。

二、应急工作职责

根据现场工作岗位、组织形式及人员构成，明确各岗位人员的应急工作分工和职责。

三、应急处置

主要包括以下内容：

(1) 事故应急处置程序。根据可能发生的事故及现场情况，明确事故报警、各项应急措施启动、应急救护人员的引导、事故扩大及同生产经营单位应急预案的衔接程序。

(2) 现场应急处置措施。针对可能发生的火灾、爆炸、危险化学品泄漏、坍塌、水患、机动车辆伤害等，从人员救护、工艺操作、事故控制、消防、现场恢复等方面制定明确的应急处置措施。

(3) 明确报警负责人以及报警电话及上级管理部门、相关应急救援单位联络方式和联系人员，事故报告基本要求和内容。

四、注意事项

主要包括：

(1) 佩戴个人防护器具方面的注意事项。

(2) 使用抢险救援器材方面的注意事项。

(3) 采取救援对策或措施方面的注意事项。

(4) 现场自救和互救注意事项。

(5) 现场应急处置能力确认和人员安全防护等事项。

(6) 应急救援结束后的注意事项。

(7)其他需要特别警示的事项。

D.4 附件

一、有关应急部门、机构或人员的联系方式

列出应急工作中需要联系的部门、机构或人员的多种联系方式,当发生变化时及时进行更新。

二、应急物资装备的名录或清单

列出应急预案涉及的主要物资和装备名称、型号、性能、数量、存放地点、运输和使用条件、管理责任人和联系电话等。

三、规范化格式文本

应急信息接报、处理、上报等规范化格式文本。

四、关键的路线、标识和图纸

主要包括:
(1)警报系统分布及覆盖范围。
(2)重要防护目标、危险源一览表、分布图。
(3)应急指挥部位置及救援队伍行动路线。
(4)疏散路线、警戒范围、重要地点等的标识。
(5)相关平面布置图纸、救援力量的分布图纸等。

五、有关协议或备忘录

列出与相关应急救援部门签订的应急救援协议或备忘录。

附录E 日志格式

E.1 施工日志格式

××至××公路

施工日志

施工单位：　　　　　　　　　　　合同段：

监理单位：　　　　　　　　　　　编　号：

工程名称				日期	
气象	□晴　□阴　□多云 __雨　__雪　风力__级			气温	最高：℃ 最低：℃
施工内容	主要设备	工人数量	主材规格、 产地(厂家)		现场负责人
存在问题及处理方法：					
其他需记录事项：					
施工员			施工负责人		

E.2　施工安全日志格式

××至××公路
施工安全日志

施工单位：　　　　　　　　　　　合同段：
监理单位：　　　　　　　　　　　编　号：

工程名称		日期	
气象	□晴　□阴　□多云 __雨　__雪　风力__级	气温	最高：℃ 最低：℃
安全生产情况：			
发现的问题、隐患及处理情况：			
其他需记录事项：			
专职安全员		安全负责人	

E.3　安全监理日志格式

××至××公路
安全监理日志

编号：

监理机构			
记录人		日期	年　月　日
审核人		天气情况	
承包人各作业面安全管理工作情况（人员、设施、工艺、措施）、危险源监控情况			
监理工程师主要工作简述（指令、检查结果及处理意见）			
信息反馈（处理结果，指令落实情况等）			

附录F 监理月报格式

××至××公路

监 理 月 报

(_____年___月___日)

监 理 机 构：_____

总监理工程师：_____

目　录

一、工程概况

二、工程形象进度

三、工程质量综合评价

四、支付情况

五、合同履行情况

六、监理工作情况

七、附件

1. 已开工分项工程月报表(月报表1)
2. 工程进度月报表(月报表2)
3. 施工单位进出场人员月报表(月报表3)
4. 施工单位主要原材料进场情况月报表(月报表4)
5. 施工单位主要机械设备与进场情况月报表(月报表5)
6. 施工单位试验、测量仪器设备进场情况月报表(月报表6)
7. 施工单位试验检测工作月报表(月报表7)
8. 施工单位现场自检月报表(月报表8)
9. 监理抽样试验工作月报表(月报表9)
10. 监理工序检查月报表(月报表10)
11. 监理文件发放月报表(月报表11)
12. 工程支付月报表(月报表12)
13. 工程变更项目月报表(月报表13)
14. 延期索赔项目月报表(月报表14)
15. 主要人员、设备考核表(月报表15)

监理月报填写说明：

一、工程概况

第一份监理月报的工程概况应提供以下内容，后期的月报可视情况适当进行增减：合同段长度、起、讫桩号，合同段号，地理位置；承建单位；线型及主要设计指标；路线及结构物所在位置的地质情况；主要结构物的类型及数量；较小结构物及道路设施；合同签订日期；承包人的名称及项目主要负责人（项目经理、技术负责人、安全生产负责人、质检负责人、试验负责人等）的姓名和资质证书编号；合同总价；合同规定的工期；开工令发出日期及开工日期；修订的完工期（以后如有变动，可以修订）。

二、工程形象进度

（1）概述本月主要施工内容和工程总体进度，确定完成计划的百分率，并根据总体进度的实际情况说明影响总体进度的因素以及已采取或将要采取的措施。

（2）监理工程师根据计量结果将主要工程项目的进度情况填入进度月报表，说明主要工程项目延误的原因，已采取的措施和效果或将要采取的措施。

（3）概述其他工作进展情况，如驻地建设、工地试验室建设、料场建设及各项临时工程等的进展情况。

（4）从开工到现在已过去的施工时间。

三、工程质量综合评价

根据合同要求，不符合技术规范规定的工程质量均不得计量和交验，月报表中可就现场各个合同段或各个工程分项的材料、机械、人员配备实际情况结合工程质量的检验、量测结果做综合评价。

四、支付情况

本期支付的情况、累计支付的情况、计日工暂定金额、价格调整、费用索赔等。

五、合同履行情况

概略评述有关承包人履行合同义务的表现、存在的问题、采取的改进措施和今后工作安排的设想等，简述本月发生的工程变更、延期索赔等事项。

六、监理工作情况

本部分内容主要描述监理工作的情况，还应包括各类监理人员的人数、工作安排及监理工程师的办公室、住房、设施和车辆等的现状和存在问题以及对工程的影响。

七、附件

(1) 月报表编号按"期号+该表页次"填写,如月报表1的编号0103表示已开工分项工程月报表第一期的第3页。

(2) "工程名称"填写合同段工程名称,如"K××~K××路面工程"。

(3) "施工单位"填写中标单位名称。

(4) 日期用8位数字表示。

(5) 月报表2"项目内容"填写工程量清单细目名称。

附录F 监理月报格式

××至××公路

已开工分项工程月报表

月报表1

工程名称：　　　　　施工单位：　　　　　合同段：　　　　　编号：

序号	单位工程	已开工分项工程名称	专业监理工程师	监理助理	开工日期	完工日期

编制：　　　　　　　　　　　　　　　　　　　　　　　监理工程师：

××至××公路
工程进度月报表 月报表 2

工程名称：　　　　　　施工单位：　　　　　　合同段：　　　　　　编号：

| 项次 | 项目内容 | 单位 | 总工程量 | 本月计划 | | 本月完成 | | 累计完成 | | 备注 |
				工程量	百分比	工程量	百分比	工程量	百分比	

编制：　　　　　　　　　　　　　　　　　　　　监理工程师：

××至××公路

施工单位进出场人员月报表

月报表3
编号：

施工单位	合同段	管理人员	技术人员			试验及检测人员				服务人员	技术工人	普工	合计
			高级	中级	初级	高级	中级	初级	上岗证持有者				

编制：　　　　　　　　　　　　　　　　监理工程师：

××至××公路
施工单位主要原材料进场情况月报表 月报表4

工程名称： 施工单位： 合同段： 编号：

序号	材料名称	用途	单位	总用量	本月进场量	本月使用量	存在问题

编制： 监理工程师：

施工单位主要机械设备与进场情况月报表

××至××公路　　　　　　　　　　　　　　　　月报表5

工程名称：　　　　　　施工单位：　　　　　合同段：　　　　　编号：

序号	名称	型号或规格	生产能力	本月实有数量	本月实际工作台班数	下月需要工作台班数	下月需要增加的数量	备注

编制：　　　　　　　　　　　　　　　　　监理工程师：

××至××公路
施工单位试验、测量仪器设备进场情况月报表　　月报表6

工程名称：　　　　　施工单位：　　　　　合同段：　　　　　编号：

序号	名称	型号或规格	单位	现有数量	新旧程度	下月计划新增数量	备注

编制：　　　　　　　　　　　　　　监理工程师：

附录F 监理月报格式

××至××公路
施工单位试验检测工作月报表

月报表7

施工单位：　　　　　　　　　　合同段：　　　　　　　　　　编号：

试验项目名称	本月试验次数	累计试验次数	本月自检合格率	试验内业资料是否齐全，监理签字是否齐全	存在问题
各种原材料试验					
焊件试验					
机械连接试验					
压实度检测					
结构层厚度检测					
混凝土强度试验					
净浆强度试验					
土工击实试验					
水泥混凝土配合比设计					
混合料配合比设计					
沥青混凝土配合比设计					
净浆配合比设计					
砂浆配合比设计					
……					

工程名称：

编制：　　　　　　　　　　　　　　　　　　　　　　　　　　监理工程师：

××至××公路
施工单位现场自检月报表

月报表 8

工程名称：　　　　　施工单位：　　　　　合同段：　　　　　编号：

检测项目名称 （检测方法不同要分开）	检测代表范围 （桩号、部位或性质）	本月自检次数	累计自检次数	本月检测合格率	存在问题

编制：　　　　　　　　　　　　　　　　　　　监理工程师：

附录F 监理月报格式

××至××公路
监理抽样试验工作月报表

月报表9
编号：

工程名称：　　　施工单位：　　　合同段：

试验项目名称	本月试验总次数	累计试验次数	抽检频率	本月抽样合格率	内业资料是否齐全	存在问题

监理工程师：

编制：

××至××公路
监理工序检查月报表

月报表 10

工程名称： 施工单位： 合同段： 编号：

抽查工程项目	累计抽查总点数	本月抽查总点数	本月合格点数	本月合格率	备注
路基土石方					
涵洞、通道					
天桥（小桥）					
排水工程					
防护工程					
承台					
墩台身					
盖梁					
……					

编制： 监理工程师：

附录F 监理月报格式

××至××公路
监理文件发放月报表

月报表11
编号：

项次	通知、指令或文件编号	通知、指令或文件名称	通知、指令或文件内容简述	通知、指令或文件发出日期	处理结果

编制： 　　　　　　　　　　　　　　　　　　　　　监理工程师：

253

××至××公路
工程支付月报表

月报表 12
编号：
（单位：元）

施工单位	工程名称	总价 （合同价+变更价）	到上期末累计 已支付金额	本月 完成金额	本月应扣除的 预付款	监理建议本月 支付金额	到本期末累计 支付金额

编制：

监理工程师：

附录F 监理月报格式

××至××公路
工程变更项目月报表

月报表13
编号：

工程名称： 施工单位： 合同段：

序号	变更项目	申报变更			审批变更			备注
		时间	文号	金额(元)	时间	文号	金额(元)	

注：增加金额为(＋)，减少金额为(－)。

编制： 监理工程师：

××至××公路
延期索赔项目月报表

月报表14
编号：

合同段	索赔事件简述	申报索赔				审批索赔				备注
		时间	文号	费用(元)	工期	时间	文号	费用(元)	工期	

编制：　　　　　　　　　　　　　　　　　　　　　　　　　监理工程师：

附录F 监理月报格式

××至××公路
主要人员、设备考核表

月报表 15
编号:

日期	监理机构			车辆			项目经理			施工单位			总工	
	人员		出勤天数（天）	车型	出勤天数（天）		姓名	标段	出勤天数（天）	姓名	标段	出勤天数（天）	姓名	标段	出勤天数（天）
	姓名	分工												

编制：
监理工程师：

附录G 质量检验评定数据报表编制示例

G.1 施工单位质量检验评定数据报表编制示例

××至××高速公路　　　　　　　　　　　　　　第1页,共1页

土方路基自检表　　　　　　　　　　110402020

施工单位:××××工程有限公司　　　　　　　合同段:LJ1

监理单位:××××监理有限公司　　　　　　　编号:010101020

单位工程	K0+000~K10+000 路基工程						施工日期		20200503/0505	
分部工程	K0+000~K1+000 路基土石方工程									
桩号及部位	K0+000~K1+000 路基第15层(顶层)						检验日期		20200505	

项次	检查项目	规定值或允许偏差	实测值或实测偏差值										结论
1△	压实度(%)	≥96	96.8	97.2	97.6	98.6	99.1	97.5	96.8	98.5	97.5	98.3	合格
			97.2	96.5	98.2	96.8	97.5	98.5	97.1	97.6	96.9	97.8	
2△	弯沉(0.01mm)	≤125	96.41	95.82									合格
3	纵断高程(mm)	+10,-15	+5	+6	-4	+8	-7	+5	-4	+6	+5	-3	合格
4	中线偏位(mm)	50	15	20	16	20	17	9	15	11	8	8	合格
5	宽度(mm)	≥24500	24601	24585	24562	24622	24584	24684	24656	24578	24528	24620	合格
			24576	24625	24653	24683	24584	24652	24690	24601	24563	24631	
6	平整度(mm)	≤15	6.0	5.6	7.0	5.6	4.5	3.5	6.0	6.5	7.0	4.5	合格
			5.6	6.5	6.5	4.5	5.0	4.5	6.5	6.5	4.5	5.0	
7	横坡(%)	2±0.3	2.02	1.98	1.99	2.03	2.01	2.03	2.01	1.97	1.99	1.99	合格
			2.01	2.00	2.00	1.99	2.02	1.98	1.99	2.02	2.01	1.98	
8	边坡	不陡于1:1.5	1:1.52	1:1.51	1:1.48	1:1.50	1:1.50	1:1.50	1:1.50	1:1.51	1:1.51	1:1.51	合格
			1:1.52	1:1.52	1:1.50	1:1.51	1:1.51	1:1.51	1:1.51	1:1.52	1:1.51	1:1.52	
附件	1.压实度检测报告(BG-2022-YSD-0023号);2 弯沉检测报告(BG-2022-WCZ-0001、0002号);3.几何尺寸检测报告(BG-2022-CC-0011号);4.施工照片2张,编号 ZP1010101045/046;5.录像30s,编号 LX1010101010。												
检查	李××(质检人员)	记录	王××(施工员/技术员)					质检负责人		刘××			

图 G.1　自检表编制示例

附录G 质量检验评定数据报表编制示例

××至××高速公路　　　　　　　　　　　　　　　　　　　第1页,共1页

压实度统计判定表

1101

施工单位:××××工程有限公司　　　　　　　　　　　合同段:LJ1

监理单位:×××监理有限公司　　　　　　　　　　　　编号:0101011

单位工程	K0+000~K10+000 路基工程			分部工程		K0+000~K1+000 路基土石方工程					
分项工程	土方路基			试验日期		20200315/0503					
检测依据	JTG 3450—2019			判定依据		JTG F80/1—2017、设计文件					
实测值											
1	2	3	4	5	6	7	8	9	10	11	12
96.8	97.2	97.6	98.6	99.1	97.5	96.8	98.5	97.5	98.3	97.2	96.5
98.2	96.8	97.5	98.5	97.1	97.6	96.9	97.8				

统计分析	规定值	96	检测点数	20	平均值	97.6	$t_\alpha/\sqrt{n}$	0.387	结论	合格
	S	0.725	≥规定值-2的点数	20	极值	91	低于极值的点数	0		
	代表值 $K = \bar{k} - t_\alpha S/\sqrt{n} = 97.6 - 0.387 \times 0.725 = 97.3 \geq 96$,合格率100%									

汇总:石××(助理试验检测师)　　　审核:田××(试验检测师)　　　日期:20200505

图 G.2　统计判定表编制示例

××至××高速公路　　　　　　　　　　　第1页,共1页

土方路基专项检查表

1104020200

施工单位:××××工程有限公司　　　　　　合同段:LJ1

监理单位:××××监理有限公司　　　　　　编号:010101001

单位工程	K0+000~K10+000 路基工程	施工日期	20220503/20220505
分部工程	K0+000~K1+000 路基土石方工程		
桩号及部位	K0+000~K1+000 路基第15层(顶层)	检查日期	20220505/20220506

	检查内容	检查结果
基本要求	1. 路基填料应符合规范和设计的规定	符合要求
	2. 在路基用地和取土坑范围内,应清除地表植被、杂物、积水、淤泥和表土,处理坑塘,并按施工技术规范和设计要求对基底进行压实。表土应充分利用	符合要求
	3. 填方路基应分层填筑压实,每层表面平整,路拱合适,排水良好,不得有明显碾压轮迹,不得亏坡	符合要求
	4. 应设置施工临时排水系统,避免冲刷边坡,路床顶面不得积水	符合要求
	5. 在设定取土区内合理取土,不得滥开滥挖。完工后应按要求对取土坑和弃土场进行修整	符合要求
外观质量	1. 路基边线与边坡不应出现单向累计长度超过50m的弯折	符合要求
	2. 路基边坡、护坡道、碎落台不得有滑坡、塌方或深度超过100mm的冲沟	符合要求
质量保证资料	1. 所用原材料、半成品和成品质量检验结果	收集齐全
	2. 材料配合比、拌和加工控制检验和试验数据	收集齐全
	3. 地基处理、隐蔽工程施工记录	收集齐全
	4. 质量控制指标的试验记录和质量检验汇总图表	收集齐全
	5. 施工过程中遇到的非正常情况记录及其对工程质量影响分析评价资料	施工正常
	6. 施工过程中如发生质量事故,经处理补救后达到设计要求的认可证明文件等	未发生事故
附件	无	
检查	李××(质检人员) 记录 王××(施工员/技术员) 复核 刘××(质检负责人)	

图 G.3　专项检查表编制示例

附录G 质量检验评定数据报表编制示例

××至××高速公路

分项工程质量评定表

第1页，共1页

分项工程名称：土方路基　　工程部位：K0+000～K1+000　　施工单位：××××工程有限公司　　合同段：LJ1

所属分部工程名称：K0+000～K1+000路基土石方工程　　所属单项工程：K0+000～K10+000路基工程　　分项工程编号：010101

基本要求	经检验：1.路基填料符合规范和设计的规定。检测报告见 BG-2022-T-0001。2.在路基用地和取土坑范围内，清除了地表植被、杂物、积水、淤泥和表土，并按施工技术规范和设计要求对基底进行了压实，表土已充分利用。3.填方路基分层填筑压实，每层表面平整，路拱合适，排水良好，无明显碾压轮迹，未出现亏坡。4.设置了施工临时排水系统，边坡未受冲刷，路床顶面无积水。5.在设定的取土区内合理取土，未出现滥挖、滥开滥采。完工后按要求对取土坑和弃土场进行了修整。				
实测项目	项次	检查项目	规定值或允许偏差	实测值或实测偏差值	质量评定
					平均值	代表值	合格率（%）	合格判定
	1△	压实度（%）	≥96	见 0101011 号压实度统计判定表	97.6	97.3	100.0	合格
	2△	弯沉（0.01mm）	≤125	见 BG-2022-WCZ-0001,0002 号弯沉检测报告	85.42	96.41	100.0	合格
	3	纵断高程（mm）	+10，-15	检测10点，合格10点			100.0	合格
	4	中线偏位（mm）	50	检测10点，合格10点			100.0	合格
	5	宽度（mm）	≥24500	检测20点，合格20点			100.0	合格
	6	平整度（mm）	≤15	检测20点，合格20点			100.0	合格
	7	横坡（%）	2±0.3	检测20点，合格19点			95.0	合格
	8	边坡	1:1.5					
外观质量	1.路基边线与边坡未出现弯折。2.路基边坡、护道边、碎落台未出现滑塌、塌方和冲沟			质量保证资料	真实、准确、齐全、完整			
工程质量等级评定	合格							

检验负责人：刘××（质检负责人）　检测：李××（质检人员）　记录：王××（施工员/技术员）　复核：张××（项目总工）　日期：20220506

图 G.4 分项工程质量评定表编制示例

××至××高速公路　　　　　　　　　　　　第1页,共1页
分部工程质量评定表
1202

分部工程名称:路基土石方工程　　　　　　工程部位:K0+000~K1+000
所属单位工程:K0+000~K10+000路基工程　合同段:LJ1
施工单位:××××工程有限公司　　　　　　分部工程编号:0101

分 项 工 程			备注
分项工程编号	分项工程名称	质量等级	
01	K0+000~K1+000土方路基	合格	
02	K0+203~K0+375加固土桩	合格	
03	K0+753~K0+866土工格栅铺设	合格	
……	……		
外观质量	所含分项工程外观质量满足要求		
评定资料	真实、准确、齐全、完整		
质量等级	合格		
评定意见	K0+000~K1+000路基土石方工程所使用原材料、半成品、成品及施工控制要点符合基本要求,无外观质量缺陷且评定资料符合要求,该分部工程质量评定为合格		

检验负责人:刘××　　　　记录:王××　　　复核:张××　　　日期:20220610
(质检负责人)　　　　　(施工员/技术员)　　(项目总工)

图 G.5　分部工程质量评定表编制示例

附录G 质量检验评定数据报表编制示例

××至××高速公路
单位工程质量评定表

第1页，共1页
1203

单位工程名称：路基工程　　　工程地点、桩号：临汾市、K0+000～K10+000
施工单位：××××工程有限公司　合同段：LJ1　　　单位工程编号：01

分部工程			备注
分部工程编号	分部工程名称	质量等级	
01	K0+000～K1+000路基土石方工程	合格	
02	K0+000～K1+000排水工程	合格	
03	K0+556天桥	合格	
04	K0+000～K1+000涵洞	合格	
05	K0+000～K1+000防护支挡工程	合格	
……	……		
外观质量	所含分部工程外观质量满足要求		
评定资料	真实、准确、齐全、完整		
质量等级	合格		
评定意见	K0+000～K10+000路基工程所使用原材料、半成品、成品及施工控制要点符合基本要求，无外观质量缺陷且评定资料符合要求，该单位工程质量评定为合格		

检验负责人：刘××　　记录：王××　　复核：张××　　日期：20220629(盖章)
(质检负责人)　　　　(施工员/技术员)　(项目总工)

图G.6　单位工程质量评定表编制示例

××至××高速公路　　　　　　　　　　　　　第1页，共1页

合同段质量评定表

1204

路线名称：××××高速公路　　　桩号及工程名称：K0+000～K10+000路基桥隧工程
施工单位：××××工程有限公司　完工日期：20220830　　　　　　合同段：LJ1

单位工程			备注
单位工程编号	单位工程名称	质量等级	
01	K0+000～K10+000路基工程	合格	
02	K1+150刘家沟大桥	合格	
03	K5+124九庄特大桥	合格	
04	K6+422～K9+563郭庄隧道	合格	
……	……		
质量等级	合格		
评定意见	K0+000～K10+000路基桥隧工程合同段所属各单位工程均合格，该合同段质量评定为合格		

检验负责人：刘××　　记录：王××　　复核：张××　　日期：20220930（盖章）
(质检负责人)　　　　(施工员/技术员)　　(项目总工)

图 G.7　合同段质量评定表编制示例

G.2 监理单位质量检验评定数据报表编制示例

××至××高速公路　　　　　　　　　　　　　　第1页,共1页

土方路基抽检表　　　　　　　210402020

施工单位:××××工程有限公司　　　　　　　　合同段:LJ1

监理单位:××××监理有限公司　　　　　　　　编号:010101031

单位工程	K0+000～K10+000路基工程									施工日期	20200503/20220505
分部工程	K0+000～K1+000路基土石方工程									施工日期	20200503/20220505
桩号及部位	K0+000～K1+000路基第15层(顶层)									抽检日期	20220506

检查结果	抽检项目	规定值或允许偏差	实测值或实测偏差值								结论
	压实度(%)	≥96	97.6	98.2	97.8	98.6					合格
	弯沉(0.01mm)	≤125	96.41	95.82							合格
	宽度(mm)	≥24500	24600	24654	24632	24607					合格
	边坡	1:1.5	1:1.51	1:1.52	1:1.50	1:1.51					合格
附件	1.压实度检测报告(BG-2022-JL-YSD-0023号)。2.弯沉检测报告(BG-2022-JL-WCZ-0001号)。3.几何尺寸检测报告(BG-2022-JL-KD-0003号)。4.现场检验照片1张,编号ZP2010101016										
处理意见	同意分项工程交工										
抽检	周××				审核			杨××			

图G.8　抽检表编制示例

××至××高速公路　　　　　　　　　　　　　　　第1页,共1页

分部工程质量评定表

2202

分部工程名称:路基土石方工程　　　　　　　工程部位:K0+000~K1+000
所属单位工程:K0+000~K10+000路基工程　　合同段:LJ1
监理单位:××××监理有限公司　　　　　　分部工程编号:0101

分项工程编号	分项工程名称	实测项目	实测值或实测偏差值	合格率（%）	合格判定	备注
01	K0+000~K1+000土方路基	△压实度	见0101011号压实度统计判定表	100.0	合格	
		△弯沉	见BG-2022-JL-WCZ-0001号弯沉检测报告	100.0	合格	
		宽度	检查4点,合格4点	100.0	合格	
		边坡	检查4点,合格4点	100.0	合格	
02	K0+203~K0+375加固土桩	△桩长	检查3点,合格3点	100.0	合格	
		△强度	检查2组,合格2组	100.0	合格	
		桩距	检查10点,合格10点	100.0	合格	
		桩径	检查10点,合格10点	100.0	合格	
03	K0+753~K0+866土工格栅铺设	搭接宽度	检查10点,合格10点	100.0	合格	
		搭接缝错开距离	检查10点,合格10点	100.0	合格	
		锚固长度	检查10点,合格9点	90.0	合格	
……	……					

外观质量	所含分项工程外观质量满足要求
评定资料	真实、准确、齐全、完整
质量等级	合格
评定意见	同意该分部工程质量评定为合格

检验负责人:杨××　　　记录:周××　　　复核:海××　　　日期:20220510
（专监）　　　　　　　（监理人员）　　　（监理工程师）

图 G.9　分部工程质量评定表编制示例

××至××高速公路
第1页，共1页

单位工程质量评定表

2203

单位工程名称：路基工程　　　　工程地点、桩号：临汾市、K0+000～K10+000
监理单位：××××监理有限公司　　合同段：LJ1　　单位工程编号：01

分 部 工 程			备注
分部工程编号	分部工程名称	质量等级	
01	K0+000～K1+000路基土石方工程	合格	
02	K0+000～K1+000排水工程	合格	
03	K0+556天桥	合格	
04	K0+000～K1+000涵洞	合格	
05	K0+000～K1+000防护支挡工程	合格	
……	……		
外观质量	所含分部工程外观质量满足要求		
评定资料	真实、准确、齐全、完整		
质量等级	合格		
评定意见	同意该单位工程质量评定为合格		

检验负责人：杨××　　　记录：周××　　　复核：海××　　　日期：20220630（盖章）
　（专监）　　　　　　（监理人员）　　　（监理工程师）

图 G.10　单位工程质量评定表编制示例

××至××高速公路	第1页，共1页
合同段质量评定表	2204

路线名称：××××高速公路　　桩号及工程名称：K0+000～K10+000路基桥隧工程
监理单位：××××监理有限公司　完工日期：20220830　　合同段：LJ1

单 位 工 程			备注
单位工程编号	单位工程名称	质量等级	
01	K0+000～K10+000路基工程	合格	
02	K1+150刘家沟大桥	合格	
03	K5+124九庄特大桥	合格	
04	K6+422～K9+563郭庄隧道	合格	
……	……		
质量等级	合格		
评定意见	同意该合同段工程质量评定为合格		

检验负责人：杨××　　记录：周××　　复核：海××　　日期：20220930（盖章）
(专监)　　　　　　　(监理人员)　　　　(监理工程师)

图 G.11　合同段质量评定表编制示例

G.3 建设项目质量评定表编制示例

××至××高速公路　　　　　　　　　　　　　　　第1页，共×页

建设项目工程质量评定表

3205

起讫桩号：K0+000～K89+000　　　　　　　路线名称：××××高速公路
建设单位：××××公路有限公司　　　　　　完工日期：20221005

合同段	合同段桩号及工程名称	质量等级	备注
LJ1	K0+000～K10+000 路基桥隧工程	合格	
LJ2	K10+000～K32+000 路基桥隧工程	合格	
LJ3	K32+000～K46+000 路基桥梁工程	合格	
……	……		
质量等级	合格		
评定意见	××至××高速公路K0+000～K89+000各合同段工程质量均合格，该建设项目工程质量评定为合格		

检验负责人：邓××　　记录：姜××　　复核：郑××　　日期：20221009
(技术负责人)　　　　　(质检部长)　　　(建设单位法人代表)

图 G.12　建设项目质量评定表编制示例

附录 H 土建工程监理抽检项目

一般建设项目分项工程抽检项目一览表　　　表 H.1

单位工程	分部工程	分项工程		抽检项目	
				关键项目	结构主要尺寸
路基工程	路基土石方工程	土方路基		压实度、弯沉	宽度、边坡
		填石路基		孔隙率、沉降差、弯沉	宽度、边坡
		砂垫层、反压护道			厚度(高度)、宽度
		袋装砂井、塑料排水板		井(板)长	井(板)距、井径
		粒料桩		桩长	桩距、桩径
		加固土桩、CFG桩、刚性桩		桩长、强度	桩距、桩径
		土工合成材料处置层	加筋		搭接宽度、搭接缝错开距离、锚固长度
			隔离、过滤排水		搭接宽度、搭接缝错开距离
			防裂		搭接宽度
	排水工程	管节预制		混凝土强度	内径、壁厚、长度
		混凝土排水管安装		混凝土或砂浆强度	基础厚度,管座肩宽度、肩高
		检查(雨水)井砌筑		砂浆强度	直径或长、宽、壁厚
		土沟、盲沟			断面尺寸
		浆砌水沟		砂浆强度	断面尺寸,铺砌厚度,基础垫层宽度、厚度
		排水泵站沉井		混凝土强度	几何尺寸、壁厚
		沉淀池		混凝土强度	几何尺寸
	小桥、天桥等			参照桥梁工程抽检项目执行	
	涵洞通道	涵洞总体			涵底铺砌厚度、长度、跨径或内径、净高
		涵台		混凝土或砂浆强度	断面尺寸
		混凝土涵管预制		混凝土强度	内径、壁厚、长度
		混凝土涵管安装		混凝土强度	管座或垫层宽度、厚度,相邻管节底面错台

附录H 土建工程监理抽检项目

续上表

单位工程	分部工程	分项工程		抽 检 项 目	
				关键项目	结构主要尺寸
路基工程	涵洞通道	盖板制作		混凝土强度、高度	宽度、长度
		盖板安装			相邻板最大高差
		波形钢管涵安装		高强螺栓扭矩	管涵内径
		箱涵浇筑		混凝土强度、顶板厚	净高、宽,侧墙和底板厚
		拱涵浇(砌)筑		强度、拱圈厚度	
		倒虹吸竖井、集水井砌筑		砂浆强度	圆井直径或方井边长
		一字墙和八字墙		强度、断面尺寸	
		顶进施工的涵洞		高程	相邻两节高差
		涵洞填土		压实度	填土长度
		锥坡坡面防护		强度、厚度	
		钢筋加工及安装		受力钢筋间距、保护层厚度	钢筋骨架长、宽、高
	防护支挡工程,大型挡土墙、组合挡土墙	浆砌挡土墙、浆砌砌体		砂浆强度、断面尺寸	墙面坡度
		干砌挡土墙和片石砌体		断面尺寸	墙面坡度
		片石混凝土挡土墙、悬臂式和扶壁式挡土墙		混凝土强度、断面尺寸	墙面坡度
		锚杆、锚定板和加筋挡土墙	筋带	长度	
			拉杆	长度	间距
			锚杆	注浆强度、锚杆抗拔力	锚孔孔深、孔径、间距
			面板预制	混凝土强度、厚度	边长、两对角线差
			面板安装		相邻面板错台、面板缝宽
			总体		肋柱间距
		墙背填土		压实度	反滤层厚度
		锚杆、锚索		注浆强度、抗拔力、张拉力	锚孔深度、孔径
		坡面结构		混凝土强度	喷层厚度,框格梁、地梁、边梁断面尺寸

续上表

单位工程	分部工程	分项工程	抽检项目	
			关键项目	结构主要尺寸
路基工程	防护支挡工程，大型挡土墙、组合挡土墙	土钉支护	注浆强度、抗拔力	孔深、孔距、孔径
		砌体坡面防护	砂浆强度、厚度或断面尺寸	框格间距
		石笼防护		长度、宽度、高度
		导流工程	砂浆和混凝土强度、压实度	长度、断面尺寸
		钢筋加工及安装	受力钢筋间距、保护层厚度	钢筋骨架长、宽、高
路面工程	路面工程	水泥混凝土面层	弯拉强度、板厚度	相邻板高差、路面宽度
		钢筋网		网眼尺寸、网眼对角线差
		沥青混凝土和碎(砾)石面层、沥青碎石基层	压实度、厚度、矿料级配、沥青含量	宽度、横坡
		沥青贯入式面层	厚度、矿料级配、沥青含量	宽度、横坡
		沥青表面处置面层	厚度	宽度
		稳定土、稳定粒料垫层、底基层和基层	压实度、厚度、强度	宽度
		级配碎(砾)石基层和底基层、垫层	压实度、厚度	宽度
		填隙碎石(矿渣)基层和底基层、垫层	固体体积率、厚度	宽度
		透层		透入深度、宽度
		封层	厚度	宽度
		黏层		宽度
		路缘石铺设	混凝土强度	预制铺设缝宽或现浇宽度
		路肩		宽度
桥梁工程	基础及下部构造	钢筋加工及安装	受力钢筋间距、保护层厚度	钢筋骨架长、宽、高或直径
		钢筋网		网眼尺寸、网眼对角线差
		预制桩钢筋安装	保护层厚度	主筋间距

续上表

单位工程	分部工程	分项工程	抽检项目	
			关键项目	结构主要尺寸
桥梁工程	基础及下部构造	灌注桩钢筋安装	保护层厚度	主筋间距,钢筋骨架外径、长度
		地下连续墙钢筋安装	保护层厚度	主筋间距,钢筋骨架厚、宽、长度
		基础砌体	砂浆强度	平面尺寸
		墩、台身砌体	砂浆强度、顶面高程	墩台长、宽
		侧墙砌体	砂浆强度、宽度	
		混凝土扩大基础	混凝土强度	平面尺寸
		钻孔灌注桩、挖孔桩	混凝土强度、孔深、桩身完整性	孔径
		混凝土桩预制	混凝土强度	长度,桩径或边长
		钢管桩制作	接头尺寸、焊缝探伤	长度,管端椭圆度,管节周长
		沉桩	桩尖高程、贯入度	
		地下连续墙	混凝土强度	槽深、槽宽
		沉井	混凝土强度、中心偏位	沉井长、宽、半径,非圆形沉井对角线差,井壁厚度
		双壁钢围堰	焊缝探伤	围堰半径、长、宽、高,焊缝尺寸
		沉井、钢围堰封底混凝土	混凝土强度	
		承台等大体积混凝土	混凝土强度	平面尺寸,结构高度
		灌注桩桩底压浆	浆体强度、压浆量	
		现浇墩、台身	混凝土强度、轴线偏位	断面尺寸
		现浇墩台帽或盖梁	混凝土强度	断面尺寸
		预制墩身	混凝土强度	外轮廓断面尺寸、壁厚
		墩、台身安装	轴线偏位、湿接头混凝土强度	

续上表

单位工程	分部工程	分项工程	抽检项目	
			关键项目	结构主要尺寸
桥梁工程	基础及下部构造	预应力筋加工和张拉	张拉应力值、伸长率	
		预应力管道压浆及封锚	浆体强度、压浆压力值、封锚混凝土强度	
		拱桥组合桥台	架设拱圈前台后填土完成量、拱建成后桥台水平位移	
		挡块	混凝土强度	断面尺寸及高度
		支座垫石	混凝土强度、顶面高程、顶面高差	断面尺寸
		台背填土	压实度	填土长度、横向宽度、分层厚度
	上部构造预制和安装	钢筋加工及安装	受力钢筋间距、保护层厚度	钢筋骨架长、宽、高
		预应力筋加工和张拉	张拉应力值、伸长率	
		预应力管道压浆及封锚	浆体强度、压浆压力值、封锚混凝土强度	
		梁、板或梁段预制	混凝土强度、断面尺寸	梁长度、斜拉索锚面角度
		梁、板安装		相邻梁板顶面高差
		逐跨拼装梁安装		相邻节段间接缝错台、节段拼装立缝宽度、梁长
		顶推施工梁	落梁反力、支点高差	
		悬臂拼装梁	合龙段混凝土强度	相邻梁段间错台
		转体施工梁	封闭转盘和合龙段混凝土强度、轴线偏位	同一横断面两侧或相邻上部构件高差
		拱圈节段预制	混凝土强度、内弧线偏离设计弧线、断面尺寸	
		桁架拱杆件预制	混凝土强度、断面尺寸	杆件长度
		主拱圈安装	接头混凝土强度、轴线偏位、对称接头点相对高差	
		腹拱安装		相邻块件高差

续上表

单位工程	分部工程	分项工程	抽检项目	
			关键项目	结构主要尺寸
桥梁工程	上部构造预制和安装	转体施工拱	封闭转盘和合龙段混凝土强度、跨中拱顶面高程	同一横截面两侧或相邻上部构件高差
		劲性骨架制作	内弧偏离设计弧线、焊缝探伤	杆件截面尺寸,骨架高、宽
		劲性骨架安装	对称点相对高差、焊缝探伤	
		钢管拱肋节段制作	钢管直径、内弧偏离设计弧线、焊缝探伤	钢管椭圆度,拱肋内弧长,焊缝尺寸
		钢管拱肋安装	对称点相对高差、焊缝探伤、高强螺栓扭矩	焊缝尺寸
		钢管拱肋混凝土浇筑	混凝土强度和脱空率、对称点相对高差	
		吊杆的制作与安装	吊杆拉力	吊杆长度
		柔性系杆	张拉力值、张拉伸长率	
		钢板梁制作	焊缝探伤、高强螺栓扭矩	主梁、纵梁、横梁的高、长,焊缝尺寸
		钢桁梁节段制作	焊缝探伤、高强螺栓扭矩	节段长度、高度、宽度,焊缝尺寸
		梁桥钢箱梁制作	梁高、腹板中心距、焊缝探伤、高强螺栓扭矩	全长、焊缝尺寸
		钢梁安装	焊缝探伤、高强螺栓扭矩	焊缝尺寸
		钢梁防护涂装	除锈等级、粗糙度	总干膜厚度
		劲性骨架制作	内弧偏离设计弧线、焊缝探伤	杆件截面尺寸,骨架高、宽
		劲性骨架安装	对称点相对高差、焊缝探伤	
		钢管拱肋节段制作	钢管直径、内弧偏离设计弧线、焊缝探伤	钢管椭圆度,拱肋内弧长,焊缝尺寸
		钢管拱肋安装	对称点相对高差、焊缝探伤、高强螺栓扭矩	焊缝尺寸
		钢管拱肋混凝土浇筑	混凝土强度和脱空率、对称点相对高差	

续上表

单位工程	分部工程	分项工程	抽检项目	
			关键项目	结构主要尺寸
桥梁工程	上部构造预制和安装	吊杆的制作与安装	吊杆拉力	吊杆长度
		柔性系杆	张拉力值、张拉伸长率	
		预制桩钢筋安装	保护层厚度	主筋间距
		吊杆的制作与安装	吊杆拉力	吊杆长度
		柔性系杆	张拉力值、张拉伸长率	
		钢板梁制作	焊缝探伤、高强螺栓扭矩	主梁、纵梁、横梁的高、长,焊缝尺寸
		钢桁梁节段制作	焊缝探伤、高强螺栓扭矩	节段长度、高度、宽度,焊缝尺寸
		梁桥钢箱梁制作	梁高、腹板中心距、焊缝探伤、高强螺栓扭矩	全长、焊缝尺寸
		钢梁安装	焊缝探伤、高强螺栓扭矩	焊缝尺寸
		钢梁防护涂装	除锈等级、粗糙度	总干膜厚度
	上部构造现场浇筑	钢筋加工及安装	受力钢筋间距、保护层厚度	钢筋骨架长、宽、高
		预应力筋加工和张拉	张拉应力值、伸长率	
		预应力管道压浆及封锚	浆体强度、压浆压力值、封锚混凝土强度	
		就地浇筑梁、板	混凝土强度、断面尺寸	长度
		悬臂浇筑梁	混凝土强度、断面尺寸	
		拱圈砌体	砂浆强度、拱圈厚度、内弧线偏离设计弧线	
		就地浇筑拱圈	混凝土强度、内弧线偏离设计弧线、断面尺寸	
		劲性骨架拱混凝土浇筑	混凝土强度、对称点相对高差、断面尺寸	
		钢管拱肋混凝土浇筑	混凝土强度和脱空率、对称点相对高差	

附录H 土建工程监理抽检项目

续上表

单位工程	分部工程	分项工程	抽检项目	
			关键项目	结构主要尺寸
桥梁工程	桥面系、附属工程及桥梁总体	钢筋加工及安装	受力钢筋间距、保护层厚度	钢筋骨架长、宽、高
		钢筋网		网眼尺寸、网眼对角线差
		防水层	防水涂层厚度、用量,防水层黏结强度	
		水泥混凝土桥面铺装、复合桥面水泥混凝土铺装	混凝土强度	厚度
		沥青混凝土桥面铺装	压实度	厚度、横坡
		支座安装	支座中心横桥向偏位、支座高程	
		伸缩装置安装	缝宽、焊缝探伤	长度、焊缝尺寸
		混凝土小型构件	混凝土强度	断面尺寸、长度
		人行道铺设		接缝两侧高差
		栏杆安装		扶手高度、接缝两侧扶手高差
		混凝土护栏浇筑	混凝土强度、断面尺寸	
		桥头搭板	混凝土强度	枕梁尺寸、板尺寸
		混凝土构件表面防护	涂层附着力	
		钢桥上钢护栏安装	与底座连接焊缝探伤	立柱中距、横梁高度
		钢桥面板上防水黏结层	防水黏结层厚度、用量,黏结层与钢桥板底漆间结合力	
		钢桥面板上摊铺式沥青混凝土铺装	压实度、厚度	横坡
		桥梁总体		桥面宽、桥长
	防护工程	砌体坡面防护	砂浆强度、厚度	
		护岸	砂浆强度、断面尺寸	
		导流工程	砂浆和混凝土强度、压实度	长度、断面尺寸
	引道工程		参照路基工程、路面工程抽检项目执行	

续上表

单位工程	分部工程	分项工程	抽检项目	
			关键项目	结构主要尺寸
隧道工程	总体及装饰装修	隧道总体	内轮廓高度	行车道宽度、内轮廓宽度
		防火涂料喷涂	黏结强度	总厚度
		料石镶面	砂浆强度、断面尺寸	
		饰面板安装、饰面砖粘贴		接缝高低差、接缝宽度
		钢筋加工及安装	受力钢筋间距、保护层厚度	钢筋骨架长、宽、高
		钢筋网		网眼尺寸、网眼对角线差
		电缆槽盖板制作	混凝土强度	断面尺寸、长度
		电缆槽	混凝土强度	断面尺寸
	洞口工程	洞口边仰坡防护 — 浆砌挡土墙	砂浆强度、断面尺寸	
		洞口边仰坡防护 — 锚杆、锚索	注浆强度、抗拔力、张拉力	锚孔深度、孔径
		洞口边仰坡防护 — 坡面结构	混凝土强度	喷层厚度,框格梁、地梁、边梁断面尺寸
		洞门和翼墙的浇(砌)筑	强度、断面尺寸	
		截水沟、洞口排水沟	砂浆强度	断面尺寸,铺砌厚度,基础垫层宽度、厚度
		明洞浇筑	混凝土强度、厚度	
		明洞防水层	搭接长度、缝宽、焊缝密实性	
		明洞回填		每层回填层厚、回填厚度
	洞身开挖	洞身开挖	拱部超挖	边墙超挖,仰拱、隧底超挖
	洞身衬砌	喷射混凝土	混凝土强度、喷层与围岩接触状况	喷层厚度
		锚杆支护	数量	孔深、孔径
		钢筋网支护	网格尺寸	保护层厚度、搭接长度
		钢架支护	榀数、间距	保护层厚度、连接钢筋间距
		仰拱	混凝土强度、厚度	仰拱
		仰拱回填	混凝土强度	仰拱回填

附录H 土建工程监理抽检项目

续上表

单位工程	分部工程	分项工程	抽检项目 关键项目	抽检项目 结构主要尺寸
隧道工程	洞身衬砌	衬砌钢筋	主筋间距	钢筋长度,保护层厚度
		混凝土衬砌	混凝土强度、衬砌背部密实状况	衬砌厚度
		超前锚杆		长度、孔深、孔径
		超前小导管、管棚		长度、孔深
	防排水	防水层	搭接长度、缝宽	固定点间距
		止水带	固定点间距	偏离衬砌中线
		排水沟(管)	混凝土强度、壁厚、纵坡	断面尺寸或管径
	路面	水泥混凝土基层	混凝土强度、厚度	宽度
		水泥混凝土面层	弯拉强度、厚度	宽度
	辅助通道		参考上述各分项抽检项目执行	
绿化工程	分隔带、边坡、护坡道、碎落台、平台绿地,互通区与环岛绿地及养护区、服务区、取弃土场绿地	绿地整理		有效土层厚度
		树木栽植 乔木	苗木成活率	胸径、高度、冠径
		树木栽植 灌木、球类	苗木成活率	高度、冠径
		树木栽植 藤本植物	苗木成活率	主蔓长、主蔓径
		树木栽植 棕榈类植物	苗木成活率	株高、地径
		草坪、草本地被及花卉种植	草坪、草本地被覆盖率,花卉成活率	
		喷播绿化	基材混合物喷射厚度、植被盖度	
声屏障工程	声屏障工程	混凝土基础	混凝土强度	平面尺寸
		钢筋加工及安装	受力钢筋间距、保护层厚度	钢筋骨架长、宽、高
		砌块体声屏障	砂浆强度、顶面高程、墙体厚度	基础外露宽度
		金属结构声屏障	混凝土强度、顶面高程、屏体背板厚度	基础外露宽度、立柱中距、立柱和屏体镀(涂)层厚度
		复合结构声屏障	混凝土强度、顶面高程、屏体厚度、透明屏体厚度	基础外露宽度

续上表

单位工程	分部工程	分项工程	抽检项目	
			关键项目	结构主要尺寸
交通安全设施	标志、标线、突起路标、轮廓标	混凝土基础	混凝土强度	平面尺寸
		钢筋加工及安装	受力钢筋间距、保护层厚度	钢筋骨架长、宽、高
		交通标志	标志面反光膜逆反射系数	标志板下缘至路面净空高度、基础尺寸
		交通标线	标线厚度、逆反射亮度系数	标线宽度
		突起路标		纵向间距
		轮廓标		反射器中心高度
	护栏	波形梁钢护栏	波形梁板基底金属厚度、立柱基底金属壁厚、横梁中心高度	立柱中距、埋置深度
		混凝土护栏	混凝土强度	护栏断面尺寸，钢筋骨架长、宽、高
		缆索护栏	初张力	立柱中距、基础尺寸
		中央分隔带开口护栏	涂层厚度	高度
	防眩设施、隔离栅、防落物网	防眩板	安装高度	防眩板设置间距
		防眩网	安装高度	防眩网网孔尺寸
		隔离栅	基础混凝土强度	高度、立柱中距、立柱埋置深度
		防落物网		高度、立柱中距
	里程碑和百米桩	里程碑、百米桩		高度、宽度、厚度，字体及尺寸
	避险车道	避险车道	制动床长度	宽度、集料厚度、坡度

特大斜拉桥、特大悬索桥分项工程抽检项目一览表 表 H.2

单位工程	分部工程	分项工程	抽检项目 关键项目	抽检项目 结构主要尺寸
塔及辅助、过渡墩	塔基础	钢筋加工及安装	受力钢筋间距、保护层厚度	钢筋骨架长、宽、高或直径
		混凝土扩大基础	混凝土强度	平面尺寸
		灌注桩钢筋安装	保护层厚度	钢筋骨架外径、长度
		钻孔灌注桩	混凝土强度、孔深、桩身完整性	孔径
		灌注桩桩底压浆	浆体强度、压浆量	长度,桩径或边长
		沉井	混凝土强度、中心偏位	沉井长、宽、半径,非圆形沉井对角线差,井壁厚度
		双壁钢围堰	焊缝探伤	围堰半径、长、宽、高,焊缝尺寸
		沉井、钢围堰封底混凝土	混凝土强度	
	塔承台	钢筋加工及安装	受力钢筋间距、保护层厚度	钢筋骨架长、宽、高或直径
		沉井	混凝土强度、中心偏位	沉井长、宽、半径,非圆形沉井对角线差,井壁厚度
		双壁钢围堰	焊缝探伤	围堰半径、长、宽、高,焊缝尺寸
		沉井、钢围堰封底混凝土	混凝土强度	
		承台等大体积混凝土	混凝土强度	平面尺寸
	索塔	钢筋加工及安装	受力钢筋间距、保护层厚度	
		钢筋网		网眼尺寸、网眼对角线差
		预应力筋加工和张拉	张拉应力值、伸长率	
		预应力管道压浆及封锚	浆体强度、压浆压力值、封锚混凝土强度	
		斜拉桥混凝土索塔柱	混凝土强度、塔柱轴线偏位、孔道位置	外轮廓尺寸、壁厚
		斜拉桥混凝土索塔横梁	混凝土强度	外轮廓尺寸、壁厚

续上表

单位工程	分部工程	分项工程	抽检项目	
			关键项目	结构主要尺寸
塔及辅助、过渡墩	索塔	悬索桥混凝土塔柱	混凝土强度、塔柱轴线偏位、塔顶格栅顶面高程差	外轮廓尺寸、壁厚
		索塔钢锚梁制作	腹板中心距、焊缝探伤、高强螺栓扭矩	梁长、焊缝尺寸
		索塔钢锚梁安装	钢锚梁与支承面接触率、焊缝探伤	焊缝尺寸
		索塔钢锚箱节段制作	焊缝探伤、栓钉焊接弯曲裂纹	节段高度、边长、对角线差,焊缝尺寸
		索塔钢锚箱节段安装	钢锚箱的断面接触率、高强螺栓扭矩	
		挡块	混凝土强度	断面尺寸及高度
		支座垫石	混凝土强度、顶面高程、顶面高差	断面尺寸
	辅助墩、过渡墩	钢筋加工及安装	受力钢筋间距、保护层厚度	钢筋骨架长、宽、高或直径
		钢筋网		网眼尺寸、网眼对角线差
		预应力筋加工和张拉	张拉应力值、伸长率	
		预应力管道压浆及封锚	浆体强度、压浆压力值、封锚混凝土强度	
		灌注桩钢筋安装	保护层厚度	钢筋骨架外径、长度
		钻孔灌注桩	混凝土强度、孔深、桩身完整性	孔径
		灌注桩桩底压浆	浆体强度、压浆量	长度,桩径或边长
		承台等大体积混凝土	混凝土强度	平面尺寸
		沉井	混凝土强度、中心偏位	沉井长、宽、半径,非圆形沉井对角线差,井壁厚度
		双壁钢围堰	焊缝探伤	围堰半径、长、宽、高,焊缝尺寸
		沉井、钢围堰封底混凝土	混凝土强度	
		承台等大体积混凝土	混凝土强度	平面尺寸
		现浇墩、台身	混凝土强度、轴线偏位	断面尺寸
		预制墩身	混凝土强度	外轮廓尺寸、壁厚

续上表

单位工程	分部工程	分项工程	抽检项目	
			关键项目	结构主要尺寸
塔及辅助、过渡墩	辅助墩、过渡墩	墩、台身安装	轴线偏位、湿接头混凝土强度	
		挡块	混凝土强度	断面尺寸及高度
		支座垫石	混凝土强度、顶面高程、顶面高差	断面尺寸
锚碇	锚碇基础	钢筋加工及安装	受力钢筋间距、保护层厚度	钢筋骨架长、宽、高或直径
		混凝土扩大基础	混凝土强度	平面尺寸
		灌注桩钢筋安装	保护层厚度	钢筋骨架外径、长度
		钻孔灌注桩	混凝土强度、孔深、桩身完整性	孔径
		灌注桩桩底压浆	浆体强度、压浆量	长度、桩径或边长
		地下连续墙钢筋安装	保护层厚度	钢筋骨架长度、宽度、高度
		地下连续墙	混凝土强度	槽深、槽宽
		沉井	混凝土强度、中心偏位	沉井长、宽、半径，非圆形沉井对角线差，井壁厚度
		双壁钢围堰	焊缝探伤	围堰半径、长、宽、高，焊缝尺寸
		沉井、钢围堰封底混凝土	混凝土强度	
	锚体	钢筋加工及安装	受力钢筋间距、保护层厚度	钢筋骨架长、宽、高或直径
		锚碇混凝土块体	混凝土强度、平面尺寸	
		预应力锚固体系制作	拉杆、连接平板、连接筒螺母探伤	连接平板主要孔径和板厚，连接套筒壁厚
		预应力锚固系统安装	锚面孔道中心坐标偏差、前锚面孔道角度	
		刚架锚固体系制作	焊缝探伤	锚杆、锚梁断面尺寸，杆件长度、焊缝尺寸
		刚架锚固系统安装	锚杆坐标(纵、横、竖直)、焊缝探伤，高强螺栓扭矩	焊缝尺寸
		预应力锚索张拉	张拉应力值、伸长率	

续上表

单位工程	分部工程	分项工程	抽检项目	
			关键项目	结构主要尺寸
锚碇	锚体	预应力锚索压浆	浆体强度、压浆压力值、封锚混凝土强度	
		隧道锚的洞身开挖	拱部超挖	
		隧道锚的混凝土锚塞体	混凝土强度	前、后锚面倾角
上部钢结构制作与防护	主缆	主缆索股和锚头的制作	索股基准丝长度、成品索股长度、热铸锚合金灌铸率、索股轴线与锚头端面垂直度	
		主缆防护	缠丝张力、防护层厚度	
	索鞍	主索鞍制作	平面度,两平面的平行度,鞍体下平面对中心索槽竖直平面的垂直度,鞍槽的轮廓圆弧半径,各槽宽度、深度,加工后鞍槽底部及侧壁厚度	鞍座底面对中心索槽底的高度,各槽曲线立、平面角度
		散索鞍制作	平面度,两平面的平行度,摆轴中心线与索槽中心平面的垂直度,鞍槽的轮廓圆弧半径,各槽宽度、深度,各槽与中心索槽的对称度,加工后鞍槽底部及侧壁厚度	摆轴对合面到索槽底面的高度,各槽曲线立、平面角度
		索鞍防护	除锈等级、粗糙度	总干膜厚度
	索夹	索夹制作	壁厚、索夹内壁粗糙度	索夹内径及长度、耳板销孔内径、螺孔直径
		索夹防护	除锈等级、粗糙度	总干膜厚度
	吊索	吊索和锚头制作	热铸锚合金灌铸率、吊索轴线与锚头端面垂直度	吊索调整后销孔之间长度
		吊索和锚头防护	除锈等级、粗糙度	总干膜厚度

续上表

单位工程	分部工程	分项工程	抽检项目	
			关键项目	结构主要尺寸
上部钢结构制作与防护	加劲梁	斜拉桥钢箱加劲梁段制作、悬索桥钢箱加劲梁段制作	端口尺寸(宽度、中心高、边高、横断面对角线差);梁段匹配性(纵桥向中心线偏差,顶、底、腹板对接间隙、顶、底腹板对接错边);焊缝探伤;高强螺栓扭矩	梁长、焊缝尺寸
		组合梁斜拉桥的工字梁段制作	梁高,梁段盖板、腹板对接错边,焊缝探伤,高强螺栓扭矩	主梁、横梁的梁长、梁宽、焊缝尺寸
		钢梁防护涂装	除锈等级、粗糙度	总干膜厚度
		自锚式悬索桥主缆索股的锚固系统制作		导管长度、锚垫板与导管角度
上部结构浇筑与安装	加劲梁浇筑	主墩上混凝土梁段浇筑	混凝土强度、断面尺寸(高度,顶宽,底宽或肋间宽,顶、底、腹板厚或肋宽)	
		混凝土斜拉桥的悬臂浇筑	混凝土强度、断面尺寸(高度,顶宽,底宽或肋间宽,顶、底、腹板厚或肋宽),索力,梁锚固点或梁顶高程	相邻梁段间错台
		组合梁斜拉桥混凝土板	混凝土强度,混凝土板厚、宽,索力,高程	
	安装	主索鞍安装	顺桥向和横桥向偏位,底板高程	
		散索鞍安装	底板轴线纵、横向偏位,散索鞍竖向倾斜角	
		主缆架设	索股高程	主缆直径圆度
		索夹和吊索安装	螺杆紧固力	
		悬索桥钢加劲梁安装	相邻节段匹配高差、焊缝探伤、高强螺栓扭矩	焊缝尺寸

续上表

单位工程	分部工程	分项工程	抽检项目	
			关键项目	结构主要尺寸
上部结构浇筑与安装	安装	自锚式悬索桥主缆索股的锚固系统安装		预埋导管前、后端孔道中心坐标
		自锚式悬索桥吊索张拉和体系转换	吊索索力	钢加劲梁横向高差
		混凝土斜拉桥的悬臂拼装	合龙段混凝土强度、索力、梁锚固点或梁顶高程	相邻梁段间错台
		钢斜拉桥钢箱梁段的悬臂拼装、组合梁斜拉桥钢梁段悬臂拼装	索力、梁锚固点或梁顶高程、焊缝探伤、高强螺栓扭矩	相邻节段对接错边、焊缝尺寸
桥面系、附属工程及桥梁总体	桥面系	钢斜拉桥钢箱梁段的支架安装	梁顶高程、焊缝探伤、高强螺栓扭矩	焊缝尺寸
		钢筋加工及安装	受力钢筋间距、保护层厚度	钢筋骨架长、宽、高
		钢筋网		网眼尺寸、网眼对角线差
		混凝土桥面板桥面防水层	防水涂层厚度、用量，防水层黏结强度	
		钢桥面板上防水黏结层	防水黏结层厚度、用量，黏结层与钢桥板底漆间结合力	
		水泥混凝土桥面铺装、复合桥面水泥混凝土铺装	混凝土强度	厚度
		钢桥面板上摊铺式沥青混凝土铺装	压实度、厚度	横坡
	附属工程及桥梁总体	钢筋加工及安装	受力钢筋间距、保护层厚度	钢筋骨架长、宽、高
		斜拉桥、悬索桥的支座安装	竖向支座的纵、横向偏位，支座高程	支挡表面与横向抗风支座表面间距
		伸缩装置安装	缝宽、焊缝探伤	长度
		人行道铺设		接缝两侧高差
		栏杆安装		扶手高度、接缝两侧扶手高差
		混凝土护栏浇筑	混凝土强度、断面尺寸	
		桥头搭板	混凝土强度	板长、宽、厚
		混凝土构件表面防护	涂层附着力	涂层干膜厚度
		钢桥上钢护栏安装	与底座连接焊缝探伤	立柱中距、横梁高度

养护工程养护单元抽检项目一览表

表 H.3

养护工程	养护单元	抽检项目 关键项目	抽检项目 结构主要尺寸
路基、排水及支挡养护工程	填方土边坡修复		坡度、顶面平整度
	土方路基修复	压实度、弯沉	宽度、边坡坡度
	填石路基修复	孔隙率、沉降差、弯沉	宽度、边坡
	管道铺设	混凝土或砂浆强度	基础厚度、宽度，沟槽回填压实度
	检查(雨水)井整修、增设	混凝土或砂浆强度	井内尺寸
	土沟整修、增设		断面尺寸、边棱直顺度
	砌筑排水沟整修、增设	混凝土或砂浆强度、铺砌厚度	断面尺寸，基础垫层宽度、厚度
	急流槽和跌水整修、增设	混凝土或砂浆强度	断面尺寸、砌筑厚度
	盲沟整修、增设		断面尺寸
	泄水孔整修、增设	排水管长度	间距、孔深、孔径
	砌体挡土墙修复	砂浆强度、断面尺寸	墙面坡度、平整度
	护面墙修复	砂浆强度、断面尺寸	平整度
	预应力锚杆、锚索	注浆强度、抗拔力、张拉力	锚孔深度、孔径
	锥、护坡修复	砂浆强度、厚度	平整度、坡度
	边坡锚喷防护	混凝土强度、砂浆强度、锚杆拔力、锚索张拉应力	锚孔深度、锚杆(索)间距、喷层厚度
	边坡框架梁加注浆锚杆防护	混凝土强度、注浆强度、锚杆数量和拔力	锚孔深度和孔位，框架梁位置和断面尺寸
	锚杆	注浆强度、锚杆抗拔力	锚孔孔深、孔径
	主动防护系统支撑绳安装	支撑绳张拉	支撑绳直径
	主动防护系统网片安装	缝合绳张拉	格栅网搭接宽度、格栅与钢绳网扎结数量
	被动防护系统钢柱基础	混凝土强度	基座间距、平面尺寸、基坑深度

续上表

养护工程	养护单元	抽检项目	
		关键项目	结构主要尺寸
路基、排水及支挡养护工程	被动防护系统钢柱及基座安装		钢柱倾角、基座轴线偏差
	被动防护系统拉锚绳安装		拉锚绳直径、减压环数量、拉锚绳绳卡数量
	被动防护系统支撑绳安装		支撑绳直径、减压环数量、支撑绳绳卡数量
	坡面植物防护	苗木成活率、草坪覆盖率、其他地被植物发芽率	苗木规格与数量、种植穴规格
	三维网安装	镀锌重量	网孔尺寸、网搭接尺寸、坡顶网延伸长度
路面养护工程	加铺或铣刨重铺沥青混凝土面层	压实度、厚度、沥青含量	宽度、构造深度
	微表处和稀浆封层	渗水系数、沥青用量	厚度、构造深度、宽度
	碎石封层	结合料洒布量	宽度
	就地热再生	压实度	宽度、厚度、构造深度
	含砂雾封层	渗水系数、摩擦系数、构造深度、洒布量	宽度
	沥青路面局部挖补	压实度	铣刨槽深度、宽度
	沥青路面开槽灌缝		开槽深度、宽度、灌缝材料与路面高差
	加铺水泥混凝土面层	弯拉强度、板厚度	构造深度、宽度
	水泥混凝土路面换板	混凝土强度	相邻板高差、构造深度
	水泥混凝土路面板底注浆	水泥基注浆材料强度、压浆区空腔密实程度	孔深、相邻板高差
	水泥混凝土路面刻槽	槽深	槽宽、槽间距
	水泥混凝土路面碎石化	回弹模量、碎石粒径	破碎宽度
	沥青碎石基层翻修	压实度、厚度、沥青含量	宽度
	厂拌再生、就地冷再生	压实度、厚度	宽度
	全深式冷再生	压实度、厚度	宽度

续上表

养护工程	养护单元	抽检项目	
		关键项目	结构主要尺寸
路面养护工程	稳定土基层和底基层翻修	压实度、厚度、强度	宽度
	稳定粒料基层和底基层翻修	压实度、厚度、强度	宽度
	级配碎石基层和底基层翻修	压实度、厚度	宽度
桥梁、涵洞养护工程	水泥混凝土桥面铺装维修	混凝土强度	厚度、构造深度
	沥青混凝土桥面铺装维修	压实度	厚度、构造深度
	伸缩装置更换	锚固区混凝土强度、缝宽、焊缝探伤	长度、焊缝尺寸
	排水设施维修		排水沟尺寸、管道坡度
	梁体顶升	新增构件混凝土强度	新增构件尺寸
	支座更换	支座中心横桥向偏位、支座高程	
	混凝土表面缺损修补	强度	保护层厚度
	裂缝表面封闭	黏结强度	表面封闭涂敷厚度
	裂缝灌浆	灌缝饱满程度、劈裂抗拉强度	灌胶嘴间距
	混凝土构件表面防护	涂层附着力	
	植筋	抗拔力	钻孔直径、深度
	钢筋混凝土构件增大截面	混凝土强度	断面尺寸、长度
	设置体外预应力	张拉力、张拉伸长率	筋(束)坐标，减振装置、限位器纵向间距
	粘贴钢板	钢-混凝土黏结正拉强度、粘接密实度	
	粘贴纤维复合材料	正拉黏结强度、空鼓率	
	钢结构涂装防护	附着力	总干膜厚度
	高强螺栓更换	高强螺栓终拧扭矩	
	钢管混凝土拱脱空注浆	注浆强度、脱空率	

续上表

养护工程	养护单元	抽检项目	
		关键项目	结构主要尺寸
桥梁、涵洞养护工程	钢管混凝土拱外包混凝土	混凝土强度、对称点高差	
	更换吊杆、吊索	吊杆、吊索张力	
	更换拱桥系杆	张拉力、张拉伸长率	
	斜拉桥换索及调索	索力	
	斜拉索、吊杆防护套修补		新修补防护套厚度、新旧防护套接头处间隙
	接长与加宽盖梁、台帽	混凝土强度	断面尺寸、支座垫石预留位置
	增设或更换挡块	混凝土强度	断面尺寸及高度
	墩身外包钢	混凝土、砂浆强度、焊缝探伤	外包钢套箍与墩柱表面的间隙、焊缝尺寸
	钢花管注浆锚杆加固桥台	锚杆数量	孔深、注浆量
	混凝土桩预制	混凝土强度	长度、横截面
	钢管桩制作	接头尺寸、焊缝探伤	长度、管节外形尺寸、焊缝尺寸
	压桩	桩尖高程、静压力	
	混凝土桩身修补	混凝土或灌浆料强度	修补后桩身直径及修补长度
	涵洞接长	混凝土或砂浆强度	长度、跨径或内径、净高、涵底铺砌厚度、新旧涵洞错台
	涵洞台身增大截面加固	混凝土强度	断面尺寸
	地基注浆加固	承载力	注浆孔深、注浆量
	混凝土涵管增大截面加固	混凝土强度	断面尺寸
	拱涵主拱圈增大截面加固	混凝土强度	断面尺寸、内弧线偏离设计弧线
	一字墙和八字墙局部更换砌块	混凝土或砂浆强度	相邻砌块表面错位

续上表

养护工程	养护单元	抽检项目	
		关键项目	结构主要尺寸
隧道养护工程	排水设施维修	混凝土或砂浆强度、纵向坡度	断面尺寸
	人行道(检修道)维修	混凝土强度	人行道宽度、人行道板厚度、相邻板缝宽
	衬砌背面压(注)浆	浆体强度、空洞	注浆孔深度
	喷射混凝土加固	混凝土强度、喷层厚度、喷层与接触层状况	
	套(嵌)拱	钢拱架榀数和间距，混凝土强度	保护层厚度、嵌槽纵向宽、嵌槽深、连接钢筋间距
	混凝土衬砌更换	混凝土强度、衬砌厚度	传力杆间距、传力杆埋置深度、施工缝错台
	增设仰拱	混凝土强度、仰拱厚度	钢筋保护层厚度、植筋间距和深度
	埋管引排水		管槽尺寸、管槽间距、连接固定点间距
	止水		平面尺寸、止水层厚度
	冻害处治	防冻隔温层厚度、搭接长度	缝宽、固定点间距、钢丝网搭接长度
交通安全设施养护工程	交通标志更换、增设	标志面反光膜逆反射系数、标志面色度性能、标志板下缘至路面净空高度、基础混凝土强度	标志板外形尺寸、基础尺寸
	路面标线划设	标线厚度、反光标线逆反射系数	标线长度、纵向间距、宽度
	里程碑、百米桩、界碑的更换、增设		混凝土强度、外形尺寸、内侧距路边缘线距离、基础尺寸
	波形梁钢护栏更换、增设	波形梁板基底板厚、镀(涂)层厚度、横梁中线高度	立柱埋入深度、立柱中距、立柱外边缘距路肩边缘线距离
	混凝土护栏整修、增设	混凝土强度	断面尺寸、钢筋骨架尺寸、基础厚度
	缆索护栏更换、增设	初张力	最下一根缆索高度、立柱中距、立柱埋置深度、混凝土基础尺寸

续上表

养护工程	养护单元	抽检项目	
		关键项目	结构主要尺寸
交通安全设施养护工程	混凝土隔离墩更换、增设	混凝土强度、预制块件几何尺寸	拼接处高度
	隔离栏更换、增设	金属构件镀(涂)层厚度	立柱顶高度、拼接处高度
	突起路标更换、增设		安装角度、纵向间距
	轮廓标更换、增设		反射器安装角度和中心高度
	防眩设施更换、增设	防眩板安装高度	防眩板设置间距、防眩网网孔尺寸
	隔离栅和防落网更换、增设		柱顶高度、立柱中距、立柱埋深、基础尺寸、网面上沿高度
	金属框架声屏障更换、增设	基础混凝土强度、顶面高程、屏体背板厚度	基础外露宽度、金属立柱中距、镀(涂)层厚度
绿化养护工程	栽植土补缺、更换		有效土层厚度、栽植土块径
	植物材料(苗木)更新、补缺	胸径	高度、冠径、土球、裸根树木根系直径和纵向深度
	植物材料(灌木)更新、补缺	高度、冠径	地径、土球、裸根树木根系直径和纵向深度
	植物材料(球类)更新、补缺	冠径	高度、土球、裸根树木根系直径和深度
	植物材料(草块和草本地被)更新、补缺	杂草含量	冠径、高度
	乔木、灌木栽植	成活率	数量、栽植深度
	草坪、草本地被栽植	覆盖率	空秃面积、籽播空面积、草块(卷)接缝宽

附录 J 焊接工艺评定文件格式

××至××公路
焊接工艺评定报告备案登记表　　　　　　　　　　　　　　　监表 42

施工单位：　　　　　　　　　　　　　　　　合同段：
监理单位：　　　　　　　　　　　　　　　　编　号：

致监理工程师＿＿＿＿＿＿＿＿＿＿： 　　由我部承担施工的＿＿＿＿＿＿＿＿＿＿＿＿＿＿＿＿＿＿业已由我公司技术负责人审查、批准，现予以备案。 　　附件：××钢结构焊接工艺评定报告   　　　　　　　　　项目经理：(盖章)　　　　日期：
监理机构：   　　　　　　　　　签收：　　　　　　　　日期：
建设单位：   　　　　　　　　　签收：　　　　　　　　日期：

钢结构焊接工艺评定报告

报告编号：_____

编　制：_____

审　核：_____

批　准：_____

单　位：_____

日　期：_____年_____月_____日

注："编制"由焊接技术人员签字，"审核"由具有中级以上技术职称的焊接技术负责人签字，"批准"由公司技术负责人签字。施工单位应具有钢结构专业资质（2020年11月30日起，依据建市〔2020〕94号文，钢结构专业施工资质并入"建筑工程施工总承包"资质中）

目 录

序　号	报告名称	报告编号	页　数
1			
2			
3			
4			
5			
6			
7			
8			
9			
10			
11			
12			
13			
14			
15			
16			
17			
18			
19			
20			

焊接工艺评定报告

表 J.1

共　页　第　页

工程(产品)名称			评定报告编号		
委托单位			工艺指导书编号		
项目负责人			依据标准	《钢结构焊接规范》(GB 50661—2011)	
试样焊接单位			施焊日期		
焊工		资格代号		级别	
母材钢号		板厚或管径×壁厚		轧制或热处理状态	生产厂

化学成分(%)和力学性能

	C	Mn	Si	S	P	Cr	Mo	V	Cu	Ni	B	$R_{eH}(R_{el})$ (N/mm²)	R_m (N/mm²)	A (%)	Z (%)	A_{kv} (J)
标准																
合格证																
复验																

$C_{eq,HW}$ (%)	$C + \dfrac{Mn}{6} + \dfrac{Cr + Mo + V}{5} + \dfrac{Cu + Ni}{15} =$	P_{cm} (%)	$C + \dfrac{Si}{30} + \dfrac{Mn + Cu + Cr}{20} + \dfrac{Ni}{60} + \dfrac{Mo}{15} + \dfrac{V}{10} + 5B =$

焊接材料	生产厂	牌号	类型	直径(mm)	烘干制度(℃×h)	备注
焊条						
焊丝						
焊剂或气体						

焊接方法		焊接位置		接头形式	
焊接工艺参数	见焊接工艺评定指导书		清根工艺		
焊接设备型号			电源及极性		
预热温度(℃)		道间温度(℃)		后热温度(℃)及时间(min)	
焊后热处理					

评定结论:本评定按《钢结构焊接规范》(GB 50661—2011)的规定,根据工程情况编制工艺评定指导书、焊接试件、制取并检验试样、测定性能,确认试验记录正确,评定结果为:_____。焊接条件及工艺参数适用范围按本评定指导书规定执行

评定		年　月　日	评定单位: （签章）
审核		年　月　日	
技术负责		年　月　日	年　月　日

注:"评定"由具有中级以上技术职称的焊接技术负责人签字,"审核"由项目经理部技术负责人签字,"技术负责"由公司技术负责人签字。

焊接工艺评定指导书

表 J.2

共 页 第 页

工程名称				指导书编号			
母材钢号		板厚或管径×壁厚		轧制或热处理状态		生产厂	
焊接材料	生产厂	牌号	型号	类型	烘干制度($℃×h$)	备注	
焊条							
焊丝							
焊剂或气体							
焊接方法				焊接位置			
焊接设备型号				电源及极性			
预热温度($℃$)		道间温度			后热温度($℃$)及时间(min)		
焊后热处理							

接头及坡口尺寸图	焊接顺序图

	道次	焊接方法	焊条或焊丝		焊剂或保护气	保护气体流量(L/min)	电流(A)	电压(V)	焊接速度(cm/min)	热输入(kJ/cm)	备注
			牌号	ϕ(mm)							
焊接工艺参数											

技术措施	焊前清理		道间清理	
	背面清根			
	其他:			

编制		日期	年 月 日	审核		日期	年 月 日

注:"编制"由焊接技术人员签字,"审核"由具有中级以上技术职称的焊接技术负责人签字。

焊接工艺评定记录表

表 J.3

共　页　第　页

工程名称				指导书编号			
焊接方法		焊接位置		设备型号		电源及极性	
母材钢号		类别		生产厂			
母材板厚或管径×壁厚				轧制或热处理状态			

接头尺寸及施焊道次顺序	焊接材料					
	焊条	牌号		型号		类型	
		生产厂		批号			
		烘干温度(℃)		时间(min)			
	焊丝	牌号		型号		规格(mm)	
		生产厂		批号			
	焊剂或气体	牌号				规格(mm)	
		生产厂					
		烘干温度(℃)		时间(min)			

施焊工艺参数记录								
道次	焊接方法	焊条(焊丝)直径(mm)	保护气体流量(L/min)	电流(A)	电压(V)	焊接速度(cm/min)	热输入(kJ/cm)	备注

施焊环境	室内/室外	环境温度(℃)		相对湿度	%
预热温度(℃)		道间温度(℃)		后热温度(℃)	时间(min)

技术措施	后热处理	
	焊前清理	
	道间清理	
	背面清根	
	其他	

焊工姓名		资格代号		级别		施焊日期	年 月 日
记录		日期	年 月 日	审核		日期	年 月 日

注:"记录"由焊接技术人员签字,"审核"由具有中级以上技术职称的焊接技术负责人签字。

焊接工艺评定检验结果

表 J.4

共 页 第 页

非破坏检验									
试验项目	合格标准		评定结果		报告编号			备注	
外观										
X 光										
超声波										
磁粉										

拉伸试验	报告编号					弯曲试验	报告编号			
试样编号	R_{eH} (R_{el}) (MPa)	R_m (MPa)	断口位置	评定结果	试样编号	试验类型	弯心直径 D (mm)	弯曲角度	评定结果

冲击试验	报告编号			宏观金相	报告编号
试样编号	缺口位置	试验温度 (℃)	冲击功 A_{kv} (J)	评定结果:	
				硬度试验	报告编号
				评定结果:	
评定结果:					

其他检验:

检验		日期	年	月	日	审核		日期	年	月	日

注:"编制"由具有中级以上技术职称的焊接技术负责人签字,"审核"由项目经理部技术负责人签字。

附录K 检测指标合格判定系数取值表

压实度、厚度合格判定系数 $t_\alpha/\sqrt{n}$

n	保证率 99%	保证率 95%	保证率 90%	n	保证率 99%	保证率 95%	保证率 90%	n	保证率 99%	保证率 95%	保证率 90%
1	—	—	—	26	0.487	0.335	0.258	51	0.337	0.235	0.182
2	22.501	4.465	2.176	27	0.477	0.328	0.253	52	0.334	0.233	0.181
3	4.201	1.686	1.089	28	0.467	0.322	0.248	53	0.330	0.231	0.179
4	2.270	1.177	0.819	29	0.458	0.316	0.244	54	0.327	0.229	0.177
5	1.676	0.953	0.686	30	0.449	0.310	0.239	55	0.324	0.227	0.176
6	1.374	0.823	0.603	31	0.442	0.306	0.236	56	0.321	0.224	0.174
7	1.188	0.734	0.544	32	0.436	0.301	0.232	57	0.318	0.222	0.172
8	1.060	0.670	0.500	33	0.429	0.297	0.229	58	0.314	0.220	0.170
9	0.966	0.620	0.466	34	0.423	0.292	0.226	59	0.311	0.218	0.167
10	0.892	0.580	0.437	35	0.416	0.288	0.223	60	0.308	0.216	0.167
11	0.833	0.546	0.414	36	0.409	0.284	0.219	61	0.306	0.214	0.166
12	0.785	0.518	0.393	37	0.403	0.279	0.216	62	0.303	0.213	0.165
13	0.744	0.494	0.376	38	0.396	0.275	0.213	63	0.301	0.211	0.163
14	0.708	0.473	0.361	39	0.390	0.270	0.209	64	0.299	0.209	0.162
15	0.678	0.455	0.347	40	0.383	0.266	0.206	65	0.297	0.208	0.161
16	0.651	0.438	0.335	41	0.379	0.263	0.204	66	0.294	0.206	0.160
17	0.626	0.423	0.324	42	0.374	0.260	0.202	67	0.292	0.204	0.159
18	0.605	0.410	0.314	43	0.370	0.257	0.199	68	0.290	0.202	0.157
19	0.586	0.398	0.305	44	0.366	0.254	0.197	69	0.287	0.201	0.156
20	0.568	0.387	0.297	45	0.362	0.252	0.195	70	0.285	0.199	0.155
21	0.552	0.376	0.289	46	0.357	0.249	0.193	71	0.283	0.198	0.154
22	0.537	0.367	0.282	47	0.353	0.246	0.191	72	0.281	0.196	0.153
23	0.523	0.358	0.275	48	0.349	0.243	0.188	73	0.279	0.195	0.152
24	0.510	0.350	0.269	49	0.344	0.240	0.186	74	0.277	0.194	0.151
25	0.498	0.342	0.264	50	0.340	0.237	0.184	75	0.276	0.193	0.150

n	保证率 99%	保证率 95%	保证率 90%
76	0.274	0.191	0.149
77	0.272	0.190	0.148
78	0.270	0.189	0.147
79	0.268	0.187	0.146
80	0.266	0.186	0.145
81	0.264	0.185	0.144
82	0.263	0.184	0.143
83	0.261	0.183	0.142
84	0.259	0.182	0.142
85	0.258	0.181	0.141
86	0.256	0.179	0.140
87	0.254	0.178	0.139
88	0.252	0.177	0.138
89	0.251	0.176	0.137
90	0.249	0.175	0.136
91	0.248	0.174	0.135
92	0.246	0.173	0.135
93	0.245	0.172	0.134
94	0.244	0.171	0.133
95	0.243	0.171	0.133
96	0.241	0.170	0.132
97	0.240	0.169	0.131
98	0.239	0.168	0.130
99	0.237	0.167	0.130
100	0.236	0.166	0.129
>100	$2.3265/\sqrt{n}$	$1.6449/\sqrt{n}$	$1.2815/\sqrt{n}$

注：关于保证率，高速公路、一级公路：基层为99%，底基层为95%，路基为95%；其他公路：基层、底基层为95%，路基、路面面层为90%。

水泥混凝土抗压强度合格判定系数

n	10~14	15~19	≥20
λ_1	1.15	1.05	0.95
λ_2	0.9	0.85	—

混凝土弯拉强度合格判定系数

混凝土强度等级	<C60	≥C60
λ_3	1.15	1.10
λ_4	0.95	

弯沉合格判定系数

试件组数 n	11~14	15~19	≥20
合格判定系数 k	0.75	0.70	0.65

	高速公路、一级公路	高速公路、一级公路	二级公路	二级以下公路
Z_α	高速一级公路	一级二级公路	二级公路	二级以下公路
目标可靠指标 β	2.0	1.645	1.5	—
	高速公路一级公路四级公路			
	1.65	1.28	1.04	0.84	0.52

附录L 监理单位工程质量评定报告格式

××至××公路

工程质量评定报告

工程名称：_____

监理单位：_____（公章）

工程名称		工程地址	
完工工程量			
开、完工日期		工程造价	万元
建设单位		勘察单位	
施工单位		设计单位	
监理单位		监理资质	

工程监理概况：

项目监理人员及专业分工：

监理过程中履行职责情况：

进场材料、构配件、设备(见证)试验检测情况:

分项、分部、单位工程质量预验收情况(程序、执行强制性条文、整改复查、验收结果):

工程外观质量检查情况:

设计变更情况：
质量事故（问题）处理情况：
工程施工资料核查情况：
工程质量评定意见：
总监理工程师签章：　　　　　　　　报告编写人签章： 监理单位技术负责人签章：   　　　　　　　　　　　　　　　　　　　　　　年　月　日

附录M 档案分类、文件归档范围和保管期限一览表

档案分类、文件归档范围和保管期限一览表　　　　表 M.1

项目号	二级类目	三级类目	归档文件	保管期限
01（××至××公路工程）	01立项审批类	—	项目建议书及审批文件或项目规划文件	永久
			可行性研究报告或项目申请报告及其审批（核准或备案）文件、主管部门的审查意见和专家评审文件	永久
			社会稳定风险评估报告、咨询意见	永久
			建设单位向文物局出具的项目选址征求意见函及附图、文物局出具的意见，无法避让时编制的文物影响评估报告、工程建设方案（含文物保护方案）及其行政许可文件，文物局发出的文物保护竣工通知	永久
			地震安全性评价报告、行政许可申请表和地震主管部门审批文件	永久
			地质灾害评估报告	永久
			无压覆重要矿产资源的申请函和建设项目所在市国土资源行政主管部门出具的无压覆重要矿产资源证明，或压覆重要矿产资源的申请函、市级国土部门初审意见、压覆重要矿产资源评估报告及附图、评审意见、与矿业权人签订的压覆协议、专家论证意见和省级以上国土资源行政主管部门出具的压覆重要矿产资源储量登记表	永久
			建设项目用地预审选址申请表及申请报告，拟建项目用地范围标准地形图，县级以上自然资源主管部门出具的初审意见，项目涉及敏感区域敏感事项时的行业管理部门出具同意的意见，土地利用总体规划修改方案，永久基本农田规划修改暨补划方案、现场踏勘论证报告，项目占用耕地现场踏勘论证报告，规划选址研究报告及专家论证意见，项目涉及生态保护红线的专家论证意见，项目用地边界拐点坐标表，土地分类面积表，项目用地范围拐点坐标，占用永久基本农田的拐点坐标、补划永久基本农田拐点坐标，建设项目用地预审与选址意见书	永久
			项目用海海域使用权申请书，市县海洋行政主管部门用海意见，保护区管理部门的许可文件，申请人资信证明材料，审查论证单位出具的报告评审、技术审查、现场勘查、公示等环节的审查意见，属地海洋行政主管部门出具的项目用海公示结果，海域使用论证报告书（或报告表）报批稿、专家论证意见，申请海域的坐标图（包括位置图和界址图）	永久
			水土保持方案报告书和报审文件及水行政主管部门审批文件	永久
			固定资产投资项目节能评估文件及其审查意见、节能登记表及其登记备案意见	永久
			泉域水环境影响的评价报告和报审文件及水行政主管部门审批文件	永久

续上表

项目号	二级类目	三级类目	归档文件	保管期限
01（××至××公路工程）	01 立项审批类	—	建设项目招标方案和不招标申请表及其审批或核准文件	永久
			建设项目环境影响报告书(或报告表、登记表)和报审文件、建设项目环境监测计划、环评单位编制建设项目的公示报告、公众参与调查表或听证会记录、评估意见及生态环境主管部门出具的批复文件	永久
			非防洪建设项目洪水影响评价报告和报审文件及水行政主管部门审批文件	永久
			河道管理范围内建设项目工程建设方案和报审文件及水行政主管部门审批文件	永久
			取水许可申请书、业主申请文件、建设项目水资源论证报告书、有利害关系第三者的承诺书或其他文件、与第三者利害关系的说明、退水设置审批文件或协议、取水许可证	永久
			市级以上文物保护单位保护范围内进行其他建设工程或爆破、钻探、挖掘作业实施方案、业主申请文件、市级文物局初审意见、省级文物局批复文件	永久
			对建设项目安全生产条件和设施进行综合分析而形成的书面报告	永久
	02 设计审批类	01 设计	省级文物保护单位建设控制地带内建设工程设计方案、业主申请文件和省级文物局批复文件	永久
			安全设施设计文件和评审意见	永久
			雷电防护装置设计事项承诺书、质量承诺书、设计文件和评审意见	永久
			初测外业验收意见	永久
			初步工程地质勘察报告和详细地质勘察报告	永久
			初步设计文件、初步设计审查咨询报告、初步设计审查造价对比分析报告、专家审查意见和审查会议纪要、审批文件	永久
			调整概算方案、审计报告、专家审查意见和批复文件	永久
			施工图设计文件(包括消防设计、机电联合设计)、设计咨询报告、专家审查意见和审批文件	永久
			优化设计、补充设计、调整设计等文件	永久
			0号工程量清单及其审查意见和修正文件	永久
			设计方面重大技术问题的往来文件、会议纪要	永久
			社会利益相关方如铁路、公路、管道、供电线路、通信线路等产权方就设计文件提出的意见和建议	永久
		02 变更	变更一览表或变更台账	永久
			工程变更申请和审批文件、总监签发的变更令	永久

附录M 档案分类、文件归档范围和保管期限一览表

续上表

项目号	二级类目	三级类目	归档文件	保管期限
01 (××至××公路工程)	03 工程准备类	01 征地拆迁	建设用地申请表、建设用地(含临时用地)规划许可证、国有土地划拨决定书和建设用地批准书、占地图、勘测定界报告、不动产权证	永久
			临时用地批准书及临时用地合同	永久
			土地复垦方案报告书及申请表、专家意见及专家名单、专家同意通过评审意见、市县级自然资源部门审查意见、土地复垦承诺书、土地复垦费用监管协议	永久
			使用林地申请表、使用林地可行性报告或者使用林地现状调查表、使用林地现场查验表、县级林业部门初审意见、县级以上林业部门出具的依法处理查处报告和批复文件	永久
			临时使用林地申请表、使用林地可行性报告或者使用林地现状调查表、使用林地现场查验表、县级林业部门初审意见、用地单位提供原地恢复林业生产条件的方案或者与林权权利人签订的临时占用林地恢复林业生产条件的协议、县级以上林业部门出具的依法处理查处报告和批复文件	永久
			海域使用申请书、海域使用论证材料、县级海域主管部门初审意见、海域使用权证书、填海形成土地的国有土地使用权证书	永久
			征地拆迁批文、招投标文件、合同协议、往来文件、会议纪要、听证告知书、送达回证、放弃征地听证证明、征用土地数量一览表、拆迁数量一览表、拆迁方案、拆迁评估报告、拆迁补偿、拆迁实施验收文件、被征地农民社保文件	永久
			淹没实物指标调查材料,移民安置规划、方案及审批,移民补偿计划,移民安置合同协议,项目建设的招投标、合同、安置实施、项目验收文件,实物、资金补偿,决算、审计等移民资金管理文件,移民监理文件和移民安置验收文件	永久
		02 电力通信等的改迁	供电、供水、通信、排水等改迁的招投标文件和合同协议、往来文件、会议纪要	永久
			改迁工程设计文件	永久
			改迁工程施工文件、竣工图和监理文件	永久
			改迁工程验收文件	永久
		03 行政许可	施工许可申请和批准文件	永久
			涉路施工行政许可申请和许可决定书、路政管理许可申请和许可证、涉路安全技术评价报告、交通组织方案	永久
			路线经过城镇规划区内时的建设工程规划许可证及其申报表、申请报告	永久
			工程质量责任登记表	永久
			质量监督申请书和质量监督通知书	永久
		04 其他	建设前原始地形、地貌状况图	永久
			建设前原始地形、地貌、周边建筑物的照片	永久
			工程保险文件	30年

续上表

项目号	二级类目	三级类目	归档文件	保管期限
01 (××至××公路工程)	04 项目管理类	—	建设单位筹备、设立、变更、人员任免、领导分工及对参建单位人员变更的审批等组织管理方面的文件	永久
			建设单位成立和变更党委、纪委、团委、工会的请示、批复文件	永久
			项目投资计划、贷款融资、差价管理、资金拨付申请和使用计划等建设资金方面的文件,交付使用的固定资产、流动资产、无形资产、递延资产清册	永久
			建设单位组织召开的党委会、董事会、经理办公会和其他专题会议所形成的会议纪要、会议记录	永久
			建设过程中制定的各项管理规章制度、业务规范和工作程序,以及建设单位的质量保证体系、安全生产保证体系、环境保护保证体系、职业健康保证体系相关文件	永久
			关于工程质量、安全、进度、费用控制和项目档案、环境保护、水土保持、工程变更、文明施工、农民工工资、劳动竞赛、信用评价、履约评价、专项检查、防汛防台风、科研、信访等方面的管理性文件	30年
			质量监督机构印发的质量监督相关文件,其他监管部门制定发布的重要工作依据性文件,涉及法律事务文件	
			与行政主管部门、上级单位和社会利益相关方关于项目建设的往来文件	30年
			组织法律法规、标准规范、制度程序宣贯培训文件和信息化工作文件	10年
			有关单位领导、社会知名人士检查、视察、调研本项目建设情况所形成的文件材料,重要活动及宣传报道材料	30年
			获得奖项、荣誉,先进人物等材料	永久
			各级领导和专家的现场视察、指导,招投标、开竣工、通车典礼、阶段性检查、业务培训、事故调查、验收、宣传报道等重要活动、会议,征地拆迁,自然灾害及其他异常现象等形成的声像文件	永久
	05 施工类	01 02 …… 按合同段设置	公路工程施工总结报告、案卷编制说明	永久
			开工令、合同段总开工申请报告和总体施工组织设计及其批准文件	永久
			项目经理任命书、项目经理部组织机构设置及岗位职责,项目经理部主要管理人员和特种作业人员的资质证书	永久
			项目经理部制定的规章制度、业务规范、工作流程等	永久
			技术交底,图纸会审纪要和记录	永久
			交接桩记录、控制点复测记录及加密控制点的测量记录及相关审批文件	永久
			永久性水准点坐标图、建筑物坐标高程测量记录	永久
			建设单位针对本合同段印发的文件及回复文件	永久
			监理、检测单位针对本合同段印发的文件及回复文件	永久

续上表

项目号	二级类目	三级类目	归档文件	保管期限
01 (×× 至×× 公路 工程)	05 施工类	01 02 …… 按合 同段 设置	项目经理部就地方协调、征地拆迁、文明施工等与社会利益相关方的往来文件	30年
			项目经理部就工程质量、环保、费用、变更、人员变更等形成的文件	30年
			高边坡和桥隧工程施工安全总体和专项风险评估报告	永久
			专项施工方案、专家评审意见、审批文件	永久
			应急预案及演练记录	10年
			项目经理部安全组织机构、岗位职责、安全保障体系、隐患和危险源治理、交底培训等安全管理文件	30年
			特种设备检验报告	10年
			项目经理部民用爆炸物品储存库安全现状评价报告	10年
			安全日志、施工日志	30年
			工程进度计划文件	10年
			单位、分部、分项工程划分及审批文件	永久
			工程质量自检报告及合同段、单位、分部工程评定表	永久
			工程质量重点、难点分析清单	永久
			首件工程施工计划清单、实施细则和实施过程记录台账	永久
			工序自检、交接检和专检"三检"实施台账	永久
			工程质量事故及处理情况报告、补救后达到要求的认可证明文件	永久
			施工中遇到非正常情况记录、处理方案及观察记录,对工程质量影响分析	永久
			路基沉降、位移观测记录	永久
			桥梁桩检报告、荷载试验报告	永久
			隧道监控量测记录	永久
			项目经理部工地试验室临时资质备案申请和备案通知书、外委试验协议、资质文件	30年
			项目经理部工地试验室试验检测管理制度、岗位责任书、工作流程,仪器设备检验证书和操作规程,人员和设备档案,所采用标准、规范、规程一览表,母体试验室检查工地试验室运行情况的记录及现场整改记录,不合格品台账及处理情况的记录	30年
			强度、压实度、弯沉、桩检、洞身开挖、锚杆拔力、厚度等的试验检测汇总表	30年

续上表

项目号	二级类目	三级类目	归档文件	保管期限
01（××至××公路工程）	05 施工类	01 02 …… 按合同段设置	各种标准试验报告、配合比设计说明、验证报告和审批文件	30年
			各种原材料的试验检测结果汇总表及试验检测报告	30年
			原材料、半成品、成品和设备、配件的质量证明文件原件（说明书、合格证、检验报告等），设备开箱检验记录	30年
			焊接工艺评定报告、焊接试验记录、报告，施工检验记录、报告，探伤检测报告	永久
			机电设备、材料装箱单、开箱记录、工具单、备品备件单	30年
			机电设备的工艺设计、说明、规程、试验、技术报告，设备设计文件、出厂验收、商检、海关文件，设备台账、备品备件目录、设备图纸、设备制造检验检测、出厂试验报告、产品质量合格证明、安装及使用说明、维护保养手册，设备制造探伤、检测、测试、鉴定的记录、报告，设备变更、索赔文件，设备质保书、验收、移交文件，特种设备生产安装维修许可、监督检验证明、安全监察文件，设备运行使用、检修维护文件	永久
			各分项中间交工证书、分项工程质量评定表、检测指标统计判定表、整改通知（或指令）及回执单	永久
			首件开工申请及认证资料，分部分项开工报告（含交底记录和放样资料）	30年
			工序自检资料，其他原始记录（天气、温度及自然灾害记录）	30年
			重大事故、自然灾害及异常现象，关键工序、隐蔽工程、工程变更、施工前后地形地貌、地层岩性、地质构造对比、试验检测活动等形成的声像文件	永久
			竣工说明、竣工图编制说明、竣工变更一览表、竣工图纸、竣工汇总表	永久
			缺陷责任期形成的施工文件	永久
	06 监理检测类	01 02 …… 按监理机构设置	监理工作报告、案卷编制说明	永久
			监理计划、监理细则、安全生产监理计划、细则	永久
			项目总监任命文件，监理人员资质证书	永久
			监理机构印发的规章制度和就工程质量、进度、费用、环保等形成的管理性文件	30年
			建设单位针对本监理机构印发的文件及回复文件	30年
			施工单位发给监理机构文件及回复文件	30年
			安全监理文件：安全生产组织机构（人员资质证书）、管理制度，安全生产责任制和考核办法、考核记录，隐患排查、登记、销号记录，隐患通知单及回复单，"平安工地"考核评价表，教育培训记录，安全检查记录，安全例会记录和纪要，安全监理日志，安全监理台账	30年
			监理日志、巡视记录、监理月报	30年
			监理指令及回执	30年
			导线点、水准点、加密点、原始地面线复测记录	30年
			工程质量评定报告和合同段、单位工程质量评定表	永久

续上表

项目号	二级类目	三级类目	归档文件	保管期限
01（××至××公路工程）	06 监理检测类	0102……按监理机构设置	工地试验室临时资质备案申请和备案通知书	30年
			工地试验室试验检测管理制度、岗位责任书、工作流程、仪器设备检定证书和操作规程，人员和设备档案，所采用标准、规范、规程一览表，母体试验室检查工地试验室运行情况的记录及现场整改记录，不合格品台账及处理情况的记录	30年
			强度、压实度、弯沉、桩检、洞身开挖、锚杆拔力、厚度等的试验检测汇总表	30年
			各种标准试验的验证报告	30年
			各种原材料的试验检测结果汇总表及试验检测报告	30年
			分部工程质量抽检资料：分部工程质量评定表、检测指标统计判定表、抽检记录、旁站记录、现场检测报告及记录、检查记录表	永久
			反映监理工作的声像文件	永久
			缺陷责任期形成的监理文件	永久
		0304……按监造机构设置	监造工作总结、专题报告、案卷编制说明	永久
			监理大纲、监理规划、监理实施细则	永久
			设备制造单位质量管理体系报告，设备制造的计划、延长工期报审、开工、复工报审，工艺方案、控制节点、检验计划报审	30年
			原材料、外购件等质量证明文件报审，分包单位资格报审文件，试验、检验记录及报告	30年
			开工令、暂停令、复工令	永久
			监造通知单、回复单、工作联系单、来往函件	永久
			变更报审	永久
			关键工序、零部件旁站记录、见证取样、平行检验、独立抽检文件	30年
			质量缺陷、事故处理、安全事故报告	永久
			设备制造支付、造价调整、结算审核、索赔文件	永久
			监造例会、专题会会议纪要、备忘录、来往文件、报告	永久
			设备出厂验收、交接文件	永久
		05……按检测机构设置	检测工作报告、案卷编制说明、检测计划	永久
			工地试验室负责人任命文件，制定的规章制度和工作流程、业务规范	永久
			检测机构与参建各方的往来文件	30年
			检测日志、月报、旬报、通知单及回执	30年

续上表

项目号	二级类目	三级类目	归档文件	保管期限
01（××至××公路工程）	06 监理检测类	05 ……按检测机构设置	工地试验室临时资质备案申请和备案通知书	30年
			工地试验室试验检测管理制度、岗位责任书、工作流程，仪器设备检定证书和操作规程，人员和设备档案，所采用标准、规范、规程一览表，母体试验室检查工地试验室运行情况的记录及现场整改记录，不合格品台账及处理情况的记录	30年
			试验检测汇总表和试验检测报告	30年
			标准试验的验证报告	30年
			反映检测工作的声像文件	永久
	07 科研新技术类	01 ……按项目设置	科研项目（技术咨询服务）立项文件，科研项目计划、批准文件	永久
			科研项目（技术咨询服务）合同、协议、任务书	永久
			研究方案、计划、调查研究、开题报告	永久
			试验方案、记录、图表、数据、照片、音像	永久
			实验计算、分析报告、阶段报告	永久
			实验装置及特殊设备图纸、工艺技术规范说明书	30年
			实验操作规程、事故分析报告	30年
			技术评审、考察报告、研究报告、结题验收报告、会议文件	永久
			成果申报、鉴定、获奖及推广应用材料	永久
			获得的专利、著作权等知识产权文件	永久
			新技术应用方案、论证意见、实施记录、应用总结	永久
	08 交竣工验收类	01 交工验收	交工验收计划和实施细则	永久
			施工单位提交的交工验收申请和监理单位的审查意见	永久
			第三方检测机构独立完成的桥梁、隧道、交安、机电、房建等的专项检测报告	永久
			向质监机构报送的公路工程质量鉴定申请，质量监督机构出具的交工验收质量检测意见和鉴定报告，建设单位提交的整改报告，各合同段工程质量缺陷等遗留问题登记表	永久
			交工验收检查办法和工作要求，合同执行情况检查表、设计质量检查表，监理工作情况检查表、竣工文件检查表，对设计单位、监理单位和施工单位的初步评价表	永久
			设计符合性意见	永久
			向相关单位发送的交工验收会议邀请函	永久
			公路工程交工验收报告，附：公路工程交工验收合同段工程质量评分一览表和公路工程交工验收证书	永久
			机电和绿化工程专项验收文件	永久

续上表

项目号	二级类目	三级类目	归档文件	保管期限
01（××至××公路工程）	08 交竣工验收类	02 竣工验收	收费站命名调查函、公路收费申请和批复文件	永久
			试运营时间、途经地点、行驶注意事宜、相关法规和安全常识等的宣传文件	永久
			房建工程竣工验收报告和备案表，施工单位签署的工程质量保修书，由规划、消防、环保等部门出具的认可或准许使用的文件	永久
			水土保持设施验收鉴定书、水土保持设施验收报告和水土保持监测总结报告以及自主验收报备申请和报备证明	永久
			竣工环境保护验收报告和在全国建设项目竣工环境保护验收信息平台的公示信息	永久
			消防验收备案表、工程验收竣工报告、竣工图和消防验收意见书	永久
			土地复垦验收：竣工验收申请、项目初验报告、项目竣工报告、勘测定界报告、项目经费收支情况表、投资预算效益表、土地整治项目实施前后土地利用结构变化情况表、规划图、竣工图、土地整治项目实施后的土地利用现状图、项目竣工结算与审计报告、项目工程监理总结报告、项目设计工作报告、耕地质量等别评定（重估）报告书和土地复垦验收批准文件	永久
			雷电防护装置竣工验收备案申请书和验收意见书	永久
			建设工程规划核验（验收）：竣工认可申请表、建设工程竣工规划技术核实报告、建设工程竣工测量图（蓝图）、经核实的建筑工程竣工图（蓝图，含平面、立面、剖面、建筑立面效果图）、现场照片（多角度，包含停车、绿化及夜景效果）和建设工程规划认可证	永久
			取水工程或设施竣工验收：取水工程核验申请表、核验报告和审批文件	永久
			竣工质量鉴定报告、检测报告和问题整改报告	永久
			项目档案交接手续，项目档案验收申请、自查报告、整改报告和验收意见	永久
			缺陷责任期形成的文件	永久
			试运营期间设施运行记录、调试测试检修记录、检验报告等	永久
			各参建单位工作报告；建设单位项目执行报告、接管养护单位项目使用情况报告、设计工作报告、监理工作报告、施工总结报告，质量监督机构的质量监督报告	永久
			竣工验收申请和批复、竣工验收参会代表签名表、竣工验收委员会名单、各专业检查组检查意见、对各参建单位的综合评价表、竣工验收委员会工程质量评分表、竣工验收工程质量评分表、竣工验收建设项目综合评定表、工程交接单位代表签名表，质监机构签发的各参建单位工作综合评价等级证书、公路工程竣工验收鉴定书	永久
			竣工验收会议文件	永久
			项目评优报奖申报材料、批准文件及证书	永久
			项目后评价文件	永久

续上表

项目号	二级类目	三级类目	归档文件	保管期限
01（××至××公路工程）	09 招投标及合同类	01 中标	招标计划及审批文件、招标公告、招标书、招标修改文件、答疑文件、招标委托合同、资格预审文件	30年
			中标的投标书、澄清、修正补充文件	永久
			开标记录、评标人员签字表、评标纪律、评标办法、评标细则、打分表、汇总表、评审意见	30年
			评标报告、定标文件、中标通知书	永久
			市场调研、技术经济论证采购活动记录、谈判文件、询价通知书、响应文件、供应商的推荐、评审、确定文件、政府采购、竞争性谈判、单一来源采购协商记录、质疑答复	30年
			合同准备、谈判、审批文件、施工、监理、检测、材料设备采购等的合同书、补充协议、公证书及其他技术咨询合同及协议书等，合同执行、合同变更、合同索赔、合同了结文件、合同台账	永久
		02 未中标	未中标的投标文件（或作资料保存）	10年
	10 资金管理类	01 支付报表	工程计量支付报表	永久
			安全费用计量支付报表	永久
			监理费用支付报表	永久
			检测费用支付报表	永久
		02 决算审计	工程结算文件	永久
			财务决算文件	永久
			工程决算文件	永久
			项目跟踪审计和专项审计报告	永久
			项目审计报告和整改报告	永久

附录N 档案设施设备用品一览表

档案设施设备用品一览表　　　　　　表 N.1

序号	名　称		使用范围	说　明
1	直列式档案密集架		库房	防火、防尘
2	档案专用书车		库房	
3	档案专用书梯		库房	
4	档案目录柜		办公室	全玻璃移门柜宽850mm×深420mm×高1880mm
5	储物柜		办公室	
6	空调		库房	防潮、防高温、防有害气体
7	加湿机、除湿机、排气扇		库房	防潮
8	防磁柜、保险柜、防盗器		库房	
9	空气消毒机		库房	
10	双层窗帘	内层:普通窗帘布	库房、办公室、阅览室	防光、防高温
		外层:防紫外线窗帘布		
11		七氟丙烷气体灭火	库房	防火,库房内不能使用水剂灭火器
		干粉灭火器	办公室、阅览室、走廊等	防火,库房内不能使用水剂灭火器,公共场所用消防栓水喷淋灭火系统
12	温湿度计	双金属片式温湿度计	库房	最好不要使用毛发温湿度计,因为不准确,且使用年限短
		干湿球温湿度计		
13	防虫药	天然芳香中草药防霉驱杀虫药	库房	多种交替轮流使用,防止长期使用同一种药物致害虫产生抗药性
		抗霉杀虫片		
		天然防蛀剂		
		中药防蛀防霉剂		
14	铁门、铁窗、监控系统		库房、办公室、阅览室	防火、防盗、防有害生物

续上表

序号	名　　称	使用范围	说　　明
15	办公台及椅子	办公室、阅览室	档案员档案办公及借阅时阅览用
16	电脑台及椅子	办公室、阅览室	档案员档案办公用
17	档案整理工作台及椅子（约2.4m×1.2m）	办公室、阅览室	档案员整理档案用
18	档案管理软件	办公室	
19	监控系统	库房	
20	移动硬盘(500G以上)	办公室	用于备份档案数据（目录条目、电子文件）
21	A4打印机	办公室	档案员档案办公、打印档案目录等用
22	A3打印机	办公室	制作卷皮
23	扫描仪	办公室	数字化时使用
24	复印机、光盘刻录机	办公室	
25	电脑	办公室	办公室1台,阅览室2台
26	档案专用缝纫机	办公室	文书档案用
27	自动号码机	办公室	打页码、件号用
28	8位号码印	办公室	填盖档案盒背脊年度、备考表日期用
29	红色印油及印台	办公室	
30	平边切刀	办公室	用于裁切纸边、取齐页边、裁剪标签等
31	手电钻(4mm)	办公室	用于装订过厚的档案、档案目录、汇编等的打孔
32	多用插座(3m)	办公室	用于电钻使用时电线不够长时使用
33	不锈钢夹	办公室	用于装订时夹牢固定纸张
34	蝴蝶夹	办公室	组卷时用

续上表

序号	名　称	使用范围	说　明
35	白色棉线	办公室	用于装订过厚的档案、档案目录、汇编等
36	木砧板	办公室	用于电钻钻孔时作垫板
37	起钉器	办公室	
38	美工刀(界纸刀)及刀片	办公室	
39	糨糊	办公室	裱贴用
40	档案专用章	办公室	含数字章、字母章、保管期限章等

参考文献

[1] 中华人民共和国交通运输部.公路工程质量检验评定标准 第一册 土建工程:JTG F80/1—2017[S].北京:人民交通出版社股份有限公司,2017.

[2] 中华人民共和国交通运输部.公路工程质量检验评定标准 第二册 机电工程:JTG 2182—2020[S].北京:人民交通出版社股份有限公司,2020.

[3] 公路养护工程质量检验评定标准 第一册 土建工程:JTG 5220—2020[S].北京:人民交通出版社股份有限公司,2020.

[4] 中华人民共和国住房和城乡建设部.建筑工程施工质量验收统一标准:GB 50300—2013[S].北京:中国建筑工业出版社,2014.

[5] 中华人民共和国交通运输部.公路工程施工监理规范:JTG G10—2016[S].北京:人民交通出版社股份有限公司,2016.

[6] 中国工程建设标准化协会.公路工程质量检验评定数据报表编制导则:T/CECS G:F80-01—2022[S].北京:人民交通出版社股份有限公司,2023.

[7] 中华人民共和国交通运输部.公路水运工程试验检测数据报告编制导则:JT/T 828—2019[S].北京:人民交通出版社股份有限公司,2019.

[8] 国家档案局.建设项目档案管理规范:DA/T 28—2018[S].北京:中国标准出版社,2018.

[9] 国家档案局.科学技术档案案卷构成的一般要求:GB/T 11822—2008[S].北京:中国标准出版社,2008.

[10] 国家档案局.纸质归档文件装订规范:DA/T 69—2018[S].北京:中国标准出版社,2018.

[11] 国家档案局.纸质档案数字化规范:DA/T 31—2017[S].北京:中国标准出版社,2017.